某些关系问题是无法解决的，至少在此刻是无法解决的。相应地，解决问题的最好方式就是建立一种持续谈论问题的方法，并发展出从问题中恢复过来的技能。

　　我们大量的思考其实是自我说服——尝试劝说自己进入或走出某种感受。我们使用文化上认可的抱怨或者口号，以此作为一种对难以辩护的感受和愿望进行辩护的方式。

亲密来自告诉伴侣你的内心重要的东西和听到你的伴侣内心重要的东西。它是谈论你的感受，即使你的感受是缺失了亲密感。表达感受和抱怨的机会具有强有力的恢复爱和恢复亲密的效果。

　　"依赖"是一个被毁掉的概念。一旦用了这个词，被贴上了这个标签的人自动被当作有严重缺陷的人。那太糟糕了，因为依赖是一种需要被发展的技能，而不是需要被克服的缺陷。依赖是特别重要的一个任务，并不仅仅是留给孩子的。

后蜜月

从冲突、指责到亲密关系重建

〔美〕丹尼尔·怀尔　著

朱奎花　译

姚小青　审校

After the Honeymoon
How conflict can improve
your relationship

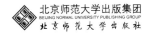

北京师范大学出版集团
BEIJING NORMAL UNIVERSITY PUBLISHING GROUP
北京师范大学出版社

目　录

前　言

　　"蜜月之后"，这几个字承载了深深的伤感，好像我们曾短暂地生活在金色的爱情之网中，现在却被猛地震醒了。早期令人沉醉的迷雾已消散，我们看清了另一半本来的样子——之前认为的机灵可爱，现在却让人生厌，"她干吗老是那样子笑呢？"过去看上去微小的差异，现在却变得扎眼，"难道他从来都不想出门吗？"曾经惹人微恼的习惯，现在令人狂怒发飙，"她每次进到房间就非得打开收音机吗？"最初吸引我们的另一半身上的特质，其负向的一面开始不知不觉地进入我们的视线。"我爱她的活力十足，但是她就不能安静地坐一秒吗？""他一贯冷静、淡定，但是他就不能对事情表现出一点点兴奋吗？""我喜欢她的心直口快，但是她干吗非得对我这么不讲道理？"猛然出现一个念头："哦！不是吧！此人就是我要共度余生的那个人吗？"慌乱的内心挣扎也接踵而至。

　　身处现实中的你：好吧，没有任何一段关系可以是完美的，我还是接受好的关系里有不够好的这一面吧。

　　恐慌的你：但此时此刻，根本不记得还有什么是好的，有什么办法可以逃脱这种状况吗？

　　身处现实中的你：有，记住，一种更加深刻、令人满意的爱情关系会随着相处时间的增多而出现。

　　恐慌的你：但这些要过多久才会发生呢？我能等那么久吗？在等待的日子里，我该如何应对这些烦人的行为、扎眼的差异，处理在另一半身上存在的、当初吸引我的特质里的负向一面呢？

　　身处现实中的你：把这些疑虑开诚布公地说出来，这就是你成功应对的方法。

　　恐慌的你：说起来容易，上次我试过了，结果我睡了一夜沙发。

　　这本书就是帮助人们找到避免"沙发事件"的方法的。怎样做呢？在争吵之余创造一个不指责的有利点——一个理想的平台。基于这个平台，我们能够讨论我们的关系而不用卷入对抗，更有实际意义的是，能找到一种方法帮助我们从卷入的对抗中复原。在这个平台上操作，我们在对抗时，也会给予伴侣同情与理解，并把对抗转换成走向亲密的机会。

　　这就是我想做的，创造亲密，并且我准备把你的另一半变成一个更好的人。你的另一半无须一定得做些什么，你也无须非得做些什么，只要读这本书，我就能实现我想做的。可能这看上去更像是许诺。已经有很多人告诉我们不应该试图去改变我们的另一半，如果感觉不满意，我们应该集中精力来改变自己。但是，我们所有人都秘密地渴望伴侣能改变，不是吗？

因此，下面是我的建议。连续读完前面的六章，或者七章，再看看你的另一半（假定你是女人，你的另一半是男人）。如果我是对的，他不再看起来那么没有爱、漫不经心、苛求、感觉迟钝、过分克制、控制欲强、自私、自以为是，或害怕亲密；接着读剩下的六章，或者七章，再看看他。到那个时候，就像"狼人"大变身一样，你的另一半身上可能真的会开始散发高贵的气质，那是因为你会开始看到如下这些。

· 看上去他的自我防御和过度争辩，可能恰恰是因为他不能用你所欣赏和理解的方式来表达他自己，才导致了这样的后果；

· 看上去他的狂暴脾气和不切实际的幻想，可能恰恰是关系中某个隐藏的重要问题的有用线索；

· 看上去他不愿意迁就你，可能恰恰是他已经过度妥协、让步太多的结果。比如，在准备度假的过程中，他可能会把安排行程和打包行李的活儿都留给你干，但那可能是因为他已经妥协太多了。在他花了很多精力让自己成为一个令人愉悦和容易通融的人之后，他可能就没有足够的心思来争取他自己真正喜欢的度假方式了。

在你读这本书期间，他可能不会做与之前迥然不同的事。事实上，这段时间里他可能还是都睡沙发，但他还是会以某种方式改变，或者，是你对他的看法将会改变。在你眼里，他会成为一个更易受伤害、苦苦挣扎和更有同情心的人，或者，简言之，一个更好的人。

通过抵消习以为常的惯性倾向——这些惯性倾向是用谴责

的方式去看待另一半和我们自己，这本书能够让我们更有同理心地看待另一半。抵消惯性倾向的难点在于，我们把关注点放在了指责上。我们甚至都没有意识到这个隐藏的指责——尤其是自我指责——在多大程度上妨碍了我们拥有有效思考和讨论问题的能力。尤其是，我们还相信如下这些。

· 我们的关系问题是由我们的性格缺陷造成的（比如，我们的自私或依赖）；

· 这些问题是因为我们把来自童年的情绪包袱带入当下而造成的；

· 这些问题是因为我们不能接纳现实、放弃非理性期待、谋求妥协所造成的；

· 我们就是需要这些问题，我们正从这些问题中得到太多好处以至于根本不想丢弃它们。

我把上述的这些观点都说成是指责，你们可能感觉很惊讶。人们一直使用着这些观点，他们认为这些观点不是指责而是正确无误的。邻居们谈论一杯咖啡的时候会用这些观点；美发师和酒吧服务员跟顾客闲聊的时候会用这些观点；情境喜剧的演员会用这些观点，治疗师会用这些观点，我也会用。

在很大程度上，这些观点是对的，事实上，它们看上去是如此正确，以至于很轻易地就可以排除掉其他的解释。比如说，毫无疑义地，夫妻之间的问题确实可以追溯到彼此的童年。然而我们一旦把问题追溯到童年，如把一个男人对妻子的情绪大爆发追溯到当他是个孩子时被惯坏了。那么，当我们看着眼前这个男人的时候，所有我们能看到的就是：如果他自己不能为所欲为，他就变成了一个愤怒的、被惯坏的小男孩。这就会让其他引发这个男人情绪大爆发的因素变得不易察觉，即考虑到他的心烦可能有一个此刻的现实性原因。

我想要展示这一点：表面看上去的无理智、幼稚，甚至病态的行为，都有其隐蔽的合理性，并且在当前的情境下，这个行为是有意义的，而非来自童年的一个遗留问题。人们确实有来自童年的情绪包袱，并且这个包袱可能会帮助他们探测到细微的、确实发生在他们当前关系里的那些问题。基于童年的经历，一个妻子有关被忽略的特殊敏感性——她感觉被妈妈拒绝了——确实能够让她探测到她现在正被丈夫以某种不易觉察的、细微的方式所忽略。

如果我们在自己和另一半的行为中找到那些隐藏的合理性，想象一下这将会带来怎样的不同？我说读这本书能够让你用一种全新的方式来看待你的另一半和你自己，也是这个意思。我们的目标是形成一个平台、一个不指责的有利点，从中人们能够辨识出另一半（包括他们自己）的行为是有意义的。

这本书中的观点适用于夫妇，而且在某种程度上，适用于非恋爱关系中的人，如同事、室友、朋友、亲戚等。

在这本书中，我设定了一个持怀疑态度的假定读者，针对本书所提供的各种见解来提出反对意见。这个假定读者是你的替身——通过想象你可能的反应，我做了这些努力，以便你可以参与到谈话中。这个假定读者痛斥我，指责我简单地反复讨论显而易见的东西、沉醉于心理呓语、顽固地坚持自己的错误。这个假定读者的评论很多时候是轻率无礼的，我的一些回应也是如此，但是在这本书的最后，我们相处得相当不错。

在一段关系中，不论你处于怎样的境遇，总有一种思考它的方式，即你可以和你的伴侣谈谈。这会带来不同。困难之处在于弄明白这个谈话本身意味着什么。这本书就是一个尝试，来帮助你弄清楚这点。

这本书集结了我作为夫妻治疗师三十年的临床实践经验，并且是建立在伯纳德·阿普菲尔鲍姆（Bernard Apfelbaum）的观点之上的，他是在加州大学伯克利分校见习的心理学家，形成了自己的一套思考人们及其相处问题的新方式，我发现这种方式是极有吸引力的。

致　谢

修订版

感谢 Susan Weiss，Penny Kramer，Carol Carr，Peggy Karp，Alan Plum 和 Bernard Apfelbaum 在编辑方面给予的帮助。

1988 年的最初版本

Carolyn Pape Cowan，Philip A. Cowan，Betty J. Wenz，Eleanor Bulova，Daniel Berman，Robert Epstein，Norman Livson，Ronald Spinka 和 Carol Swanson 仔细阅读了手稿并给出了宝贵的意见和建议；Howard P. Wile，Margery B. Wile，Patricia Blanche，Philip Blanche 和 Peg Kemper 对本书的特定部分发表了重要意见；Joanne R. Wile，Bernard Apfelbaum，Nan Narboe，Carol Carr，Alan Rinzler，Diana Weinstock 和 Dean Delis 阅读了本书的草稿。此外，他们还给出了宝贵而具体的修改意见，并针对本书的总体风格、语气和组织架构，给

出了有益的建议。

为获准转载来自《燃烧》(*Heartburn*，1983)一书中的内容，向 Alfred A. Knopf 公司致以衷心的感谢。

第一部分

运用你的关系解决你的问题

第一章

将问题纳入关系中

面对问题，我们所有人想做的，当然是解决它。事实上，我们期望解决问题，如果问题没有被解决，我们就会觉得很失败，但某些问题是无法被解决的。每段关系都有其一系列特殊的满足感，但似乎同时，也有其一系列特殊的无法解决的问题。如果你没有马上想到那些让你竭尽全力想要摆脱的许多问题，那么你和你的伴侣是相当不寻常的——也是相当幸运的。

想象下一个三十年里，你仍然苦苦纠结于你和你的伴侣自关系开始就让你备受煎熬的问题。这足以让一个人想要分开，或者离婚，或者和电视"结婚"算了。而且这就是很多人所做的事。其他的人则对关系退而求其次，甚至尽量不去想它。

其实，还有一些其他的事你是可以做的，你可以把这些问题纳入关系中。这样做的益处：你将会（1）降低问题的破坏性；（2）完全消除其中的一些问题（最终会证明问题并没有看起来那般无法解决）；（3）把问题变成走向亲密的机会。

怀疑者：于我而言，这听起来就像心理呓语。如果你有一个问题，你应该去解决它，失败了，那就试着别太在意它。

怀尔：是的，但那样做并不总是有效的。回想上次你努力不去介怀有关妻子的那些让你心烦的问题。假设她跟你话不多，或者她不太想频繁地过性生活，或者当你想出门的时候她想待在家里。说出来这些将会引发一场争论，你索性让自己闭嘴。如果你幸运的话，你的不满就会过去了：你打电话跟朋友聊天以满足自己的需求，或者你惊讶地发现妻子靠喝酒来发泄，或者你可以说些影射性的话语，或者你能满足于待在家里读一本好书。

怀疑者：你说的正是我的想法，如果你不是一直想方设法地去表达每一点不满，事情总会自己变好的。

怀尔：有时候是这样，但在其他时候，你的不满不会过去的。给朋友打电话恰恰让你更加清晰地意识到：你是多么想念能跟妻子谈话的时光。可当你上床的时候，酒精已经让你的妻子进入梦乡了；或者那本书最终让你觉得很失望，而且整个晚上都让你失望。

怀疑者：对我来说，类似的事情就在昨天晚上发生过。

怀尔：是的，而且如果你像大多数人一样，你可能会抱怨，而这个抱怨指向的是两小时前发生的事。

怀疑者：是的，我知道。我应该一直闭口不言。

是的，在这个时候，人们通常认为最好的做法就是让自己沉默不语。但是对更多的人来说，这样过一段时间后，他们将会丧失斗志和士气，还会大伤他们的精神元气；之后不久，他们就会感到更不想说话、过夫妻生活、出门，或做其他任何事情。横亘在他们与另一半之间的墙，变得更厚了。

这就是为什么我建议把问题纳入关系中，你可以通过以下方式做到这几点。

1. 就某个问题要进行持续性对话，而不是做你已经做的——默默地郁积情绪，直到你爆发，感到愤怒才交流。这时的交流，实质上已升级为战争；

2. 期待问题重新出现，实际上是计划问题的重现，而不是简单的希望问题会自动消失；

3. 把问题转化为任何积极的、能为你所用的东西，而不是简单地试图去忍受。

谈论问题会不会让处境变得更加糟糕？

把问题纳入关系中，需要发展出一种有效且不间断的谈论问题的方式。当然，伴侣都有很好的理由不去谈论问题，因为曾经的尝试，多数情况下会演变成争吵，并且把事情弄得更加糟糕，如下例所示。

保罗和爱丽丝是一对不满三十岁的夫妇，结婚已经五年了。保罗对爱丽丝在派对上的所作所为感到不满。一天晚上，开车回到家后，他想跟爱丽丝谈一谈这件事。

保罗：听着，我一定得跟你说说这件事。整个晚上你说话声音太大了，听完每一个愚蠢的笑话，你笑得简直就像个傻瓜。每个人都在看着你。

爱丽丝：（感到被指责——难过——开始反击）胡说！我根本就没有比其他人说话更大声。事实上，你才是那个看上去古怪的人，整晚窝在沙发里，压根儿就没有开口说过话。

保罗：（捍卫自己）我跟很多人说过话。如果有时候我很安静，那只是因为你的所作所为让我感到尴尬，那一刻我恨不得躲起来。

爱丽丝：躲在一本书里？在派对上？

保罗：那也好过听无数次关于你如何在农场长大的老掉牙的故事。我宁愿去任何地方，在那里没有让人感觉无聊透顶的你的生活故事。

愤怒的争吵持续了二十分钟后，两个人谁都不理谁，冷战持续了两天。保罗发誓：以后再也不跟爱丽丝一起参加派对了，永远不。

最后，整件事情被慢慢淡忘了。保罗忘记了他的誓言，他们又开始跟朋友们交往。最初几次一切都还好，后来在参加一次野外聚餐时，在那儿的人他们几乎都不认识，毫不意外地：

- 爱丽丝觉得不自在；
- 她说话大声，笑得有点神经兮兮；
- 保罗安静不语；
- 他们在回家的路上争吵；
- 保罗发誓再也不跟爱丽丝一起参加下一个派对；
- 两天之后他们才开始说话；
- 他们又一起出门了；

· 三个月之后，他们又上演了相同的争吵。

很容易想到爱丽丝和保罗会一直持续这样的循环。但我们也试着想象一下，对他们来说，怎样谈论这个问题可能会有效？

开始，我先让他们做一些之前没有做过的事，即在不发生争吵的时候来谈论这个事。他们很少这样做，因为他们害怕这会引发新一轮的争吵。

当其中一个人最终鼓起勇气时，对话是这样展开的。"亲爱的保罗"，爱丽丝试探性地说，"当我们从派对上回家的时候，我真的很厌倦你总是跟我挑起争吵。"保罗紧张起来，做出回应："我也厌倦了你对他们这么容易动感情。"

怎样让谈话在五秒内从零分提升到六十分呢？很简单。爱丽丝的谈话中首先带有指责的味道，这会把保罗推向对立面，他自然会指责爱丽丝并予以反击。为了开展一个有效的讨论，爱丽丝需要先用和解的语气展开对话，比如，承认她在这个问题中有过失。但是，当她一想到她与保罗之间有关派对的谈话，她就被不满淹没了，完全丧失了承认任何过失的能力。

这种情形下，似乎看不到什么希望。

但是爱丽丝和保罗是有可能有效地谈论这个问题的，我们可以通过挖掘他们的内在对话来看到这一点。细究他们的内在对话，我们能发现的是辱骂、自责、自我辩解的声音，以及小心翼翼地隐藏，这就给有效地对话带来了潜在的可能性。

爱丽丝的内在对话

指责：真是受够了！每次我想跟他说话的时候，他为什么总是变得如此防御？

冲动：我马上回去告诉他我的想法，他在哪里？

怀疑：不要，这只会引发另一轮战争，刚才的那一场战争我还头痛着呢。

指责：为什么他总是这样针对我呢？如果不是为了孩子，我宁愿……

冲动：好，我会告诉他。

怀疑：但是我答应过他，不再因为这些鸡毛蒜皮的小事而拿离婚来威胁他了……

冲动：但这不是小事，或许我该停止威胁而直接这么做。

指责：更不用说，他应该答应我一些事情，诸如不要老是攻击我之类的，这样我就可以轻松了，痛苦的折磨也结束了。他为什么要先指责我，这真的是折磨啊，派对就应该被禁止，就像在初中的时候那样。

承认：是的，保罗是对的，我确实容易动感情……整个初、高中的时候，我就是这样的。

自责：有时候我也受不了自己这个样子。

指责：但是他凭什么以为自己就那么完美？

爱丽丝通过想象各种可能的反应，来调节自己无助的挫败感。她承认保罗不完全是错的（她确实容易动感情），但她马上就转向指责保罗。我们进入爱丽丝的内在思考后，发现几乎没有和解的空间，诚如我们将要看到的保罗的内在思考一样。

保罗的内在对话

挫败感：我无法忍受爱丽丝变得如此自我防御，我只是想告诉她一些她确实需要知道的事情，比如，她把自己变成一个彻头彻尾的傻瓜。

计划：或许我发邮件给她，她能听得进去。

怀疑：但去年我已经试过了，她用附件回复了十页，内容全是谩骂攻击。

冷幽默：空中文字啊！这个主意不错。

责备：她怎么能对别人的看法毫不在意呢？

自责：为什么我非得这么在意别人的看法呢？

自我辩解：不关我的事。如果伴侣这样行事，任何人都会觉得尴尬的。

自责：尤其是我。我简直就想挖个洞把自己埋在里面，我恨自己这么容易别扭。

自我辩解：可是，如果爱丽丝表现得不那么像个十足的傻瓜的话，什么都不会发生啊。

自责：当然了，在认识爱丽丝之前，我就有这个毛病。

自我辩解：但那个时候没有这么糟糕，现在我变得糟糕了，并且糟糕程度超过原来的十倍，这是她的错。

爱丽丝的内心挣扎主要游离于这两者之间：她想要做的（直接告诉保罗她的想法）和她认为小心谨慎去做的（避免激怒保罗）。保罗的内心纠结主要是在自我指责和自我辩解之间交错；他在努力消除对自己的抱怨的合理性的质疑。每个人都发现来自对方的指责让自己难以忍受，因为彼此之间的指责加剧了自我指责。

如果是在关系的更早期，爱丽丝和保罗就会在窝火的沉默中度过这个争吵的夜晚所余下的时光。但是，经过多年的磨合，他们已经发展出了共识——关于他们自己、彼此，以及他们之间所发生的种种——这种共识至少给他们提供了解决这个问题的可能性。夫妻会经常固守他们适得其反的互动方式，但也可能会发展出一种关系智慧，这种智慧可能会让他们逃离这些模式。我们进入爱丽丝和保罗的内在思考，使得我们能够探测到新的知识和关系智慧，我已经用星号标记出来了。

保罗的内在对话

责备：爱丽丝不说话，对我沉默不语，这就是她的做法，她真是太不成熟了。

计划：我也不说话，让她自作自受吧。

到目前为止这里并没有什么新认知。保罗在他亲密关系的第一年里就一直抱着这样的想法。但是从第二年开始，下面的元素就悄悄进入他的内在对话：

☆**反对这个计划的理由**：除了我自己难受外，她可以永远这样沉默下去，而我坐在这里已经痛苦不堪了。

解决方案：我不在乎，我不会是第一个说话的人。

这个新认知——保罗意识到他正在做的事情让他处于不利

地位——并没有带来行为的改变；他仍旧拒绝说话。但在他跟爱丽丝生活的第三年里，又有新的元素进入他的思考中。

☆**进一步的反对理由**：当我上床睡觉的时候，她已经睡着了，留下我整晚都在吃冰淇淋。

决定：她的傲慢无礼让人不舒服，想让我先说话，门儿都没有！

这里又多了一点儿新认知——保罗的预测：他会有一个糟糕的夜晚。这个认知仍旧没有带来行为的改变。但是现在迎来了一个新的元素，即去年添加进来的那个元素。这确实引起了行为的改变。

☆**识别**：但是，这可能是过去发生的那么多次的类似事件中的一次，爱丽丝把我当作她的父亲，因为她的父亲总是对爱丽丝说："我不会和你说话的，直到你先道歉为止！"

其实这一部分并不是保罗意识到的，而是在几年前，爱丽丝就告诉保罗她有这种倾向了。这一部分来自他脑海中的外延信息，现在进入了核心工作区，就像这些信息在过去只是一个随机数据，现在可以把它们应用到有价值的地方了。

新计划：我不想让她认为我像她的父亲，而且我会做给她看的。

保罗回想起爱丽丝说过的有关她的父亲的事，这让他瞥见爱丽丝傲慢无礼背后的脆弱，这一瞥，驱散了他无助的挫败感。他意识到自己对爱丽丝正在施加一些影响，这些影响甚至超过了他想要的，这就促使他修订自己的计划。现在他想说些什么，以证明他不像爱丽丝的父亲。

新问题：但我说什么呢？我不打算道歉，也没有什么好道歉的。

计划：我就装作什么也没有发生过，希望她也这样做。

反对意见：这样做有风险，她可能会利用这一点来痛斥我。

决定：我还是冒险一试。我不想整晚都吃冰淇淋，而且还让她以为我是她父亲那样的人。

鼓起勇气：现在就开始。

保罗说："我刚想告诉你——你刚才给孩子们读书的样子让我着迷。"

爱丽丝的内在对话

评价：在所有不友善的行为过后，他在试着对我友好了。

计划：我会跟他说："哦，你不认为我刚才读书太容易动感情了吗？"

目标：这就可以让他知道之前我有多受伤，现在我依然很生气了。

反对意见：不，我不能那么说。这个可怜的男人正在努力修补我们的关系。

支持意见：这或许是最后的机会让他看到我现在仍然有多生气。

反对意见：我刚说完就会后悔的，他又会吃掉整整一加仑的冰淇淋，并且一整晚都会生闷气的。

决定：谁在乎呢？这是个不容错过的好机会。

爱丽丝说："哦，你不认为我太容易动感情吗?"从保罗的"你刚才给孩子们读书的样子让我着迷"到爱丽丝这句讽刺的回应，过去的时间不到一秒。但是这对爱丽丝来说，已经有足够长的时间来展开这场内在辩论了。爱丽丝的头脑——每个人的头脑——都在用与计算机一样的速度来进行一环扣一环的推理。我放慢了这个过程，并且把它用一个个离散的句子加以呈现，这样我们就能很容易看到它的运作过程。现在保罗也拥有他自己的内在辩论。

保罗的内在对话

评价：哦，她还在生气。

指责：得寸进尺!

计划：我准备骂她。

反对意见：我不能这样做，这太过分了。

支持意见：不，一点也不过分，她得寸进尺。

反对意见：但我真的不想再发动一场战争。

妥协：那我就小声地说。

如果这是在婚姻的早期，保罗就会低声咕哝，骂一句。但是下面最近增加到内在对话里的内容，阻止了他这么做。

☆**反对意见**：这是懦夫采取的行径，我觉得自己太差劲了。

保罗预计，如果他骂爱丽丝，自己会感到羞耻。而在婚姻早期，只有当保罗说出来这句话之后，他才能意识到羞耻。

问题：但是我总得说点什么，我不能对她的讽刺无动于衷。可说什么呢？我什么也想不起来。

计划：我摔门而出。

反对意见：幼稚。

新计划：我打烂送给她的那只她很喜欢的杯子。

反对意见：更幼稚。

☆**新计划**：我瞪她一眼。

对新计划的评价：简直太没力量感了，但是总好过整个晚上都在怪罪自己。

瞪爱丽丝一眼，就是保罗最后找到的表达自己愤怒却又不失尊严的方式。

爱丽丝的内在对话

☆**感知**：就是那个眼神。

评价：他不开心。

爱丽丝是这个世界上唯一能懂得保罗那个眼神是什么意思

的人——甚至，察觉到他的眼神。这个眼神的意思对她来说就像闪烁的霓虹灯一样。我们读懂伴侣的能力也是自然发展出来的，这是关系智慧的一部分。

自我批评： 他当然不开心了，我刚刚说的话确实有些刻薄。
自我辩解： 这是他自作自受。

我们进入爱丽丝和保罗的内在对话，可以看到他们每个人都遭遇了一系列的问题。保罗用发誓不说话的方式来应对他无助的挫败感，直到他意识到自己的沉默让爱丽丝联想到她的父亲，在这一点上，他决定必须开口说话。他害怕爱丽丝会借此更猛烈地攻击他，但是，他意识到自己没有其他选择。当爱丽丝真的借机讽刺保罗的时候，他尝试找出了一个日后让自己不会后悔的回应方式。

爱丽丝同时也集中精力在她自己的问题该如何解决上。她知道她想要说的话（"哦，你不认为我太容易动感情吗？"）是很有挑衅意味的，但她认为这是个不容错过的好机会。当她看到保罗不开心的神情时，她感到自责（"我刚刚说的话确实有些刻薄"），她用自我辩护的方式来应对自责（"这是他自作自受"）。

爱丽丝的下一个问题： 是的，但现在我就像具僵尸一样无法采取行动，今晚肯定没法让他修马桶了。
解决方案： 好吧，那就是个"僵尸"吧，我会看看他有多喜欢这样。

如果是在婚姻的更早期，爱丽丝会放弃谈这一点，然后走开，自己尝试去修马桶，她想不出来任何可以让事情不会变得更糟的话语。但是她最近交了一个新朋友。

☆**新想法**：伊芙琳就会知道怎么办，她在任何情形下都能想起一些可说的好话语。

问题：她会说什么呢？

回答：就像前几天她跟我说过的那些话。

爱丽丝（对着保罗）说：哎呀，那是有些刻薄，我不该说那些的，我只是控制不住自己。

爱丽丝在向保罗吐露自己的自我质疑，即她该不该说那些她已经说过的话。她在把保罗带进自己的内在对话，这是她从伊芙琳那里学到的。尽管我们的很多关系智慧来自跟伴侣长时间的相处，但有一些智慧也会来自朋友、书籍等。

保罗的内在对话

评价：确实刻薄。

领悟：怪不得听了那句话我感觉不好。

如果是在关系的更早期，保罗就会告诉爱丽丝："是啊，那你为什么非得说那句话呢？我讨厌你老是这副样子。"爱丽丝所做的让关系缓和的努力，反而招致这样愤怒地回应，这样子让爱丽丝特别后悔自己刚刚说了那些话。但是在保罗脱口而出之前，他有了下面的思考。

☆**站在爱丽丝一边**：当然，她能承认这一点是非常好的。

☆**站在爱丽丝一边**：而且她确实看上去很抱歉。

反对爱丽丝：当然，如果她真的感到抱歉，她当初就不该说。

☆**站在爱丽丝一边**：不管怎样，我能理解她为什么那么做，一定是身不由己、无法控制的。

站在爱丽丝一边的裁定：我也早该这样说的。

保罗正在用爱丽丝的视角来看待这些事情——他对爱丽丝的感觉越来越好——这让他突然看到爱丽丝愤怒背后的受伤。

修正的观点：我批评爱丽丝太容易动感情确实太苛刻了。

后悔：我确实为自己说过的话感到非常抱歉。

自我指责：我为什么非得那么做呢？

早些时候，保罗对爱丽丝不愿意承认自己对她的容易动感情的评价而感到很挫败，现在，他因为自己提出这个话题而感觉有些糟糕。

保罗：我对我说过的话感到抱歉——你知道，就是你的容易动感情。

爱丽丝承认她说了一些刻薄的话，促使保罗承认他也做了相同的事。

爱丽丝的内在对话

指责： 他就应该感到抱歉。

满意： 他有这样的感觉我很开心。

欣赏： 但是至少他承认这一点了。

同情： 他愁眉苦脸的样子——确实看上去很抱歉。

原谅： 他也不是那么坏的人。

情感： 事实上，他也很贴心。

承认： 而且他也不完全是错的。

爱丽丝的想法形成了一个自然的连续进程。她从感觉到自己的无辜（他应该感到抱歉，他有这样的感觉我很开心）开始，把自己放在一个原谅保罗的位置上（但是至少他承认这一点了，他愁眉苦脸的样子——确实看上去很抱歉）。反过来，这又帮助爱丽丝重获对保罗的温情（他也不是那么坏的人，事实上，他也很贴心），并且使她可以重新考虑保罗所说的话（而且他也不完全是错的）。

爱丽丝说："是啊，你知道你是对的——我确实容易动情，特别是在一些我不认识的人面前。"但马上她就开始担忧。

爱丽丝的内在对话

重新思量： 哦，保罗可能会说"不仅仅是在不认识的人面前"。

计划： 如果他这样说的话，我就不惜一切的"炮轰"他。

保罗的内在对话

☆**领悟**：我忘了她自己已经知道她容易动感情这件事，我之前说过的话只是更加触碰到她的这个痛处。

苦恼：对此我感觉很糟糕。

发誓：我会补偿她的。

计划：我会告诉她，其实她也并不是真的那么容易动感情的。

反对意见：在我过去就这件事说过那么多次之后，她不会吃这一套的。

新计划：好吧，我会告诉她我喜欢她容易动感情——当对象是我或孩子们的时候。

反对意见：这只是小小的安慰。

新计划：好吧，我会告诉她"没有人是完美的"。

反对意见：她会瞪眼睛的，我不想指责她。

新计划：我会告诉她，我是多么不完美。

支持意见：不错，她能够认同这一点。

当我们尝试去安慰伴侣时，我们会绞尽脑汁地搜寻最好的做法。

☆**保罗**：你知道，你并不是唯一一个在陌生人面前会紧张的人，我也这样。

爱丽丝：你真的这么认为吗？

☆**保罗**：是，确实是。只不过我是用沉默的方式来表达紧张。

通常情况下，保罗对他的社交尴尬感到难堪，所以从来都没有提过。他现在这样做，只是出于能安慰爱丽丝的迫切需要。在这一刻，他非常开心自己会有社交尴尬，因为这给了他一个机会，去弥补过去他未曾意识到的对爱丽丝的伤害。

只要爱丽丝和保罗继续沿着这样的脉络——用承认、相信、安慰，来回应以同样方式沟通的对方——他们就能够有效地谈论他们聚会上的问题。

怀疑者：但是你觉得这可以持续多久？从最开始走到现在，这确实很感人。一步走错，他们就会重回到"战斗"中。

怀尔：是的，这个过程处在一个微妙的平衡中。

怀疑者：你又一次站在我这边说话。你正在展示这一点——谈话是多么的困难！

怀尔：但我也在展示——发展出某种智慧可以使得谈话成为可能。智慧越多，爱丽丝和保罗能够避免错误，并从他们制造的问题中恢复的可能性就越大。这本书的目的就在于给读者提供能够增加关系智慧的信息。

针对某个问题保持连续的对话

问题是清晰的。它不只是爱丽丝紧张的时候会大声说话，也不只是保罗会变得羞涩和局促不安，而是爱丽丝紧张后的表现方式加剧了保罗的表现方式。这是一个联动的问题，而且，至少此刻，这就是他们看待这个问题的方式。他们在一起富有同情心地谈论这个问题时，愤怒的语气消失了。倘若带着愤怒的语气谈话，则会引发大部分的问题。

一个关系问题，通常可以分作如下两个问题。

1. 问题本身（例如，聚会上爱丽丝和保罗感到紧张时，各自的表现方式之间的相互作用）。

2. 伴侣们谈论问题（或者是不谈论问题）的方式（例如，爱丽丝和保罗处理问题的方式——对问题避而不谈，然后针对问题愤怒的争吵——是问题更为主要的部分，并在相当程度上成为他们之间沟通困难的诱因）。

改变爱丽丝和保罗之间谈论问题的方式，可以在他们解决问题的漫漫长路上形成一个突破口，并且能够把问题纳入关系中。爱丽丝和保罗将会一起讨论聚会上两人存在的问题。这样，他们就不再把彼此隔绝开，他们将不再独自心事重重地在心里装着让自己困扰的问题。

对于爱丽丝和保罗来说，他们的目标是能够以一种持续的方式谈论问题，而不只是这一次，就像在美国中西部生活的人们，他们需要对可能产生的飓风保持一贯的警觉，因此，夫妻也需要对他们关系中的问题保持一贯的警觉。每对夫妻之间存有特定的"私人飓风"，需要小心看管。

为问题做计划

实现了把问题纳入关系的第一步，就为第二步打下了基础。伴侣双方已经找到了持续谈论问题的方式，到这种程度时，他们就能够针对问题进行联合计划了。

下面我将详细地描写爱丽丝和保罗是怎样做计划的。这是一个理想版本，略去了关系中可能会存在的所有的愤怒大爆发、错误的开始、死胡同和对话谈崩这些典型状况。此刻，我们只聚焦在这个过程最后会出现的结果上。

爱丽丝和保罗坐在一起，讨论怎样解决一再发生的聚会上的关系问题。他们决定不必担心每一个聚会场合，因为只有那些有很多不熟悉的人在场的聚会场合才会给他们带来麻烦。下个星期，恰好在柯林斯家有一场聚会，正是他们需要一起面对的场合。

对此，他们打算做些什么呢？到目前为止，他们已经采用过"积极态度"的策略。他们认为，如果一个问题能够被预计，那么这个问题恰恰就会被遇到。

积极态度听上去是个好主意，但它也可能存有严重的弊端，即如果出现预计不到的问题时，你很有可能会手足无措。相应地，采取消极态度也是有一定的好处的。和积极思考一样，消极思考也是有力量的，如果你预计到会有什么错误，错误一旦发生，你就会有所准备。

所以，爱丽丝和保罗是抱着消极的态度动身前往柯林斯家的。他们都预计到爱丽丝说话会变得很大声，保罗会变得退缩。他们进一步预计到保罗会因为爱丽丝的大声说话觉得尴尬，而且爱丽丝也会因为保罗的退缩而觉得尴尬。

这些预测给了他们一个共同的平台——一个共享的、不指责对方的有利点，他们用这种方式来看待自己的行为。这提供了一种方式，可以让他们置身问题之外并且较少地受问题的影响。

而且，他们预计到他们之前的问题可能依然存在，于是，爱丽丝和保罗制订了应对计划，他们同意以下做法：

1. 在聚会期间跟彼此核实，看看他们害怕的事情是否发生了（跟之前在聚会上他们变成敌人相比，现在他们将会成为联盟）。

2. 如果他们开始觉得不太舒服时，就及早离开聚会（跟之前在聚会上他们感觉被困住了相比，现在他们将会有一个逃生的通道）。

3. 互相帮助（爱丽丝因为觉察不到自己什么时候会说话变得大声，于是让保罗帮忙给指出来；保罗因为觉察不到自己何时会在聚会上变得沉默和木讷，就请爱丽丝帮忙注意他什么时候会变成这样，并且帮助他从这个状态里走出来。跟之前在聚会上他们独自应对这些问题相比，他们现在彼此关注并成为对方的支持源）。

一旦伴侣们开始把问题纳入关系中。有很多事情他们便能够做到了，当爱丽丝和保罗回到家里，他们知道他们能够彼此同情，如果，就像他们预计的那样，他们害怕的那些事情确实发生了，他们便可以庆祝胜利了，或者还有一种可能，他们害怕的那些事情根本就没有发生。

我建议夫妻之间处理问题时，应当像人们应对流感时所采取的方式一样——一边很小心地避免可能引发流感的因素，一边手里拿着阿司匹林以备不时之需。他们非常警觉，当家庭中有一个孩子发烧了，每个人都马上采取措施，没有人会说这是消极负面的想法。

基于此，当爱丽丝和保罗去柯林斯家聚会的时候，下面是发生的事情：爱丽丝说话很大声，但只持续了一小会儿。针对爱丽丝这样的表现，保罗，让他自己都感到吃惊的是，自己并没像往常那样觉得被过分烦扰。保罗则在聚会上确实感到局促不安，而爱丽丝，就像计划的那样，过来跟他聊了这一点。保罗选择将自己的感受告诉爱丽丝，说他想要回家，爱丽丝也愿意这样做。当自己的情绪被认可时，保罗不再觉得被困住、孤单，或者局促不安，这给他带来了很大的改变，他不再想回家了。

夫妻双方共同预测问题，可以取得如下效果：（1）问题发生的可能性更小；（2）如果问题真的发生了，当事人会少一些沮丧，并且更容易去处理问题。

怀疑者：是的，但假定保罗告诉了爱丽丝他想回家，并且这并没使保罗对聚会的感受变好，他依然想要回家。

怀尔：那好吧，爱丽丝可能需要一个机会来表达她对此的感受，在她表达了之后，她可能……

怀疑者：他们为什么不开两辆车呢？

怀尔：是的，那可能是一个简单的解决办法。

怀疑者：这太简单，所有的都太简单。你并没有谈论真正困难的问题，比如，夫妻双方有一方想要小孩，而另一方不想要。

怀尔：确实，有些问题是很难处理的。

怀疑者：其至就爱丽丝和保罗而言，我忍不住认为，他们就是不般配，如果他们彼此跟另外的人结婚，情况会好很多。

怀尔：那也有可能，但是不管他们跟谁结婚，都会有问题出现。在任何关系中总会有一些点，在这些点上，一方的敏感之处会擦碰到另一方的敏感之处。

选择一个伴侣，就是选择一系列的问题

真的，如果保罗娶了苏珊或者盖尔——他的前两任女友，他跟爱丽丝在聚会上发生的特殊问题便不会存在。前两任女友们都不会在紧张的时候大声说话，也不会在保罗变得沉默的时候去反对他。

• 如果保罗娶了苏珊，他和苏珊在到达聚会之前就会进入战斗中。因为保罗很少守时，苏珊就得一直等他。苏珊会觉得她的等待被保罗视作理所当然，这是她敏感的部分；而保罗会把苏珊抱怨他一直迟到，视作苏珊想控制他，这是保罗敏感的部分。

• 如果保罗娶了盖尔，他和盖尔根本就出不了门，在出门之前聚会就画上句号了。因为两个人会就前一天保罗没有帮助做家务而发生争吵，并且这使两个人都很沮丧。盖尔会因为保罗不帮助自己做家务而感到被抛弃，这是盖尔敏感的部分；保罗会认为盖尔坚持让他帮忙做家务是盖尔控制他的一种方式，诚如我之前所言，这是保罗敏感的部分。

每一段潜在的关系，都有其特定的、一系列避不开的、一

再发生的问题。如果爱丽丝嫁给斯蒂文或者——她的前两任男友，她跟保罗在聚会上发生的特殊问题，也将不会存在。

• 如果爱丽丝嫁给斯蒂文，他们之间会出现截然相反的问题：斯蒂文在聚会上说话比爱丽丝还大声，他还会喝醉。爱丽丝会对此非常生气，他们会因此而陷入战斗中。

• 如果爱丽丝嫁给卢，两个人会非常享受聚会，因为这为他们提供了从两个人的疏离关系中得以短暂放松的机会。但是当回到家里，卢想要过性生活的时候，他们就陷入了麻烦。卢以过性生活的方式来联结对方，重建亲近感；爱丽丝则相反，她只有感到很亲近的时候，才想过性生活。

当选择一个长期伴侣的时候，意味着我们选择了跟这个人有关的一系列特定的不可解决的问题，需要我们在未来的十年、二十年，甚至五十年的时间里慢慢去解决。意识到这一点是非常有价值的（如果你选择了离婚并再婚，本质上讲，你只是把这样一系列问题转化成那样一系列问题，只是希望新的问题比旧的问题更容易处理些）。

就像你拥有一辆特别喜爱的车，它有一个喜怒无常的化油器，于是在调节化油器方面你得是一个专家，而且任何时候你想开车，都得带着一套工具和一本指南上路。在夫妻关系中，伴侣需要成为联动的专家，需要一套共同的工具。

每一段关系都有其自身的一系列未能解决的问题，需要伴侣发展出一个不评判的有利点，并以此视角看待问题，这些问题才能够被很好地处理掉。随着时间的流逝，夫妻之间的问题可能会变得不那么像一个问题了，更多的转化成伴侣间用来开玩笑的笑料。几个月之后，爱丽丝和保罗有了以下的交流。

爱丽丝：我已经"节省"自己的嗓子很久了，所以今晚我真的要很大声地说话。

保罗：不用担心，我带了一本《战争与和平》。

伴侣之间能够像这样来分享玩笑，意味着他们在把问题纳入关系的旅程中，已经走了很长一段路了。

第二章

基于问题构建一段关系

"将问题纳入关系中"，并不只是学着去与问题共处，更重要的是能把问题转化成资源。问题有两个明显的优势，它们可以被当成：

1. 走向亲密的通道；
2. 关系中重要话题的线索。

这些是显而易见的益处。在一些情况下，把你的问题（最让你苦恼的事情）转化成对你最有帮助的事情，是有可能的。能做到这一点的伴侣们，实质是在运用关系中的问题来帮助构建他们的关系。

把问题作为走向亲密的通道

亲密，是每个人在关系中寻找的东西。在此处，"每个人"，并不包括那些已经放弃得到亲密的人，或从来就不知道原来是有可能得到亲密的人。

在我看来，亲密源自你将自己内心中最重要的东西告诉你的伴侣和听到你的伴侣内心中最重要的东西。

亲密是伴侣之间就彼此的希望、恐惧和问题所进行的沟通，特别是与关系有关的希望、恐惧和问题。

人人都知道，问题会使亲密感消逝，但是以新的方式来谈论问题，人们能够重新获得亲密感。下面就是一个例子。

玛丽和丹尼斯是一对三十多岁的已婚夫妇。玛丽为丹尼斯没有分担更多的家务而感到不满。

玛丽：我们现在有一个很好的分工。你负责弄乱房子，我负责打扫房子！

丹尼斯(捍卫自己)：你在说什么呀？我干了很多活儿。而且说到脏乱，你看看你的书桌吧。

玛丽：看看你自己的书桌吧，比我的乱多了，而且不要转移话题。

接着他们就陷入"战斗"。到目前为止，他们之间没有什么新鲜的问题出现。这就是人们在谈论难解的话题时常常会遇到的情形——伴侣中的一方开始攻击，另一方就反击，接着他们陷入"战斗"。

但之后，玛丽和丹尼斯做了一些新的事情。在"战斗"过后，他们把它视为一个可以进行亲密谈话的切入点。第二天，当两个人都冷静下来时，丹尼斯走近玛丽说，他感觉很不安，因为他并没有像他承诺的那样在家里做那么多的家务活，他愿意承认玛丽之前说的是真的，这让玛丽也愿意承认丹尼斯的所说。

　　玛丽：嗯，事实上，你已经做了很多了。

　　他们互相认可对方，在这种氛围下，玛丽发现了更多的自己的真实的感受。

　　玛丽：我猜，其实是……我今天下午在用吸尘器除尘的时候，我感到……我感到如此的孤独。

丹尼斯的内在对话

　　问题：哦，她这是在指责我吗？
　　回答：听上去确实像。
　　防御：但是我没有做错任何事情。

　　如果是在关系的早期，丹尼斯会说："你为什么总是小题大做？"这样的指责会让玛丽觉得被误解，并会激怒玛丽。但在丹尼斯准备说出这句话之前，他有了以下额外的想法。

　　☆**领悟**：但她的声音里含有悲伤。
　　☆**重新考虑**：或许她不是在指责我。
　　☆**进一步重新考虑**：而且，如果她感到孤独，我是相信她的，因为，那也是我的感受。

　　这些额外的想法完全改变了丹尼斯对这件事情的感受，他不再去指责玛丽"小题大做"，而是说："我懂你的意思，我也有这样的感受。"

　　现在，玛丽和丹尼斯谈论的不只是谁做家务的问题了。他们利用这个问题，发现了不知不觉侵入他们关系中的孤独感。他们现在开始谈论各自只有各自的兴趣爱好，生活得像两条平行线。玛丽和丹尼斯感受到一种相似的悲伤，而且是以一种很奇怪的方式，并且这种方式反而使得他们比以前更亲近了，很久以来他们都没有这么亲近了。

　　怀疑者：听起来是很甜蜜，可是，玛丽和丹尼斯多久才能有这样一次良好的沟通呢？这次没有演变成争吵，纯属偶然。

　　怀尔：是的，但如果他们能有一次这样的沟通，是可以营造亲密感的。

　　怀疑者：我没有看出亲密感体现在哪里，玛丽和丹尼斯在谈论他们的生活像两条平行线。

　　那也是玛丽和丹尼斯所担心的，他们坚信亲密就意味着一起共度很多时光、享受相同的事物、拥有相同的兴趣爱好。他们担心彼此不相容，担心结婚或许就是一个错误。他们的谈话可能在这个点上陷入困境，觉得没有什么可说的了，而且每个人可能都感觉很沮丧。

　　但如果他们拥有我的关于亲密感的观点，他们将会意识到，谈论孤独感本身就是一个亲密的举动。吐露没有联结的感觉，能够在彼此之间建立联结。至少在此刻，玛丽和丹尼斯是在一起的。

一段关系，可以视作一个空间，就像一个繁忙的机场，在其中有很多事情在发生着，有很多定期和不定期的到达与离开。

如果一段关系是一个"机场"，那么亲密感就是"交通控制台"。亲密感是有关伴侣之间到底发生了什么的对话，它是在伴侣们谈论他们生活中正在发生什么，特别是伴侣之间正在发生什么的时候而产生的。亲密感是伴侣们能够成为对方的知己的一种结果。

彼此冲突的工作时间表可能会把伴侣们在一天当中共处的时间限定在五分钟内，出差可能导致伴侣们只能用电话来联系。但一通电话或五分钟的谈话，或许已经足够用来在伴侣之间重建一个强有力的联结。这样一通电话或谈话后，伴侣们能够让对方理解自己的感受，相比那些虽然共度很多时间却并没有进行沟通的伴侣们而言，这会让他们体验到更多的亲密感。伴侣之间需要被对方理解的最重要的东西，而且是以一种不会导致争吵的方式来理解的，就是对关系的感受、担心和不满。

没有这样的谈话，长时间的待在一起就有可能会变成一件难事。一个妻子可能认为增进自己与丈夫之间的亲密关系的方法是和丈夫在一起共度很多时光。然而，当丈夫退休，一天的大部分时间他们都在家一起度过时，她却发现自己并不喜欢这样，他碍手碍脚还干扰她的计划。没有人有办法让对方知道他或她的想法和感受。这个妻子不能用一种不会引发战斗的方式告诉丈夫自己因为他在家而陷入困扰。如果她能够做到的话，她就能够发现很多有丈夫陪伴的乐趣，从而产生一种由怨恨中解脱出来的自由感，可能会让她依照情境选取联结方式，在之前她是做不到的。

问题既能够增进亲密，也能够降低亲密，这取决于伴侣如何谈论问题，或者悬置问题。

把问题当作线索

夫妻还可以用另外一种方式来对待问题，即把它视作关系的"晴雨表"，以时时监测"关系氛围"的波动情况。尽管伴侣之间不想让某些感受出现，但这些感受还是会出现的。很多人对另一半的不完美之处过分关注，比如不具吸引力的外表、容易紧张的习惯、马马虎虎、过度整洁等。很多人反复有这样一段时期，他们对伴侣过去的浪漫史充满嫉妒，对当前可疑的关系充满了担忧，或对伴侣所取得的更大的职业成就充满羡慕，或羡慕伴侣很孩子的关系更亲近。很多人会对自己的另一半反复产生一些愤懑与不满，具体有如下内容。

- 缺乏爱，或过分需求爱。
- 不愿意说话，或滔滔不绝。
- 不能一起组织活动，或不能独处。
- 性欲低，或性欲过度。
- 不愿意帮忙做家务，或做家务停不下来。
- 过度看电视，或不愿意放松。
- 对孩子过分热心，或对孩子不闻不问。
- 过分奢侈，或吝啬。

　　类似于如上这些，可能反映的是普遍的、持续的问题，需要每个人根据自己的实际情况去处理。但问题还是有一些潜在用处的。一个反复出现在关系中的问题，就像一副患了风湿的膝盖，没有人会想要这样的膝盖，但它确实产生边际收益——这样的膝盖能提示你什么时候会下雨。同样，一个反复出现的关系问题，也能够被用来测量当前关系中的"气候"变化。

　　下面是玛丽和丹尼斯所进行的交流。那天晚上之后，玛丽发现自己又在反复思量必须做所有家务。她抱怨丹尼斯没有做他的那部分，他们开始了如下争吵。

　　玛丽：你在家里什么都没有做。

　　丹尼斯：如果你不这么唠叨的话，我会做得更多。

　　玛丽：我过去根本就不唠叨，是你把我变成这样的。

　　丹尼斯：不，你想方设法让自己做了所有的事情。

　　玛丽和丹尼斯都陷入了一个愤怒的循环，在这个循环里，每个人都自动驳斥对方刚说的话，以此回应同样这么做的对方。

　　玛丽：是你想方设法在家里逃避做任何家务的。

　　丹尼斯：因为你一直在控制一切，你不喜欢我做事的方式，所以我就放弃尝试。

　　玛丽：多么恰当的一个借口啊。

　　丹尼斯：你有你做事的方式，我有我的。

　　玛丽：是的，我知道你的方式，那就是留给我做。

不管伴侣中的一方说了什么，另一方总会回击。

丹尼斯：我做了很多，而且我在努力做更多。当然，你从来都看不见。

玛丽：你做的"更多"具体是指什么？你能列举出一件事情吗？

丹尼斯：洗碗。

玛丽：你洗了两个汤勺就想要一枚勋章。

怀疑者：这一切都太熟悉而又太痛苦了。

怀尔：是的，每个人都被对方刚刚说的话所深深刺痛，以至于除了回击外，什么也做不了。

这类战斗往往是愈演愈烈的，就像飓风在温暖的水域中获得力量一样。停止战斗——对于这个飓风来说，就是移动到干燥的大陆上——必须得有一些其他的事情来中断其强化的趋势。门铃响了——提供了所需要的中断——是隔壁的邻居请求玛丽和丹尼斯在他不在家的时候帮忙喂下他的猫。邻居只停留了几分钟，但对玛丽来说已经足够长了，她可以在这段时间里恢复她的看法。

玛丽的内在对话

自我欣赏："洗了两个汤勺就想要一枚勋章"——不错，确实不错。

满意：而且确实说到点儿上了。

再思考： 但这也是讽刺。这是我父亲会说出来的话，而我并不想成为他那样。

决定： 我来做些补救工作。

玛丽 (柔和地)： 我不知道我们将如何解决家务问题，但我不该那样攻击你。

丹尼斯的内在对话

同意： 是的，她不该那样做。

欣赏： 但至少她承认了。

原谅： 而且她看上去确实很抱歉。

承认： 而且她在尝试说的那些话也不完全是错的。

丹尼斯： 嗯，你说的有道理，我理应做更多的家务。

现在，丹尼斯肯定了刚才在争吵中他所否定的事情，这也触发了玛丽去做相同的事。

玛丽： 其实，你已经做了很多了。

玛丽和丹尼斯现在处于一个互助合作的循环中，在这个循环里，每个人说出了和解的话语，来回应同样这么做的对方。

丹尼斯： 但我没有竭尽所能。

玛丽： 你是用其他方式帮忙的。

因为玛丽不再批评丹尼斯，他有空间去自我批评。

丹尼斯(悲伤地)：但我不想成为我父亲的样子，他把所有的家务活都留给我母亲，我想他连两个汤勺都从来没有洗过。

到现在，玛丽已经忘记她对家务活的愤怒了，这展示了互助合作循环的威力——它可以暂时地化解怨恨。

玛丽：我知道是我把事情搞得太复杂了，我知道我是一个完美主义者。

玛丽可能会后悔她的自我承认，因为丹尼斯可能会用它来对付她。但此刻，她并不认为他有这样做的可能。而且丹尼斯也并不认为玛丽会利用他所说的去攻击他。

丹尼斯：事实上，我倒更多的希望我能够是一个完美主义者。

玛丽(惊讶地)：什么？

丹尼斯：最近我有些搞砸了自己的工作，老板今天给我打过电话。

玛丽(安静地)：哦。

丹尼斯：他可能让我回到老位置上工作。我那么努力工作才到了这个调查队，现在我彻底搞砸了。

丹尼斯因为那天老板说的话而感到羞耻，这让他在刚回到家时无法对玛丽说出这些。这又一次展示了互助合作循环的威力——它能够让人们说出来那些因为羞耻而憋在心里的话。

玛丽：哦，可怜的孩子。

玛丽如此迅速地转过来支持丹尼斯，温暖了他的心。

丹尼斯：我知道今天晚上我不是一个很好的陪伴者。
玛丽：哦，所以这就是造成问题的原因？

玛丽在丹尼斯刚刚进门的时候，就感到有什么事情发生了，但只有当她在用吸尘器除尘的时候，它才以飙升的孤独感的形式出现在玛丽的意识中——她是家里唯一做家务的人。这飙升的孤独感（或者，不如说，紧跟着的愤怒）是她对丹尼斯关注工作而切断和她联结的标注。她对家务的愤怒就如同一副患有风湿的膝盖，可以提醒她关系"气候"发生了变化。理想地说，她将来可以运用自己的愤怒来标记这样的变化。

怀疑者：但等一等。玛丽还是做了大部分的家务，那是真正的问题所在，不是吗？他们不该就此进行讨论吗？
怀尔：是的，但另一个真正的问题是她和丹尼斯之间没有联结——她对家务活的感受可以被为一个线索，而且人们经常需要这样的线索。在关系中，许多非常重要的感受都是非常隐秘的。就像我们在下面的例子中将要看到的。

基于你的负面感受构建你的关系

人们希望基于积极感受和快乐的时光来构建他们的夫妻关系。我建议他们也可以基于负面感受和糟糕的时光来构建夫妻关系。下面是如何构建的例子。

简和托尼已经结婚十二年，他们进行了夫妻间经常会有的不太愉快的对话，具体如下。

他们在床上看书，简慢慢放下她的书。

简：你爱我吗？

托尼（眼睛还盯着书）：你知道我爱你。

简：是的，但有时听到你亲口说出来，感觉会很好。

托尼：你知道我不善言辞，我用其他的方式表达对你的爱。

简：什么样的方式？

托尼：很多方式。我没有跟你说你长得有多好看吗，我没有送花给你吗？

简：那是不同的。

托尼（叹气）：好吧，那我就不知道该怎么做了。

简：我刚才告诉你怎么做了，你可以用语言说出来。

托尼：好好，我爱你。

简：如果你下次说的时候是认真的，不会对你有什么伤害吧？

简和托尼陷入了一个谁都不想要的僵局。简不喜欢予取予求的妻子角色，托尼也不喜欢克制退缩的丈夫角色；托尼担心简就是太缺乏爱了，简担心托尼太封闭自己，可能他们结婚就是一个错误。

他们怎样才能避免此类不愉快的交流呢？而且现在他们已

经身陷其中了，怎样才能从中走出来呢？

答案是把简的"你爱我吗"看作线索，而不只是当作一个托尼应该回答的问题。觉得"不被爱"是简的关系"晴雨表"，这是她自己记录关系中可能有隐患的方式。然而，"觉得不被爱"只是一个粗略的测量，它表明有问题出现了，但并不能精确指出问题是什么。简和托尼需要如下的谈话。

1. 不是简单的让托尼说爱简，而是共同意识到简有"不被爱"的感觉。

2. 他们共同找出简在哪个方面有"不被爱"的感觉。

下面的谈话就是简和托尼按照以上的方式进行的。这是一个理想版本，忽略了伴侣们在对话中经常发生的所有的错误的开始和中断，而且假设在简和托尼身上有部分置身事外的冷静和欣赏所处情境的能力——很难想象这种能力会出现在被情绪吞没的人身上。

最初的谈话中，简以"你爱我吗"开始。托尼觉得自己因为没能主动想起这句话而被简批评，他开始自我防御，而且用一种陷入困境的语气说："你知道我爱你。"但在这个理想的谈话里，简的方式是不同的。

简(放下她的书)：托尼，我突然发现自己不由自主地想问："你爱我吗？"

不是寻求安慰，简在表达自己想要问这个问题的困惑。她在退后一步，并向托尼吐露自己的纠结——而且用一种一点儿也不指责的方式。她已经登上了这个平台，这个不指责的有利点，借此她能够看到关系里发生了什么。因为没有感到被指责，所以托尼能够以同情的方式回应。

托尼：哦，你现在感到不被爱吗？

简和托尼现在处在一个合作而非愤怒的循环里，而且在这个循环里，他们能够通达彼此潜在的温柔感情。

简：是的，我在床的这一边感觉很孤单。

托尼(向她那边移过去)：哦，我们能改变的。

简(双臂抱着他)：通常，我喜欢和你在床上一起看书，但是今晚……我不知道……就像我们待在不同的世界里。

在早些时候的讨论中，简和托尼争论的是托尼不愿意说"我爱你"的话题。但这不是关于爱的问题，而是关于生活在不同的世界里的话题。

托尼：是的，我知道。你所处的世界是怎样的？

简：我一直在担心母亲的健康，一直把这份担心憋在心里，因为我不想反复唠叨这件事。

托尼：我知道你的意思。我也一直在闷头想自己那没有什么前途的工作，但我知道你在担心你的母亲，所以我也不想让你担心我。

简和托尼把担心都放在自己的心里，而且这样做把彼此都关在心门之外，因为他们谁都不想给对方带来麻烦。简对这种互相关闭的反应就是感到孤独和不被爱，这表现为在之前他们的讨论中，他们争论托尼不愿意说"我爱你"的问题。在我为他们设计的理想谈话中，他们借助简"不被爱"的感觉，发掘出他们对彼此都关闭了心门，这是他们可以让彼此重新进入内心的方式。

怀疑者： 嗯，确实描绘了一幅很美的画面，但你刚刚不是还说，这是一个理想的谈话，对任何人而言都很难拥有吗？那我们干吗还要来谈论这些呢？

怀尔： 因为意识到这样的谈话在理想层面上发生的意义，可以让我们趋向于这样的谈话，并迈出坚实的步伐。而且任何这样的前行，尽管只是很小的一步，却能带来很大的不同。

怀疑者： 但简和托尼之间根本不算是真正的争吵。那些真正争吵的夫妻怎么办呢？

贝蒂和拉尔夫之间有过真正的争吵，其中很多次吵架，就像下面所列举的，是由拉尔夫的妒忌所引起的。

拉尔夫： 我看到你刚刚在跟马尔科姆调情——每个人都在看你们。你为什么要这样来羞辱我呢？

贝蒂： 那完全是你想象出来的产物，我甚至都不喜欢马尔科姆，你的妒忌简直让我抓狂。

拉尔夫： 嗯，你才让我抓狂，你在这个星球上的每个男人面前扭着你的屁股。

贝蒂：如果我喜欢的话，我可以在九大行星上的每个男人面前扭动我的屁股，而且我可以保证，我在你面前扭屁股你是根本不会注意到的，你在忙着妒忌呢。

拉尔夫：确实是这样，我们回家吧。

贝蒂：好啊，你彻底毁掉了这个晚上。

拉尔夫的妒忌反应——他的"我看见你调情"——是一个更脆弱的感觉线索。为了找到这些感觉背后隐含的内容，我们需要回到拉尔夫注意到贝蒂跟聚会上那个男人说话的时刻。下面的话可能是拉尔夫想对贝蒂低声说的，如果他能够通达并吐露这些更加脆弱的感觉。

拉尔夫(低语)：我简直不能相信自己刚刚有如此不安全的感觉。一个长得不错的男人对着你微笑，马上我就深信你希望自己嫁的是他，我们在一起的生活就是一个伪装。我打赌你已经厌倦了我的没有安全感，我知道我是这样的！有时我的眼神四处游荡，你的眼神有时也是这样的，我特别容易觉得你对我早已厌倦了。

我们不能期待拉尔夫能够说出这番话，因为能让他这么做的前提是先安抚他，让他获得他所缺失的安全感。即使他能够做到这一点，那也不能保证贝蒂会具有同情心地回应他。事实上，以下是贝蒂会说的话。

贝蒂：此时此刻，我不关心你的不安全感。我一直在想你早餐说的话，你是认真的吗？当你告诉我……

拉尔夫爆发的妒忌是在做出回应——不是像他自己认为的，针对贝蒂对聚会上的那个男人感兴趣——而是针对贝蒂在早餐时因为他伤害性的话而远离他。拉尔夫发现贝蒂对聚会上的那个男人比对他更友好，但那是因为她还在生拉尔夫的气。妒忌是拉尔夫的默认反应方式，这是他记录关系中存在的问题的一种方式，如果贝蒂不怎么在意他，他就得出结论：那一定是因为她对别人感兴趣了。

拉尔夫的妒忌反应当然是一个问题，但这也是一个线索，它可以用来标识关系中的暗流。如果拉尔夫能够用我刚刚描述的方式来谈论他的妒忌，贝蒂就会说出让她心烦的事情，他们就有可能解决这个问题。

怀疑者：但拉尔夫的妒忌不会总是线索，当他只是单纯妒忌的时候呢？

怀尔：即便是那种时候，那也是一个线索，即他不能表达受伤感觉的线索。

怀疑者：是的，就是这个点。他不能表达出来那些受伤的感觉，所以我们为什么还来谈论这些呢？

怀尔：因为如果有这样一幅画面，能呈现出他把这些感受表达出来的样子，他就能朝着这样做的方向迈出一步。

对贝蒂和拉尔夫来说，这样做的目的是以拉尔夫的妒忌作为他们不能建立联结，以及拉尔夫无法表达自己情感的线索。在某种程度上，他们是能够做到这一点的，他们将会以拉尔夫的妒忌问题为基础建立联结。

第三章

运用关系弥补你的人格

人们希望爱能够重塑他们的生命。他们坚信，所有需要做的事，就是遇到那个合适的人，然后一切就会改变——不满和不安全感消失，生活将更富于意义，鸟儿会歌唱，一切都会更美好。

同时，人们害怕爱不能重塑他们的生命，他们担忧每个人常说的那些是真的。

· 你不能期待借助关系来解决你的个人问题。事实上，你最好先解决你的问题，否则你会搞砸关系。

· 你不能期待靠另一半去弥补你自身缺失的东西。

· 你必须学会爱你自己，在你能爱其他人之前。

· 你必须变得独立，在你有能力开始一段成熟的关系之前。

这些确实是对的，但是，下面相反的话也是对的。

- 你可以期待你的关系帮你解决个人问题。
- 你可以期待你的另一半帮你弥补人格上的缺失。
- 找到一个爱你的人是学会爱自己的一个很好的方法。
- 组成一段夫妻关系是变得独立的一个很好的方法。

怀疑者：我想你很享受不同意所有人说的话。

怀尔：嗯，实际上，那也不怎么有趣。我宁愿所有人都同意我的观点，这样我就能让所有的分歧不发生。事实上，我想从你开始，让你相信：弥补你人格上的缺失、学会爱你自己、变得独立，是关系可以实现的目标，而不是人们在开始关系之前就必须达到的。

怀疑者：太多东西灌进耳朵里了，我都已经被淹没了。你知道吗？这本书里有太多观点了，以至于我已经忘记了大部分的内容。

怀尔：是的，我知道——所以我会试着在最后一章做个总结。

怀疑者：你凭什么认为我会坚持那么久？我刚刚就有中止读下去的想法了。

怀尔：我希望你不要那样。

关系是解决问题的好媒介

浪漫主义者认为：爱会解决所有的问题。他们说，只要那个合适的人出现，你的麻烦就终结了。浪漫主义者是对的，但并不是他们认为的那样。有成千上万的男人和女人就在那里，他们曾经以为合适的人出现了，但是现在他们已经离婚，形单影只，或独自抚养孩子，或跟孩子分开而努力赚抚养费。

不管怎样，浪漫主义者只有部分是对的。某种方式只能够解决关系中的某种问题。比如，当人们感到被激怒的时候，直接跟朋友、老板或合伙人抱怨，还是会有所迟疑的。一个男人屈从于老板的辱骂，是因为他觉得他没有权利抱怨；或因为他害怕被老板"炒鱿鱼"，而且，他的老板是可能这样做的。一个女人抱怨男同事抽烟是合情合理的（因为现代社交对这样的做法是接受的），但当她抱怨男同事其他讨人厌的习惯时，则未必如此，比如抱怨男同事说话太大声和嚼口香糖。抱怨此类事情，她会觉得自己太小家子气。

同样，我们也会扼杀很多积极的感受。当我们展现太多自己的成功之处或面对竞争对手的失败而幸灾乐祸时，我们会觉得这太自吹自擂、自我中心了。很多我们的日常感受被社会和被我们自己定义为"不合适"，或"心胸狭窄"。

带着这些堵在心里不能表达的感受，我们度过了一天、一周、一个月。这是人们在一天工作结束时感到疲惫的主要原因，也是人们在周末努力逃离工作和需要度假的主要原因。

夫妻关系的正面价值，最主要的就在于提供了表达某些压抑情绪的机会。在夫妻关系的隐私层面，人们有时能够让自己说出一些在旁人面前不会表达的自夸、幸灾乐祸和痛苦，即那些所谓的"自我中心"和"小肚鸡肠"。在这时，通常那些"适合说"和"适合表达"的标准会被降下来。

跟我们的伴侣谈论一天里发生了什么，对我们每个人来说，是当天晚上的头等大事。有些夫妻在当天晚上就会一起很快地过一遍这天发生的事；还有一些夫妻刚开始保持沉默，之后会在第二天或下个月说出那些发生过的事。

相互吐露心声，即把你内心纠结的东西公开化并感到有人支持你，是解决问题的一种方式。相互吐露心声是如此重要，以至于从某一方面来看，那些彼此缄默的伴侣实际上是被剥夺了这项权利。

关系是弥补个人局限的好途径

我们被告知不要期待关系能够弥补人格的不足，但那确实是我们能够期待的。

哈利，向来是一个谦逊而含蓄的人，被凯西——一个善于表达和豪爽的女人——迷住了。他被凯西这样每时每刻都在提醒别人注意自己的人所吸引。凯西弥补了哈利的不足，而且一点点的弥补就已经开始对哈利起作用，哈利变得更善于表达了。

根据你所缺乏的品质，而这些品质恰好为你的另一半所拥有，你能够从你的另一半身上学到：

- 如何享受快乐，或严肃认真；
- 如何度假，或搞定工作；
- 如何愤怒，或保持镇定；
- 如何活得有条理，或具有自发性；
- 如何遵守规则，或学会变通。

形成一段关系就像融入一种新文化。如果去另外一种文化之地旅行是开阔眼界，那么形成一段关系也是开阔眼界的一种方式，然而，在融入一种新文化或形成一段关系时，会产生一些问题，我们的目标就是在获得新文化所带来的益处的同时，能够解决相应的问题。

希德和芭芭拉，二十五岁左右，两个人已经约会六个月了。希德是当地一所专科大学的图书管理员，芭芭拉是一名有氧舞蹈教练。希德为芭芭拉的活泼和喜欢冒险而着迷，她总能想到做一些不同寻常的事情，而希德喜欢墨守成规。

他们关系的第一个月，是希德一生中最兴奋的时光。芭芭拉带着希德做了各种他想都没有想过的事情——乘独木舟、潜水、放风筝、坐过山车，而且现在希德开始主动组织这样的活动。和芭芭拉在一起，教会了希德如何成为另一种人。

芭芭拉被希德的风格所吸引，他谈话优雅且投入，而芭芭拉总会觉得尴尬和不自然。芭芭拉喜欢跟这样优雅、镇定的人在一起。现在，芭芭拉自己也开始变得更加镇定了，和希德在一起也教会了芭芭拉如何成为另外一种人。

然而，芭芭拉和希德最喜欢对方的地方，可能一会儿就变糟了。希德会担心自己对芭芭拉来说不够活泼和喜欢冒险，那是他所敏感的部分。在他的生活中，希德一直担心自己活得没有自发性。芭芭拉会担心自己对希德来说，不够迷人和优雅，这是她敏感的内容。在她的生活中，芭芭拉一直担心自己容易不自然。

我们所有人都会对自认为的缺点而敏感，所有人都有内在批评的声音——内在检察官——指责我们自身的缺点。

芭芭拉和希德正开车行驶在一次背包旅行的归途中。希德很安静，跟之前芭芭拉安排的旅行相比，他并不怎么喜欢这次的旅行。他们总是迷路，有很多的虫子，天还下雨，帐篷又漏雨，而且希德不习惯这种原始盥洗的方式。他又湿，又冷，又累，又痒，还便秘。

一个热水澡，睡一夜好觉，一个冲水马桶，希德就会感觉完好如初。但至关要紧的新问题又来了，希德认为他理应享受这次旅行，他的内在检察官告诉他："我不敢相信，几个虫子和便秘就把你打倒了，真是一个懦夫！看看芭芭拉——身上被蚊子叮了好几个包，还有刮伤，地狱般的三天对她而言好像是一段美好的时光，她还能不停地说这些事。"

希德为自己不能享受旅行而感到特别羞耻，以至于他什么都说不出来。这真的太糟糕了，因为，如果他告诉芭芭拉自己的真实感受，芭芭拉或许会承认她也不享受这次旅行。希德就会觉得放松，他们就能够分享新的共同目标：期待回家。

但希德没有告诉芭芭拉，事实上，他什么都没有说。希德的沉默让芭芭拉很担忧，她把希德的沉默视为自己最害怕的实证：自己是一个稚气未脱的假小子，配不上世故的希德。芭芭拉的内在检察官告诉她："看看希德是多么沉默啊，你神经分分的唠叨估计已经把他逼疯了。"

为了让希德振作起来，芭芭拉建议他们在一家酿酒厂那停下来，她所做的让事情变得更好的努力，反而让事情变得更糟了。因为讨厌这次旅行，希德觉得自己已经够煞风景了，现在他觉得自己更是一个令人扫兴的人，因为他不想在酿酒厂这里停下来。在这种情形下，希德做了人们经常做的事，他从指责自己转而开始指责另一半。"不是我从来不想做什么事"，他告诉自己："而是芭芭拉总是做了所有的事。"

"你就不能安静地坐一秒吗?"他厉声斥责芭芭拉。

话刚出口,希德就想收回,之前他从来没有这样跟芭芭拉说过话,但为时已晚。芭芭拉觉得自己很受伤且被侮辱了,她忘记了她也不想在酿酒厂这里停下来,而且她建议这么做的初衷只是因为她以为希德会喜欢。

"你的问题是,你从来就不想做任何事情。"她以同样挑剔的节奏回应。

这对希德来说是一个毁灭性的打击,因为这确实是他一直以来谴责自己的地方,他继续攻击性的话语:"哦,如果不是你愚蠢的唠叨让我发疯的话,我会想做更多的。"

这对芭芭拉来说是致命一击,因为她已经担心自己在希德面前显得不够镇定了。

芭芭拉生闷气。

希德生闷气。

在接下来的四十英里①路程中,没有人说话。

看看这场冲突,怀疑者会认为芭芭拉和希德他们就是差异太大了,而且通过寻找一个拥有互补特质的另一半来弥补自身所缺失的特质,简直就是一个错误。

但问题并不在于希德和芭芭拉之间的差异,而是在于针对这些差异,他们选择怎样的谈话方式,或是干脆不谈话。在这个谈话中,有很多点儿,希德或芭芭拉在这些点儿上本来是能够中止冲突的升级并重建协作精神的。这次背包旅行结束,开

---

① 编者注:1 英里约等于 1.61 千米。

车回到家里后，希德本可以说："我担心自己是一个煞风景的人，因为我并不喜欢这次旅行。"

但希德并没有说出这些话，而是陷入了沉默。芭芭拉也本可以说："我担心你沉默是因为厌烦了我的唠叨。"

但芭芭拉也没有说出这些话，反而是建议在酿酒厂停下来。在这个点儿上，希德本可以说："我很担心这样会让你失望，但我真的很想回家。事实上，整个周末我都在想，我跟不上你的节奏，你现在仍然精力充沛，而我已经很吃力了。"但希德并没有说出这些来，反而是说："你就不能安静地坐一秒吗？"芭芭拉在听到希德的话后，本可以说："你的话很难听，因为我已经在担心我的笨拙和唠叨可能会影响到你。"

芭芭拉也没能说出这些来，反而是说："你的问题是，你从来就不想做任何事情。"接着，希德在这个时候本可以说："你的话很难听，因为我已经在担心自己是一个煞风景的人了。"

但希德并没有说出这些来，反而是说："哦，如果不是你愚蠢的唠叨让我发疯的话，我会想做更多的。"芭芭拉在这个时候本可以说："哦，那确实是我近担心的——我说了太多不重要的事儿，而且我是一个无趣的人。这也是为什么我会建议在酿酒厂停下来，因为我试图让你拥有更多的乐趣。"

芭芭拉和希德都没必要将上述这些话说全，他们中的任何一方就有可能停止这场争吵，在某种程度上，重建协作精神并不费劲。问题在于气氛紧张时，人们通常无法想到这些话中的任何一句。芭芭拉和希德在这之后仍是有机会的，当他们不再生气的时候，可以把之前跳过的感受再说出来。希德第二天打电话给芭芭拉：

你知道，你说的那些是对的。我是一个煞风景的人——世界级的。

感谢希德这些安抚的话语，芭芭拉也有她想说的：

当然，在这种情况下，风景已经让人筋疲力尽了。那场雨煞风景。

希德(笑)：嗯，可能吧。但通常煞风景的人是我，我阻碍了你。

芭芭拉：必须有人阻止我，否则我停不下来。在回家的路上，我一直在说、说、说。

希德：你只是尽量让我振奋起来。

芭芭拉：我做过头了。

选择伴侣时，如果另一半身上有你缺乏的特质，是能够补充或发展你的人格的。但这也会带来冲突，在冲突时，找到一种合适的方式来谈论正在发生的事，即这种方式不会以战斗和伤害感情而终结，就显得比平常更加重要。

关系是学习爱自己的好地方

我们被建议，在我们学会爱自己之前，不要尝试开展一段关系。当然，我们是不会遵循这条建议的。学会爱自己是一项艰巨的任务，很少有人擅长这点。如果我们真等到能够爱自己的那一天才开始一段关系，那么我们中几乎没有人能在八十三岁之前开始一段关系了。

幸运的是，我们无须等待。学会爱自己是关系能够帮助达成的事情，而不是在开始关系之前就必须做到的。因为关系，人们能够变得更加自我欣赏、自信和自尊。

那为什么我们会经常听说在你能够爱任何人之前，你得先爱自己？这是因为有那样一些不爱自己的人。

• 失去了对任何人的尊重，哪怕是被他们所吸引的人。（这是格鲁乔·马克思评论的关系版本："我不会加入任何一个让我成为会员的俱乐部。"）

• 只对最漂亮、最受欢迎、最难以接近的人感兴趣，以这样的方式来补偿自己缺乏自尊的感受。

• 当别人对他们表现出兴趣时，就很黏人，反之则敬而远之。

• 以破坏他人好意的方式愤怒地妒忌。

• 容易烦躁不安，对被轻视很敏感，并视此为自己不被爱的证明。

其实，很多不爱自己的人也能够经营出很好的关系。他们意识到，他们真正在乎的人，也会在乎他们，这让他们感到他们比之前自己所认为的更可爱。感觉到被爱是不爱自己的人开始爱自己的一种途径——虽然他们可能对不被爱的旧感受仍然很敏感。

巴里很容易受到这种感受的冲击。他是一个二十三岁的害羞的计算机程序员，喜欢上了帕齐，一个二十一岁的活泼的秘书，跟他住同一栋公寓楼。他被帕齐的友好所鼓舞，就约她出去。他们已经约会见面好多次，而且都很投入这段关系。

帕齐第一次说她爱他时，巴里简直不能相信，继之，他相信了，欣喜若狂。但对巴里来说，再度不相信帕齐会爱自己，是非常容易的。一个月之后的晚上，当他们在一家咖啡店见面的时候，帕齐看上去心烦意乱。

巴里想："好吧，那就是她对我真正的感受，终于真相大白了，她根本就对我不感兴趣。"

这些郁闷的想法，引发了巴里其他更加郁闷的想法："为什么我会以为她喜欢我？我根本就配不上她。我配不上任何人。"

这些不值得被爱的感受，现在开始转成愤怒："但她也不用这样忽视我，她欠我的不止这些。不管怎样，她以为她是谁？"

愤怒演变成评判："她是彻头彻尾的自恋狂，她只考虑她自己，她根本不知道怎样去爱，她需要长大。"

帕齐的愣神发呆触发了巴里内在不被爱的感受，这种感受先演变成愤怒，接着演变成人格攻击。到最后，巴里确信帕齐做了对不起他的事，需要训她一顿。

> **巴里(脱口而出)：**好像我根本就不在这里。
> **帕齐：**你在说什么呀？
> **巴里：**说整个晚上你怎样忽略我。
> **帕齐：**哦，实际上……

帕齐正准备承认她确实不在状态，她一直在考虑姐姐刚刚电话里说的事情。巴里听了这些会如释重负的，因为这意味着帕齐的心烦跟他无关。但在帕齐说这些事情之前，巴里打断了帕齐的话："我现在能明白为什么你的前男友会离开你了。"

马上，帕齐对于承认任何事情都失去了兴趣，所有她想做的就是回击。

帕齐：是啊，你甚至从来都没有过一个真正的女朋友，而且我也开始明白为什么了。

巴里：是的，因为我总是挑像你这样的女人。

争吵沿着这个脉络继续，直到帕齐觉得吵够了。

帕齐：你为什么总是这样？我准备回家了，当你意识清醒的时候给我打电话吧。

怀疑者（对着怀尔）：这是一本奇怪的书。你刚刚证明的跟你想要证明的完全相反。你已经证明了巴里需要先学会爱自己，然后才能去爱别人。他需要对被轻视不那么敏感，否则，他将会一直挑起这样徒劳的"战斗"。

怀尔：巴里所需要的，是以一种方式来谈论自己对被轻视的敏感。

下面，是巴里的尝试，第二天早上，他给帕齐打电话。

巴里：之前说你前男友的那些话，我感觉很糟糕。

帕齐喜欢巴里这样说话的语气，但她仍然感到受伤。

帕齐：嗯，那你为什么还那样做？

帕齐不妥协的态度让巴里感到惊讶，但他意识到他不能期待帕齐马上恢复过来。

巴里：我担心……

巴里开始失去勇气。

帕齐：担心什么？

巴里(尴尬地)：哦，我……我以为你不再喜欢我了。

帕齐：昨天晚上你说了那些话之后，我不再喜欢你了。

巴里：不是，我的意思是自昨晚伊始，我一走进门时，你不再是之前那个友好的你了。

帕齐：哦！我为姐姐刚刚告诉我的事感到心烦。

巴里：哦。

处理不被爱的恐惧的一个好方式就是找到一个真正爱你的人。但过去的敏感会重新浮现——在这种时刻，找到恰当的谈论这些感受的方式，就非常重要。

第四章

有技巧的依赖

我已经描述了关系所具有的三种疗愈方式，即提供一个生活中的知己、弥补人格中的缺失和帮助你爱自己。此外，还有第四种方式——借助关系让你变得更加有效地依赖。

我知道这听起来很奇怪。在关系中，人们通常不把依赖视为某种需要变得更有效的东西。人们常说："依赖注定使关系失败。""你必须停止把你的另一半变成'父母'的尝试，在开始一段关系之前，你需要变得独立。"我相信：

· 依赖不是一个需要被克服的缺点，而是一种需要被发展的技巧；

· 学会变得独立是关系能够帮助达成的，而不是在开始关系之前就必须做到的。

夫妻关系为依赖提供了特别的机会

我准备以一种非比寻常的方式来谈论依赖——将其作为你擅长或不擅长的东西来谈。大家通常会认为孩子是依赖于别人的，因此认为孩子会擅长依赖，但其实他们并不擅长。孩子们只是用天然的方式来让人们安慰他们（比如，通过哭喊的方式），或关注他们（比如，通过大喊"看着我"的方式）。成年人有更多微妙的、灵活的和有效的方式来满足依赖；也能更自由地选择在何处找寻这样的满足，如果失望了，也可以更自由地去其他地方找寻。

既成事实是，成年人对依赖的需求并没有比孩子们少，他们已经发展出更复杂的依赖方式。我们没有注意到成年人对依赖的需求，是因为他们采用一种相对平稳的、微妙的和有技巧的方式来实现依赖。我们注意到孩子的依赖需求，是因为孩子采用的是一种相对笨拙的、明显的和不熟练的方式来满足他们对依赖的需求。

传统意义上，人们认为，由童年走向成年时需要放弃童年的依赖心理。然而，我认为，夫妻关系恰为依赖提供了一个特别的机会。在夫妻关系里，你有一个人——你的另一半——他或她在你生活（成年而不是童年）中的某个时候，比如，当你能够准确地描述自己真正想要的是什么的时候，能够对你的需求给予回应。

拯救一个被毁掉的词

"依赖"是一个被毁掉的词，当提到"依赖"的时候，人们没有办法不用一种贬低的语气。人们若想用一种不指责的方式来谈论依赖，就不得不发明一个新词——"支持系统"。"依赖"是糟糕的，"支持系统"是可以被接受的。

提到依赖，除了将其视作"不该有"，几乎没有看待它的其他方式。一个五岁的男孩想要给三岁的弟弟一记重击的话，他只需对弟弟说："你是个没长大的小娃娃。"没有别的话会达到与这句话完全相同的效果。独立被看作好的，依赖被看作坏的，长大就意味着从依赖走向独立，这是大家认为的理所当然的事实。

如果我们仔细看看我们都是在什么情况下使用"依赖"这个词，就会发现更多的东西。我们会用这个词来描述那些做以下事情的人，这些人往往令人感到烦恼：

- 常抱怨你对他们的忽略；
- 让你长时间地浸泡在恳请、哀求和受伤的神情中；
- 他们容易感到被忽略；
- 不去做自己的事情，四处游荡只是为了博得你的关注；
- 在你避开或拒绝他们的时候，大发脾气；
- 在聚会的地方一直跟着你，而不是自己去找乐子；
- 你组织某些活动却没能实现时，他们就开始抱怨。

这些做法通常让你不愿意提供照顾，虽然你可能会强迫自己那么做。

换句话说，我们用"依赖"这个词来描述那些没有能够成功地让我们愿意给出照顾的人，这样的人让我们避之不及。这很具讽刺意味，他们其实是不善于依赖的。

善于依赖的人，在别人看来，根本就不是在依赖。他们看上去，只是全情投入、心怀感激、积极回应和可爱的人，而且是你愿意给予，也愿意为之做事的人。他们成功地令你愿意给出安慰和照顾，让你觉得这么做很有趣。他们是人们乐于交往的朋友，也是人们渴望的结婚对象。

"这个人有多依赖别人？"是个错误的问题。我认为每个人都是非常依赖的，问题是："这个人在依赖方面有多精于此道？"

对很多人来说，答案是：尽管跟儿时的自己相比已经熟练了很多，但依然不够精于此道。

那是因为，索要东西是非常困难的事情，而抱怨没有得到自己想要的东西会更加困难——你的要求经常会被别人视为一种压力，于是整件事情就变成了一个问题。人们有很多方式来解决这个问题：

· 有人甚至连尝试提出要求都不愿去做，他们不想让自己的要求变成问题，他们不想被看成"喜欢依赖的人"。

· 有人不管怎样都尝试提出要求，哪怕是他们的要求已经变成了问题。

· 有人把此类事情仪式化，主动给予对方，为对方做事，以此来解决这个问题。

晚上夫妇俩坐下来看电视的时候，妻子可能会自觉地给丈夫拿一罐啤酒。这是众多仪式化行为中的一个。不管什么时候进城，她可能给丈夫带一块儿甜品。她可能会为丈夫每周一晚的观看足球赛打扫房间、准备点心。他甚至什么都不必说。当然，他也为妻子做一些事情，而她也连说都不用说。他帮她的车加满油，每周陪她探望她的父母——这确实让她心怀感激。他周末照顾孩子，以便她能拥有一些自己的时间。

这些仪式化的给予，是一种彼此的需要被满足的方式。但它也会变得不合时宜，不再满足彼此的需要——对于给予者和接受者都是如此——尽管之前这些给予是为满足彼此的需要而设计的。

谈谈不成熟的依赖中的技巧

这样看来，因为我们中的大多数人在依赖方面是技巧不足的，我们需要一种方式来应对缺乏技巧所带来的影响。

多拉在成为一个依赖的人方面是不成熟的，她待在家里照顾十岁的女儿和八岁的儿子，而她的丈夫内德，是一名律师。

多拉看上去几乎没有自己的生活，虽然婚前她看上去非常独立。她作为美国和平队的志愿者曾在厄瓜多尔待了两年，并独自一人游遍了整个欧洲。当多拉和内德一起去巴黎时，她就黏上了他。在周末，内德有工作要做时，多拉就在旁边闲逛等他完成工作，她看上去似乎不能自娱自乐。每隔一段时间，她就会抱怨内德陪伴她的时间不够多，批评内德是跟工作结了婚。

内德则进行回击。

内德：我希望能有一次回家时不会在门口被伏击，参加聚会时，我的上衣袖子不会因为你一直揪着不放而磨坏。

多拉就是那种人，让你特想跟她说："开始你自己的生活吧。"而且那也是多拉私下跟自己说的话。

怀疑者： 那是多拉应该告诉自己的。你说她不够成熟，可在我看来，她很擅长，看看所有她从内德那里得到的东西。

怀尔： 她没有得到多少。当别人认为你是一个讨厌的人时，能够享受这个人给你的关注是非常难的，而内德就是这样看她的。她的黏人只能让内德更加想逃离。她批评他陪伴的时间不够多，反而让内德更不想陪伴她。我说多拉在成为一个依赖的人方面是不成熟的，就是这个意思。内德已经被她推远了，而不是愿意照顾她。

多拉当下需要的是一种方法，即能够有技巧地处理因为不成熟的依赖所带来的不良后果。为了展示这个方法，我打算把多拉变成另外一个人，多拉 2，她在这个方面是成熟的、有技巧的。内德和多拉 2 去一个聚会，她黏着他，但接着她说：

多拉 2： 我讨厌我们现在的状况。我用一种我自己都不喜欢的方式黏着你，而且我打赌你也没有关注到这点。

内德感到震惊，他习惯了多拉 1，她从来都不会说这些。

多拉 2 没有批评内德（给他哀求的神情），而是为她所认为的自己可能会对他造成的影响而同情他。

多拉 2：（继续）看看你，可怜的人，不得不担心我，我甚至从中没有得到什么，一定有些地方出问题了。

内德欣赏多拉 2 愿意从他的角度去看她的黏人。这使得他感觉有一点喜欢从她的角度来看看整个境况了，不再像往常一样感到不满与怨恨，他开始有同理心。多拉 2 正在有技巧地谈论关于不成熟的依赖。

怀疑者：等一下。我认识很多像多拉一样的人，没有人可能会用这种方式谈话。

怀尔：是的，我不会觉得惊讶，因为几乎没有人能够用这样一种不防御的和全然觉察的方式谈话。我也做不到，而我写了这本书。多拉 2 是我想象中的虚构人物，我只是试图展示给你看，如果有人能够有技巧地来谈论不成熟的依赖的话，情况会是怎样的。多拉 2 知道她想要什么并且会说出来，她用一种能够让别人懂得她的需求的方式，而且因为她不是在批评内德，所以他会倾听。

能跟内德用这种方式谈话，能够在十分钟内搞定在十年内都搞不定地跟着他参加聚会的事，这可以给多拉提供她寻求的亲密感和连接感。

如果伴侣们能够这样谈话，他们可能会觉得更喜欢为彼此做事和照顾彼此。

怀疑者：但如果他们不能这样谈话——那不是你刚刚说过的吗？——那我们干吗还讨论它？

怀尔：因为知道理想谈话的形式和构成，或许能让我们在关系中更加接近它。

怀疑者：你一直那么说。

运用关系让自己变得独立

我一直在谈论关系能够让人们更加有效地依赖。现在我想说，关系也能在人们变得更加独立方面产生很好的效果。

伴侣在关系中感受到的是有安全感的依赖，就能变得独立。人们越感到能够依赖他们的伴侣，就越有底气去面对自己的事情。这种有人支持自己的感觉——一个可以每天倾心相谈的知己——能让人们更加勇敢和自信地去面对世界。

我会用多拉和内德的例子来展示：一段关系如何能破坏伴侣争取独立的努力，又如何能促进这种努力。

多拉在家一天都很沮丧。可她不想让内德受她情绪的影响，不论如何，当内德下班回到家的时候，她就把自己的感受放在一边，开心地谈论有关邻居的八卦。内德感受到多拉在假装快乐，他试着让自己有耐心，但最终还是不能忍受了。

内德（脱口而出）：你干吗跟我说这些无聊的事情？待在家里让你的心灵生锈了。报些课程！找份工作！做点事情吧！

找份工作是个不错的主意，如果内德不是用指责的语气说出来，他看上去是在给出有效的建议。但他的语气产生了相反的效果，这让多拉心情沮丧。她的自信心本来就很低，现在进一步下滑了，不但没有心情去考虑找工作的可能性，甚至怀疑没有人愿意雇用她。

这样的交流会产生腐蚀效应，阻碍多拉走向独立。这是令人遗憾的交流方式之一，在这样的交流互动中，每位伴侣都试图让事情变好，结果事情变得比之前更糟了。多拉试图让自己开心起来，结果让内德变得更沮丧；内德试图带着尊重来倾听多拉，结果导致他毫不尊重地大爆发。

我们再从头来看看关系如何会产生强有力的影响。这一次，当内德回到家，多拉不再强颜欢笑，相反，多拉告诉内德：

多拉：我今天感觉不怎么好……事实上，整个月都感觉不太好。

内德：（很高兴她终于把这些感受说出来了）嗯，我一直都在担心你，你这些感受就像我那年卧床不能上班时。

多拉的眼里满是泪水，她觉得自己被理解了。

多拉：你知道吗？整天待在家里不是个好主意，或许我该去找份工作。

我们看看发生了什么：首先，多拉已经成功地依赖了，她从内德那里得到了自己想要的，让内德同理她的感受。其次，成功地依赖（通过让内德站在她一边跟内德建立联系）让多拉觉得自己更加独立了。跟之前一样，找工作的想法出现了。但现在多拉觉得找工作是一件令人鼓舞的事情，关系让她更富有力量。

一旦我们停止给"依赖"贴上幼稚的标签，就能够看到"依赖"和"独立"是成年人互为彼此的需求，而且这对需求是相互关联的。

• 依赖——在关系中觉得安全——可以允许一个人变得更加独立；也就是说，能够更加机智地应对世界。

• 能够更加机智地应对世界包括：能够更加自在、更少指责地索取自己想要的，在要求方式上更可能地让别人愿意提供自己想要的。这样一来，你在变得越来越独立的同时，也可以变得越来越善于依赖。

"独立"经常被人们认为是没有需求。但是，依我所见，"独立"也可以被看作满足你个人需求的能力与智慧。

第二部分

让谈话变得不那么危险

第五章

拥有曾经错失的谈话

实际上到目前为止，我在本书已经谈过的所有内容可归纳为一件事情：找到一种跟伴侣有效沟通的谈话方式。在任何时候，你和你的伴侣之间可以有这样一个对话，它将帮助你们俩处理此刻关系中正在发生的事情。

夫妻关系的核心通常被描述为拥有共同的兴趣爱好、陪伴、一起做事、养育孩子、信任、忠诚、信守承诺及爱。

我不同意这样的描述。夫妻关系的核心是说出你需要说的话并觉得被理解了。这就是拥有有效的谈话，而且这才让拥有共同的兴趣、陪伴、一起做事、性生活和一起养育孩子成为令人享受和值得做的事情，并且这才是建立信任、忠诚、承诺和爱的基础。

莎莉在跟斯图尔特结婚的十年间一直是一个传统的妻子，现在她告诉丈夫自己想每周花一个晚上的时间跟朋友出去。斯图尔特最近已经对他们的关系感觉不安全，下面就是他需要说出来的话：

斯图尔特：当然，每周一次也好，如果这就是整件事的全部意义所在。但最近我们之间已经磕磕碰碰了，我担心这意味着你对我们的关系已经不抱任何希望了。

如果斯图尔特说出这些来，他对莎莉跟朋友一起出去的担心就会被看作对他们关系将越来越疏远的担心。但斯图尔特无法说出这些，他不习惯用这样的表达方式，而且他内心还没有清晰地辨识出这就是他所担心的事情。他知道有关莎莉跟朋友一起出去的事中有些什么让他觉得这是个坏主意，但他又不知道究竟问题出在哪儿。

斯图尔特：你为什么不能在电话里跟朋友聊天呢？

莎莉：我确实有跟他们电话聊天，关键是我自己想出去待一会儿。

斯图尔特：我不喜欢你这么做，晚上独自一人出去是危险的。

莎莉：别傻啦，我不是独自一人，我们有三个人。

看上去，斯图尔特已经不可能有其他方式说服莎莉不出去了，他开始自绝后路。

斯图尔特：那晚餐你觉得我该怎么办呢？

在这个愚蠢的问题里，斯图尔特在男女关系的历史中倒退了五十年。听到他这么说的每一个现代人，都会马上站在莎莉一边。他坚持认为妻子应献身于他的需要，还能对生活在这个时代和这个年纪的男人说些什么呢？斯图尔特的问题在于他无法表达他真正想表达的东西，他把莎莉要求每周外出一个晚上视为一种威胁，然后他做了人们感到威胁且无法谈论这种感受时经常会做的事情：他像膝跳反射一样做出反应，他告诉莎莉待在家里。

当人们有重要的感受却无法表达出来时，他们就会说愚蠢的话和做愚蠢的事。在斯图尔特能告诉莎莉他担心他们会渐行渐远之前，他可能会对丈夫的自然权利做出过时的要求。

一旦提出这些要求，斯图尔特就陷入了不得不捍卫这些要求的困境中。他说得越多，听起来就越糟糕，甚至对他自己而言也是这样。当人们捍卫自己站不住脚的立场时，听起来总是很荒谬的。即使这样，莎莉还不能勇敢地面对丈夫，当时的反应是舌头打结、无言以对。之后，她想到了一些回应，她希望这是自己之前就能给出的回应。下面是莎莉会喜欢的谈话进行的方式。

斯图尔特：你一直都给我做晚餐。

莎莉：确实如此，或许是时候你给我做了？

斯图尔特：你知道我在厨房里笨手笨脚的。

莎莉：你可以训练下自己的手指，用它支去煎个蛋。

斯图尔特：太好笑了。是苏让你这么做的，是不是？

莎莉：是的，她是一个睿智的朋友。

莎莉本可以有一个很棒的翻盘，但她想到这些，已经是几小时之后的事情了。很多人可能认为她需要自信心训练。然而，很容易错过的事实是，斯图尔特在表达自己的看法方面并不比莎莉好多少，在莎莉和斯图尔特之间，大部分时间，斯图尔特拥有最后决定权，但这次他没有说出他真正想要说的话，即他害怕莎莉跟朋友外出将进一步让他们疏远。

看斯图尔特和莎莉之间的互动，几乎所有人都会认为斯图尔特存有人格缺陷（可能觉得莎莉也有），而不会认为他只是没有表达出自己想说的话。莎莉的朋友告诉她：

- 他只考虑他自己。
- 他想把你置于他的控制之下。
- 他想要一个母亲，而不是一个妻子。
- 他毫无头绪。
- 你配得上十个他。
- 你为什么让他这样对你？
- 你肯定喜欢受苦。
- 甩掉他。

而且不只是莎莉的朋友会这样说，如果莎莉去咨询一个持有这种思维方式的治疗师，他或她可能会说（或至少认为）：

- 斯图尔特呈现粗暴的自恋式的权利要求。
- 他在寻求全面控制。
- 他的人格表现处在早期儿童时代依恋母亲的共生期。

· 你在接受顺从妻子的文化角色，在重复你曾经跟妈妈之间拥有的施虐和受虐关系。

· 你害怕离开他，因为童年的缺失让你害怕分离。

· 占有主动权对你来说很重要，你不能再扮演斯图尔特的牺牲品了。

斯图尔特几乎被所有人（包括私下里被他自己）看作一个被宠坏的、控制欲强的"恶棍"。一旦问题被归咎于某个人的个性，人们就很难去考虑这种可能——斯图尔特的问题或许是因为没有能力去找出和表达某些东西而造成的。

但如果斯图尔特和莎莉去考虑这样的可能性——那就是，如果他们去咨询一个能够认可本书观点的治疗师——这对伴侣便能够意识到。

· 如果斯图尔特是被宠坏了，他也被剥夺了（他被剥夺了能够谈论内心最重要的东西的基本需求）。

· 如果他是控制欲强的，他也是缺乏任何控制感的（他无法跟莎莉说出真正令他烦扰的事）。

· 如果他是一个欺凌弱小的"恶棍"，他也曾被压制过和四处碰过壁（他想不起来任何能说的且不会让事情变得更糟的话语）。

从这个角度看，斯图尔特似乎不再是那么邪恶、盘剥、恶意和"坏"的伴侣，他看起来更像一个努力应对困难境况的人。

怀疑者：对我来说，他仍然像一个恶棍。问题在于你，怀尔，你想原谅所有人。

怀尔：我不是说我们（或莎莉）应该原谅斯图尔特。我只是理解斯图尔特的行为，但这并不意味着莎莉就得喜欢或忍受这些行为。

但如果莎莉和斯图尔特能够以这种新的视角来看待斯图尔特的行为，他们或许就能够有效地谈论这些问题。想象一下会发生什么，比如，斯图尔特告诉莎莉，他担心他们会越来越疏远。进一步想象，他告诉莎莉，自己因为有这些担心而觉得特别羞耻——他觉得一个真正的男人不应这么没安全感。

当问题被讨论的时候，特别是跟他们所关心的人讨论时，问题看上去更可管理了。针对莎莉晚上出去的这个问题，斯图尔特把自己的担心说出来，或许会感觉更舒服。

即便他没有觉得更舒服，莎莉和斯图尔特至少能够谈论这些重要的感受。事实上，谈这些感受是莎莉一直以来在寻求的，这是她想要跟朋友一起出去的主要原因：跟那些她能够谈论个人事情的人共度时光。

这看上去似乎是矛盾的，斯图尔特向莎莉吐露了他对她外出这件事的保留意见，使得莎莉外出和斯图尔特非让莎莉待在家里都变得不那么重要了。

这里有两个难题。第一个难题是不能拥有表达内心真正所想的对话，当伴侣们不能发现和表达他们想要表达的东西时，困难就出现了；第二个难题是人们不知道这就是难题所在。伴侣们很容易把他们的困难归咎于性格缺陷，以至于无法看到真正的问题其实是对话的缺失。

人们需要的和他们认为需要的

伴侣们需要有一些特定的对话，而且他们一直都需要。

· 他们需要且能够谈论他们的抱怨和担心（尤其是那些关于关系的）。

· 他们需要且能够谈论他们的愿望和幻想（尤其是那些关于关系的），以及他们的愿望和幻想如何走向破灭。

· 他们需要且能够谈论他们提出不满时的犹豫，因为害怕这些不满会伤害或激怒对方。

· 他们需要且能够谈论他们是如何脱口而出这些不满的，无论在何种情况下。

· 他们需要拥有针对所有这些问题的对话而不是争论。

· 他们需要一个机会去谈论反复出现的特殊的关系问题，并对这样的问题施以同情。

伴侣们需要这些对话，但他们往往并没有这些对话，甚至都不知道他们还需要这些对话。人们很难意识到他们缺乏某些东西。

伴侣们对于自己所需要的东西，有一个完全不同的观点，他们认为需要拥有如下内容。

· 共同的兴趣，他们的意思是凭借共同的兴趣一起做事情。

· 共同的目标，他们的意思是凭借共同的目标在其他事情上，如在准备要几个孩子、谁来照顾孩子、是否住在农村或城市等方面达成一致。

· 相处的能力，他们的意思是凭借这种能力不会产生太多的争论。

· 沟通的能力，他们的意思是凭借这种能力不会有太多的争论，或太多的沉默。

· 性生活和谐，他们的意思是能够跟伴侣保持性生活同频，并能达到高潮。

这些观点通常是人们判断关系是否满意，及是否有权利觉得不幸福的依据。除非能够找出确定的原因，如"缺乏共同兴趣"等，否则伴侣们会认为感到不满是不正当的，虽然他们可能觉得关系里缺少了什么，他们没有意识到他们因为缺乏特定的对话而遭受痛苦。

找出缺失的对话

如果伴侣们意识到他们被剥夺了对话的权利，他们会问自己：我们应该通过什么样的对话来解决这个问题呢？（或者，至少告诉我们，为什么我们正面临这个问题？）

一旦开始寻找缺失的对话，你会发现并不难找到，下面是几个例子。

案例 1：一个离婚几年的男人给他八岁的女儿打电话，女儿跟前妻生活在一起，他问女儿是否想要出去吃冰激凌。他的前妻很忙，全职工作，正在筹备第二次婚姻。男人要带女儿吃冰激凌打扰了前妻晚上的安排，而且违反了他探望女儿应该提前约定的协议。这个男人困惑于自己为什么这么做，他通常是以自己信守协议和与前妻之间友好相处而自豪的。

请求带八岁女儿出去吃冰激凌是他唯一能做的，因为他不能告诉前妻，"我知道这很荒谬——毕竟，我是那个想要离婚的人——但我想我一直有个秘密的信念，那就是我们还会在一起。你准备再婚，让我最终意识到我们永远不可能是一家人了，而且我将永远失去每天跟莎拉的联系"。

因为这个男人不能表达这样的担心，或者甚至无法完全意识到他有这样的担心，他别无选择，只能用行动表达。在维持日常、临时、特殊时刻与女儿的联系方面，带她出去吃冰激凌是一个孤注一掷和毫无成效的尝试。

案例 2：在《夫妻治疗》这本书里，比利·埃布尔斯和杰弗瑞·布兰德斯玛描述了一位妻子，其打开丈夫邮件的行为让丈夫不堪其扰。打开丈夫的邮件，作者认为，是她唯一能做的，因为她无法告诉丈夫她需要说出来的感受，就像是"我们过着如此疏离的生活，我想要更多地参与到你的生活里"。

为了让她自己更多地参与到丈夫的生活中，打开丈夫的邮件是一个铤而走险的尝试，尽管完全不恰当，或适得其反。

人们低估了语言的力量，俗话说：

- 行动胜于空谈。
- 百闻不如一见。
- 坐在这里谈论一整天问题，也不会解决问题。

但这取决于说出的是什么，"百闻不如一见"，而且能够解决问题，如下例所示。

案例 3：一个女人犹豫要不要告诉刚约会不久的男人，他从墨西哥给自己买的拖鞋太紧了。他看上去对送给她的礼物非常满意——那是一双极好的拖鞋——以至于她真的不能让自己跟他说出真相。当她最后告诉对方时，她发现对方其实并没在意。这是令人惊讶之处：当她回到家里再试那双拖鞋的时候，发现合脚了。

要弄清这是怎么发生的并不难，这个女人刚刚收到拖鞋就穿上了，她担心可能不合适。她把轻微的压力施加给了她的脚趾，以此来证明她对鞋太紧的恐惧。告诉她的男朋友鞋不合适之后，必须喜欢拖鞋的压力消失了，她现在以一种新的方式来体验鞋紧——把它体验成拖鞋本应该就是贴脚的。

案例 4：一个丈夫对妻子未经他同意就邀请自己的姐姐一起吃晚餐非常不满。他需要做的一切就是抱怨，并让妻子理解他有怎样的感受，这样她姐姐来的时候，他就会感到非常舒服。事实上，他在晚餐期间对妻子的姐姐格外亲切，并有礼貌。

可是，我们假定妻子用这样的话语回应他的抱怨，"任何时候只要我喜欢，我就会邀请我姐姐"。丈夫将得不到他需要的机会（一个能够感觉到妻子理解他对此事感受的机会），以使他改变对她姐姐来吃晚餐的态度。当姐姐来时，他可能整个晚上都对妻子的姐姐表现得粗鲁无礼。

案例 5：伯纳德·阿普费鲍姆，我的导师和同事，描述了人们在性生活过程中，发现没有被唤起性欲时会怎样做。他们会试图幻想性爱场景；另外的做法就是告诉伴侣诸如此类的话，"因为一些原因，我感觉不够在状态，我担心这会让你失望"。人们有很好的理由不愿意说这些话，阿普费鲍姆说，因为这样做可能会完全毁掉做爱的心情。

但这也可能制造出想要性生活的心境，他继续说，告诉你的伴侣你的实际情况后，通常，结果是你被唤起性欲了，以这样吐露心声的方式，你逃离了正在让你失去欲望的自我关闭、切断联结和独自挣扎。

每个人都应该知道，表达害怕、担心或怨恨，有时能减弱或消除害怕、担心或怨恨。我仅仅建议，将下面这个观点提高到成为一项重要原则的层面。

任何时候你发现自己对伴侣不够满意、不够爱、不够敞开，更加疏离、更加不满、更加厌烦时，试着去寻找你没有告诉他或她的，和他或她没有告诉你的感受、愿望、担心，或者抱怨的方式。

当人们无法说出他们需要说出来的重要感受时，就开始用疯狂、混乱、攻击和孤注一掷的方式行事。

第六章

避免掉进谈话陷阱

怀疑者：但是，怀尔，如果谈话像你说的那样美妙——如果它是变得亲密的方式——为什么早先我们都不能搞定呢？如果它那么棒，为什么我们几乎都做不到呢？

怀尔：因为谈话也是危险的，会发生下面的事情：

1. 你的伴侣谈了一个问题，接着你提供了建议，结果你的伴侣不但没有心怀感激，反而生气了。你们陷入争吵中，这让你们两个人都希望他或她最初就别提出这个问题来。

2. 你的伴侣跟你说了他或她一天的生活，你觉得无聊，但你假装不无聊，因为你不想伤害伴侣的感情。但无论如何你的伴侣感觉到了你的无聊，于是觉得受伤和愤怒。

像我要尝试展现的，应对这些陷阱的最好方式是期待陷入其中，并且熟练地从中爬出来。

不想要的建议陷阱

陷阱 1：当你的伴侣只是想告诉你他或她有怎样的感受时，你提供了建议，或企图给出安慰。

安妮和乔尔是一对快三十岁的夫妇。乔尔是一家水务公司的工程师。安妮，一家银行的全职办事员助理，正尝试通过夜校获得大学学位。一天晚上，安妮回到家里，他们有如下谈话。

安妮：我简直吃不消了。到星期一我得完成一个十页的论文，我还没有开始动笔呢。

乔尔：（安慰）别担心。你会完成的。在你整个学习生活中，你总是及时提交论文的。

安妮：是的，但这次情况不同。不仅仅是论文的问题。工作中有两个人在休假，而我除了做我的那份之外，不得不做他们两个的工作。我不认为我的老板会期待我做完其他人的工作后还有属于我自己的时间。

乔尔：你不该忍受这件事，你必须告诉她你能做的只有这么多。

安妮：当然，我能告诉她这些，但她只会告诉我，让我更加努力的工作。你无法说服她。

乔尔：或许你该跟她的上司谈谈这件事。

安妮：是的，如果我直接找她的上司的话，只会让自己陷于麻烦中。

乔尔：好吧，或许你应该另外找一份工作。

安妮：你认为另外找一份工作很容易？

安妮不知道为什么他们突然在讨论她的辞职，那不是她想要谈论的。她知道乔尔的话语没有什么帮助，但她不知道为什么，她并没有觉得感激，因为她不欣赏丈夫的建议。

乔尔也认为她不懂得感激，因为她没有欣赏自己的建议。每次他建议一些事情，她都会给出建议无效的理由。她总是说："是的，但……"当然，我们可以把问题放在一边，问一下乔尔为什么一定要给出这些建议。他跟安妮还没有谈够两分钟，就已经建议她辞掉工作了。

乔尔看上去是这类人，认为"如果你有一个问题，你应该试图解决它，或者学会忍受它，担心是没有用的"。他觉得他不应该对安妮的抱怨施以同情，因为那样会鼓励安妮抱怨更多，并自叹自怜。

不论怎样，他拿建议来围攻安妮的最重要的原因，是他以为安妮期待他来解决她的问题——那是作为伴侣而"在那里"的真正意义所在。他做了人们经常做的，即他们觉得解决另一个人的问题是自己的责任。他给安妮提供建议，接着当对方不能接受时，他就指责她。

乔尔：我认为你并不想真正解决自己的问题，你对问题的抱怨太多了。

就是因为这类谈话，让人们不再想要有谈话了。安妮再有有关工作的问题时，她会仔细考虑是否谈论它。她不想重复这种不愉快的谈话，乔尔也不想旧戏重演。

乔尔认为安妮想要他给解决问题。然而，安妮想要的，是乔尔能够领会她的感受，她会喜欢乔尔说："可怜的宝贝，所有的事情都一下子推到了你面前。"

而乔尔所说的，很不幸，让她觉得乔尔根本就不懂她的感受：

• 乔尔提醒她一直都能完成学校的论文。事实上，乔尔是在告诉她，她没有理由心烦。

• 乔尔建议她去面询老板，如果失败了，辞职。事实上，乔尔是在告诉她，她的问题有一个很直接的解决方案，如果她采用的话，同样没有理由心烦。

乔尔在企图安慰安妮没有理由心烦，而安妮想要的是：乔尔能够理解她确实是有理由心烦的。这是一个不幸的误解。如果乔尔能意识到以下的内容，他会放松很多：

• 安妮并不期待他来解决她的问题。

• 她甚至想他连尝试都不要尝试。

• 她只是想要他能理解她的感受。

• 此刻她的问题是在工作和老板的感受层面感觉孤单。

• 乔尔对她感受的理解将会解决这个问题，因为她不再感觉孤单。

我不是在说，乔尔试图给出建议和安慰是错误的。在其他时候，安妮可能会因为乔尔提醒她一直都完成了论文而感到宽慰；乔尔给出的面询老板的建议，她可能会欣赏，并且真的感觉到被支持，甚至辞去她的工作。在这种场合下，不论怎样，安妮都会把乔尔的快速安慰和随时给出解决方案当作他不想谈论她的感受而做的努力。

乔尔需要知道一些重要的知识，当安妮来到他面前谈论一个问题的时候，他需要知道有两种不同的东西，可能是安妮想要从他那里得到的。

1. 她可能想要他帮助解决问题，或许，想要他来安慰她，那不是一个大问题；就是说，她可能想从她的感受之外来谈论问题。

2. 她可能想要他倾听她关于问题的感受，或许，只是想要他理解这个问题对她而言真的是如此巨大和无法解决，至少，此刻它看上去对她来说是如此巨大和无法解决。

如果乔尔已经知道安妮可能想要的是两种不同的东西，他或许能够在这个不愉快的交流结束时说出如下内容。

乔尔：我太着急给你这些建议和解决方案了，但可能那都不是你真正想要从我这里得到的东西。

安妮会觉得很放松，一整天，她都觉得没有人能理解她的感受，现在，她终于找到了那个能够理解她的人。

还有另外的事情乔尔需要知道，当跟你说话的人想要被倾听时，马上跳出来给出安慰或建议是一个常见的错误，而且他和安妮两个人都在重复犯这样的错误。乔尔越多地看到他犯的错误是常见的和不可避免的，他就越能更切合实际地来谈论它。

这个错误是常见的和不可避免的。作为一名夫妻治疗师，我的工作就是向人们展示，当他们的伴侣真正希望他们欣赏自己的感受时，他们是如何给予安慰和建议的。因此，你会认为我知道很多。我确实知道很多，但那也不会阻止我自己在伴侣面前反复犯相同的错误。于是我努力改正我的错误，告诉我的伴侣，"这次的谈话进展不够好，可能你不想要我给的建议"；或者会说，"我认为这次我只是想要你理解我的感受"。只要我把我给出的多余建议和安慰看作每个人都会犯的错误，而不是表明我本身有问题，对我来说调整方向、开始倾听，就很容易了。

无聊陷阱

陷阱 2：当你说内心的想法或谈论你的生活时，你的伴侣觉得无聊。

如我所说，告诉伴侣你内心的想法和听到你伴侣内心的想法，是跟伴侣亲近的办法。但是，如果听到伴侣内心的想法让你觉得无聊，或反之亦然，你会做些什么呢？

布伦达和杰克是一对近五十岁的夫妇。杰克是一名药剂师，布伦达在一家广告公司工作。他们已经结婚二十三年了。

布伦达来到起居室，杰克正在那里看报纸，她告诉了杰克自己这一天的生活。

布伦达描述那天早上她设计的广告。她说她是用一支细致的钢笔画的，这样可以有一种特别的形状效果，填充的颜色是红色和黄色，而不是惯常的绿色与棕色；她还运用了一种特别优雅的字体，把手写稿糅进了艺术作品中，而不是像平常一样放在下面。

杰克对广告设计的细节感到无聊。但是，因为他不想伤害布伦达的感情，或昭示自己是一个不关心妻子生活、以自我为中心的丈夫，他假装对此感兴趣。

布伦达，不论怎样，当她看到这些的时候，就意识到他是假装的。她转而谈一些她认为杰克可能会感兴趣的事情——令人惊喜的午间聚餐，这是办公室的人为了庆祝她升职为副主席而专门举办的。她的升职意味着她离开了与自己一起工作了十五年的同事们，并搬到十楼的管理人员办公室。布伦达描述了她的办公室同事们。卡门，带了一盘自己整整准备了两天的龙虾；彼得，她的秘书，做了一个蛋糕；克丽丝，她在大堂里的朋友，带来了草莓。

听到这些，杰克越发觉得无聊，但现在，他认为自己是有理由觉得无聊的。他想："为什么每个人都要关心别人午餐吃了什么？"

布伦达看到了杰克眼里呆滞的表情，并且试图用一种更加活泼的方式努力让他能感兴趣。她告诉他在聚餐上发生的趣事。

布伦达：你都无法相信，三个人居然做了相同的菜。你应该能看到艾德娜的表情，可怜的人，当她带着鸡肉和米饭走进来的时候，看到了桑德拉和约翰尼也带来了相同的饭菜。

布伦达笑了，希望杰克也会笑。

他没有笑。

布伦达：我猜你并不想待在这里。

这是一个不幸的情形。布伦达越想努力变得有趣，就越变得笨拙和无趣，杰克也离她越远，越觉得无聊。

布伦达：（感到受伤和愤怒）你根本一句话都没有听进去。

杰克：不，我听了。首先你说了你的新广告，然后说了聚会和三个人带了相同的菜。

布伦达：是的，但你根本就不感兴趣。

杰克：嗯，我对广告了解不多，你办公室里的大多数人我也不认识，而且我也不是那种在办公室八卦的人。

布伦达：不要说那是八卦，你压根儿就对人不感兴趣。

在他们之间，关于杰克为什么觉得无聊，布伦达和杰克持有如下三个观点。

1. 他们兴趣不同（他们刚刚说过的）。

2. 杰克以自我为中心（他们隐藏的恐惧）。

3. 布伦达是个无聊的人（另一个隐藏的恐惧）。

如果布伦达和杰克要摆脱这个处境，他们需要不同的观点。他们已有的那些观点——布伦达是无聊的，杰克是自私的，他们是不相配的——都是噩梦般的观点。这些噩梦般的观点完全充斥在他们心中，使得他们很难去考虑如下这些可能性，比如，杰克的无聊是因为：

1. 布伦达并没有说她感受如何。
2. 杰克没能给出一个足够积极的回应。
3. 布伦达笨拙地试图重新引起杰克的兴趣。
4. 杰克没有意识到和他谈话对布伦达而言意义有多重大。

下面我们逐一复习这些观点。

观点 1：布伦达和杰克需要知道布伦达是让人觉得无聊的。她无聊因为她脱离了故事能让人感兴趣的部分，即对于她正在描述的内容，她有怎样的感受。

杰克说他对广告不感兴趣。可是，如果布伦达跟他说更多，他会感兴趣的。

布伦达：那个广告是我做过的最好的作品，我真的很满意，它让我觉得在做广告工作的同时，我有可能成为一个艺术家。

杰克可能对布伦达的工作本身并不关心，但他确实关心布伦达对工作的想法。如果布伦达告诉了杰克最主要的点——她对这个广告非常满意，他可能会想听更多关于这个广告的事情。然而，他没有听到最主要的点，所以杰克对细节没有任何兴趣也是可以理解的。

当你不知道你的伴侣为什么在描述细节时，细节就会很无趣。在讨论惊喜聚餐时，布伦达又一次忽略了最重要的部分，即她被深深地感动了。之前，办公室里从没有为其他人举办过类似的聚会，非常明显，工作中的同事非常在乎她，而且舍不得她离开。她也觉得悲伤，想着自己将来会多么想念他们。

杰克听到这些不会觉得无聊，一旦布伦达对聚餐的感受变得清晰，那么她描述每个人都带来什么的原因，也会变得清晰。她被每个人所感动，他们尽全力试图让这一切都很特别。格丽塔花了两天时间来准备一个菜，克丽丝穿过市区专门弄来新鲜的草莓，而彼得的蛋糕作为他的第一次尝试，也足够令人惊讶。

为什么布伦达漏掉了最重要的部分——她的感受？因为她对炫耀自己感到不舒服。她觉得告诉杰克她在广告方面做得超级好会太自夸了。因此，相反，她告诉他广告作品是怎么创作的，她希望他能从她的描述中猜出来这个广告作品有多么好，而且她觉得自己太自夸了，以至于无法描述她对同事来说有多么重要。她用给出细节的方式来表达自己，细节本身一点趣味也没有，因为她羞于表达与感情相关的东西，而这些感情，非常讽刺的是，反而是让人更感兴趣的部分。

布伦达努力让自己不自夸，反而让她变得很无聊。

当我们不从自己对事件的感受开始描述事件的时候，我们中大多数人是无聊的，只有当我们逐渐对我们的感受更有觉察、不断熟练表达这些感受的时候，我们才会不那么无聊。

观点 2：布伦达和杰克需要知道，杰克的无聊既是他自己正在做的一切所造成的，也是布伦达正在做的一切所造成的。这是杰克不能对布伦达正在说的话给出足够积极的回应所带来的后果，因为总体来看，他觉得自己除了能在那里听布伦达说，其余什么都做不了。

布伦达让人觉得无聊只是事情的一半；另外一半是杰克不能投入布伦达正在说的事情里，他无助地坐在那里，听着布伦达说话，试图做个尽责的丈夫。布伦达曾几次抱怨杰克没有听她说话。那时，杰克就保护自己，他说他确实听了。然而，私下里他担心布伦达说的是对的。他对自己有噩梦般的看法，认为自己是一个自私的人，除自己外，不在乎其他任何人。

因此当布伦达来到起居室，跟他说话的时候，杰克觉得做不到对妻子的充分和持续的关注会进一步证明他不愿意听她说话，他觉得没有权利告诉妻子，她正在描述的广告对他来说太细节了，而且他此刻只想看报纸，更喜欢晚饭后再聊天。

所以杰克觉得无聊，不仅仅是因为布伦达只是说了相关细节而没有说感受，更是因为他承担了耐心和毫无抱怨地倾听的义务，这使得他无法让自己保持投入。

人们感到无聊，是因为他们没有一个好的方式去谈论无聊的感觉。

告诉你的伴侣，你对他或她正在说的话感到无聊，这是非常难的。你认为你不应该感到无聊，或者如果你无聊了，你至少应该拥有不把这份无聊说出来的礼貌。

当然，不是每个人都有保持沉默的需要。杰克的朋友麦克就不能安静地坐两秒，如果塔米，他的妻子描述她参加过的聚餐上人们所带的饭菜，他会打断并说出下面的话：

- 请停下来！你让我无聊到想哭。
- 我不想听那些废话。
- 我不明白你为什么老是去参加这些愚蠢的聚会。
- 嗨，那让我想起今天我听到过的一个有趣的故事……
- 晚餐吃什么？

当然，麦克永远不必再说这些话了，因为塔米很久以前就放弃跟他说自己生活的企图了，她觉得被麦克欺负了。

麦克处理无聊的方式是脱口而出"你真无聊"，杰克的方式是闭口不谈。每种方式都有其严重的不足与缺点。所以我们尝试第三种方式，我们让杰克试着去谈他的进退两难。

杰克：我希望你不要误解，但我真的在听广告细节方面有困难。

杰克能够说出这句话，可能很快就可以减轻他的无聊感，他将做出一个积极的回应——通过谈论这个困难，可以把布伦达和他自己从令人沮丧的交流中拯救出来。

但他的话语引发了布伦达下面的内在争论：

- 他是对的，我让人觉得无聊，他知道了我是这样的人。
- 但等一等！其他人觉得我很有趣。
- 所以问题在他。
- 他只对自己感兴趣。
- 他自私。
- 而且，不管怎样，他在说谁？当他谈论计算机的时候，也让我觉得无聊透顶呢。

布伦达通过把问题重新定义为杰克无法对此感兴趣的方式，来处理她令人感到无聊的担忧。

布伦达：你以为你总是很有趣，当你谈论计算机的时候，你让我觉得无聊透顶，你只是对你自己感兴趣。

布伦达在给出她自己的积极回应，她在表达愤怒，由于感到羞辱而引发的愤怒。如果她能吐露这份羞辱感，她会感觉更好一些。那天晚上过后，她走向杰克，做了下面的事。

布伦达：你知道，我确实误解了——你知道，当你说倾听有困难的时候，我担心自己是一个让人觉得无聊的人。是的，我确实一直在说广告的事。

感受到了布伦达的善意，杰克也回报了他的善意。

杰克：是的，我也总是说计算机的事。

杰克愿意承认他也会陷于细节中，这让布伦达理解了为什么她在广告的事情上会这样做。

布伦达：我觉得直接跟你说这是我做过的最好的设计，有自吹自擂的嫌疑。

现在，杰克理解了为什么布伦达会告诉他关于广告的事，他开始对细节感兴趣。

杰克：它跟你之前的广告有怎样的不同呢？你可以带回家一个副本吗？

为了不感到无聊（be bored），人们需要一种直截了当的方式来表达自己的无聊。而且，为了不让自己感到无聊（be boring），人们需要一种直截了当的方式来谈论自己的无聊。

观点 3：布伦达和杰克需要知道，让自己感到无聊，在某种程度上，是试图不让自己感到无聊的结果。

当杰克开始有无聊的迹象时，布伦达试图用一种诙谐的、更开朗、更活泼的方式让他感兴趣。尽管有些人很擅长把伴侣从无聊的悬崖边拉回来，更多的人，就像布伦达一样，却把他们的伴侣推向了悬崖。在这种时候，他们的风度消失了，他们的聪明才智也消失了，他们的魅力抛弃了他们，他们开始变得紧张、尴尬、犹豫和局促不安。

换句话说，布伦达是无聊的，这是她试图让自己不无聊的结果。我们想象一下，如果布伦达跟杰克谈论无聊本身，当时的境况看上去会怎样？假设那天晚上过后，她跟杰克有如下的谈话。

布伦达：你知道，今晚早些时候，我害怕让你感到无聊，所以我努力让自己变得有趣，这当然让我变得更加无聊，我总是忘记了这个恶性循环。

杰克听到这些不会感到无聊，他会感觉放松。既然布伦达会说是她让人感到无聊，他也就不必把他的无聊感归咎于个人的自我中心了。

我们收集所有这些关于布伦达为什么是令人感到无聊的观点，她让人感到无聊是因为她：

- 漏掉了她重要的感受。
- 担心自己自吹自擂。
- 担心自己是无聊的。
- 不能认识到，也不能跟杰克谈论任何上述内容。

怀疑者：当然，可能你在这个例子里已经解释了为什么布伦达是令人感到无聊的。但是，对于那些一直都是令人感到无聊的人呢？你知道，有这样的人。

怀尔：这样的人就是那些总是漏掉重要感受的人，总是担心自己自夸的人，总是担心自己无聊的人，总是不能识别出来和不能跟伴侣谈论任何这些内容的人。

观点 4：布伦达和杰克需要知道，杰克感到无聊，在某种程度上，是因为他感到被忽略和不够重要。他没有意识到自己扮演了多么重要的角色，他没有意识到，能够跟他谈谈她的生活，对布伦达来说意味着什么。

杰克觉得他不是什么重要的角色，他认为布伦达跟他谈话，对布伦达来说根本就不重要。他认为布伦达在跟他闲聊广告和聚会的事是因为她没有其他事情可做；她本来可以跟任何人谈的。他感到被忽略和不够重要，而且所有这些让他感到无聊。他没有意识到：

• 布伦达已经期待了一整天想要跟他说这些，而不是跟任何其他人说。
• 告诉他她在广告设计方面的成功，是布伦达认为最值得庆祝的事。
• 聚会上布伦达所获得的很多快乐是为了能跟他分享。
• 告诉他因为离开一起工作了十五年的同事而感到悲伤（让他理解她对此的感受），是布伦达试图处理这些悲伤的方式。

　　杰克没有意识到这些事情中的任何一件，部分原因是布伦达没能清晰地感受到这些。如果他已经意识到这些，或者，如果布伦达已经告诉过他，他就不会感觉如此被忽略和无聊。

　　因此，当我们试图跟伴侣谈话的时候，有一些我们会掉进去的主要陷阱：

　　• 不去做我们的伴侣想要我们做的，即倾听他们并理解他们的感受，而是去提供解决方案。这等于告诉他们：我根本就不理解你的感受。

　　• 我们变得让别人感到无聊，是因为我们忽略了最重要的部分——我们的感受——而且这也是我们努力让自己不无聊的结果。

　　• 我们感到无聊，因为我们不知道怎样谈论无聊，因为我们没有意识到我们的伴侣从我们的谈话中可以得到那么多。

　　当你想到我们是多么容易掉进这些陷阱，且身陷其中是多么让人泄气时，让我们惊讶的是，我们仍旧愿意跟我们的伴侣谈话。

第七章

视沟通失误为线索

　　谈话是危险的，为了让它变得不那么危险，沟通技巧训练师就发展出一些好的沟通规则，下面就是其中的一些。

　　·做出"我陈述"而不是"你陈述"。（例如，说"当你昨晚很晚回家时，我感到受伤和愤怒。"而不是"你完全不负责任，你除了自己根本不考虑任何人。"）

　　·不说"总是"或"从不/再也不"。（例如，"你在家里从不动一根手指头。"）

　　·不要打断你的伴侣。

　　·复述你的伴侣所说的话，以便他或她会知道你所听到的。（例如，"我听到你说你感到……对吗？"）

　　·不要读心，不要猜测伴侣的感受、想法，或想要做什么。（例如，"你在试图让我感到内疚。"）

　　·坚持一个话题。

　　·不要拿很久以前的怨恨来说事。

•不要转而争论不相关的细节。(例如,"那发生在九月。""不对,是十月。""不是,我确切记得就是九月。")

•不要贴标签或骂人。(例如,"你是一个懦夫。")

•不要把储存已久的抱怨倾倒出去。(例如,"另一件事……现在我想到了,你为什么非得……")

在下面这个简短的对话中,南希和布鲁斯违反了以上全部十项规则。

南希(做了"你陈述"和用了"再也不"):你再也不跟我谈话,唯一一次我们……

布鲁斯(打断而不是倾听):你说的"再也不"是什么意思?上个周末我们在公园里散步的时候还一直在谈话。我们……

南希(读心并打断):你对"谈话"有一个滑稽的定义,你邀请我妈来吃晚饭,就是试图让我感到内疚。

布鲁斯:我只是不明白为什么我们必须得见她那么多次。

南希(转换话题):我们跟你弟弟一起度过的时光呢?

布鲁斯(提出来一个旧的怨恨):我没有听你抱怨过你姐姐来吃了三个月的晚餐的事。

南希:她过得不好,她的丈夫刚刚离开她。而且,不管怎样,那是十五年前的事了。

布鲁斯(转而讨论不相关的细节):只有十年。

南希:十五年。

布鲁斯:十年。

南希(骂人):十五年!你知道吗,你就是一个真正的疯子。你居然记恨这么久，这简直太疯狂了。

布鲁斯(转换话题，倾倒累积许久的抱怨)：我来告诉你什么是疯狂，疯狂就是再三告诉我准备离开聚会，却让我多等半小时(这发生在十二天前)；疯狂就是担心一只流浪狗却完全无视我的偏头痛(这发生在三天前)；疯狂就是……

我们逐条看南希和布鲁斯违反的沟通规则。

沟通规则 1：做"我陈述"，不是"你陈述"

两人的谈话由南希说"你再也不跟我谈话"了开始。南希认为她只是在陈述一个事实，而且是用她的方式。布鲁斯跟她谈话不像以前那样多了，但她其实也是在指责他。任何人在听到"你再也不跟我谈话"时都会立即感到自己被指责了。南希在指责布鲁斯而不自知。

很多年之前，一个心理学家，托马斯·戈登（Thomas Gordon），发现了一种智慧的方式来帮助人们意识到他们指责别人时而不自知。他指出以"你"或"你是"开头的话语，倾向于指责，而一个避免此类指责的好方式就是说"我"或"我觉得"。

当然，会有例外存在。有些陈述以"你"开头，也不是指责。比如，"你太棒了"。而且有些陈述以"我觉得"开头，仍旧是指责。比如，"我觉得你是一个混蛋"。

总而言之，不管怎样，戈登的原则——做出"我陈述"，而不是"你陈述"——是有用的。不说"你没有在听"，而是说"我感觉很挫败，因为我觉得没能跟你说清楚我的观点"。

如果南希做了一个"我陈述"，她就不会说"你再也不跟我谈话了"，她会说如下这样的话。

南希：我感到受伤和愤怒，因为这些天你跟我谈话更少了，我觉得这意味着跟以前相比，你对我兴趣更少了。

毫无疑问，如果她这么说，南希和布鲁斯会感觉好很多。因为她的重点将在于她的感受，而不在于布鲁斯做错了，他就不会变得具有防御性。

然而，南希不想做"我陈述"，她不想说"我感到受伤和愤怒"，她想说"你再也不跟我谈话了"。"我感到受伤和愤怒"的话语根本就不会出现在她面前。

作为夫妻治疗师，我做过很多沟通技巧训练，所以我知道这些沟通技巧非常好。然而，在战斗的最激烈阶段，"我陈述"规则都跑到九霄云外了，我甚至想不起来它。

每个人都做"你陈述"，甚至是沟通技巧训练师，有时候你只是想指责。其实，有时候，只有一个好的"你陈述"，才能够达到沟通的效果。因此，我有一个自己改写版本的"我－陈述－你－陈述"规则。在我的版本里，重要的不是你做了什么，而是你知道什么。

南希的"你再也不跟我谈话"的主要问题是，她不知道她正在指责。她以为她只是在表达她的感受。因为她不知道她在指责，所以她没有其他选择，只能把布鲁斯的防御和指责的回应当作这样的昭示："你不能跟布鲁斯谈话，他毫无原因的心烦。"

"你陈述"最大的问题，换句话说，不是你变得指责，也不是你的伴侣开始变得具有防御性，而是你最终感觉到没有任何办法继续交谈了。

所以，以下是我修改版本的"我—陈述—你—陈述"规则。

1. 做"你陈述"，如果你想要这么做的话，但要知道这么做的结果，即你的伴侣变得自我防卫并愤怒。你不必为这样的结果而感到惊讶。

2. 知道怎样做"我陈述"，以便在你想要这么做的时候能够做到。

3. 识别出"你陈述"中隐藏的"我陈述"的线索。

"你陈述"（指责）并不总是坏的，实际上，它们是有用的，它们是附加了一点"我陈述"的。这个"你陈述"，如"你彻头彻尾的自私和不负责任"，可以被看作一个大致近似的"我陈述"，即"昨天你回家很晚，我觉得自己被轻视了"。

"你陈述"可能不会清晰地揭示什么是错的，但能揭示某些东西是有问题的。"你陈述"表明有些东西需要被谈论，而"我陈述"提供了谈论的方法。

希望就在于从"你陈述"中得到完整的好处，而不用从其代价中遭受太多痛苦。换句话说，你想要能够：

• 做"你陈述"，而不会让你和你的伴侣因此变得超级心烦。

• 把这些"你陈述"用作通往"我陈述"的"垫脚石"，借此你能够真正地谈论这些问题。

下面是南希和布鲁斯之间的争论，能够作为一个"垫脚石"般的对话。

南希：我知道我说了一些特别激烈的话，我感到受伤，并且很愤怒。

布鲁斯：我知道你生气了，但我不知道你受伤了。

南希：是的，或许没有像你所担心的那么受伤。

布鲁斯：哦？是关于什么的呢？

南希：关于我们的。

布鲁斯：嗯，我最近一直有些安静。这就是你想要谈论的吗？我一直在担心账单，担心没有赚到足够的钱来支付账单。

像这个简短的对话所展示的，运用"我陈述"改变了所有事情。布鲁斯自己提出了这个话题：他一直谈话不多。这是南希之前一直尝试要提出来，却以失败告终的话题。

沟通规则 2：不要说"总是"或"从不/再也不"

南希开场的陈述，"你再也不跟我谈话"，还有一个沟通技巧训练师不赞成的元素：她用了"从不"这个词。

用"从不/再也不"的问题在于，那是一个夸张。南希并非真的想表达布鲁斯再也不跟她谈话，她只是想简单地表达他不像之前那样和他谈很多话了，她很想念以前的时光。这样的夸张所带来的后果是会让另一个人愤怒。

另一个问题就是它会让你的指控更易于被驳斥，所以布鲁斯不得不做的就是给出一个例外，确实他这么做了。他说：
"你说的'再也不'是什么意思？上个周末我们在公园散步的时
候还一直在谈话。"

"从不/再也不"和"总是"的字眼太强大了，它们会不必要
地惹怒对方，与此同时，这些词也太弱、太容易被反驳了。

因为这些危险，沟通技巧训练师树立了这样的规则：不要
说"总是"和"从不/再也不"。但和其他的沟通技巧一样，这条
规则存在一个问题：沟通失误是可利用的线索，而不是需要改
正的错误。与其告诉人们不要去违反沟通规则，我宁愿他们期
待违反规则，然后以这些违反的规则作为线索。当人们说"总
是"或"从不/再也不"的时候，他们这样做是事出有因的，这是
强调的一种方式，也是对挫败感的一种表达。南希说"再也不"
时，实际想表达的是：

- 表达了布鲁斯的沉默让她感到很沮丧。
- 她之前压抑抱怨的自然后果（最后，抱怨终于出现了，
以一种可怕的爆发的方式）。
- 充分强调，以期望得到布鲁斯关注的一种尝试。

如果南希有一种更加直接的表达方式的话，她不必说"再
也不"。但事实上，她没有这种方式，所以她采取了这种夸张
和迂回的方式，这也算一件好事。

当南希说"再也不"时，这不仅仅是一个沟通失误，更是某
个线索的替身，一个关于她的感受的线索。我并不是想告诉南
希，不要说"再也不"，而是想帮助她发现并表达"再也不"背后

的真实感受。我想要帮助她说出：这件事让她很沮丧，而且她担心没有跟布鲁斯说清楚这件事。

所以这是我的"总是－从不/再也不"规则的修改版。知道：

1. "总是"和"从不/再也不"可能会从你嘴里溜出来，即使你有意识地压抑自己不说。

2. 当你发现自己说"总是"或"从不/再也不"时，你身边有一个沮丧的人，这个人就是你。

3. 你可能会以感到更加沮丧而收尾，因为你的伴侣几乎不可避免地用给出一个例外的方式来回应你的"总是"和"从不/再也不"。

4. "总是"和"从不/再也不"是一些重要感受的替代品，就这一点而言，能够作为这些感受的线索。

沟通规则 3：不要打断你的伴侣

南希几乎不能表达她真正想要说的。"你再也不跟我谈话"，她说，"唯——一次我们……"

我们根本不知道那句话将会怎样结束，因为布鲁斯马上将其打断了："你说的'再也不'是什么意思？上个周末我们在公园里散步的时候还一直在谈话。我们……"

我们根本不知道布鲁斯的话将会怎样结束，因为南希又马上打断了："你对'谈话'有一个很滑稽的定义，你邀请我妈来吃晚饭，就是试图让我感到内疚。"

每个人都知道打断对方说话所带来的弊病：

- 它剥夺了伴侣表达自己的机会。
- 它让你的伴侣愤怒。
- 它让你的伴侣不再听你说话。
- 因为你不让伴侣把话说完，你可能就会对他或她将要说的话得出错误的结论。

所以，我非常理解沟通技巧训练师会给出这样的规则：不要打断你的伴侣。但"不打断"也有缺点。当你的伴侣看上去对你做了很多不公平的指控时，你越多地强迫自己安静地坐在那里：

- 你能够听对方说的东西就越少；
- 当最终轮到你说的时候，你可能会更加愤怒（到那个时候，你可能除了大发雷霆之外，什么都做不了）；
- 当最终轮到你说的时候，你可能会更加沮丧（到那个时候，你可能什么都不想说了）。

你越多地打断伴侣，你可能就越多地压制对方。但你越少地打断伴侣，你可能就越多地压制自己。

所以下面是我的"不要打断你的伴侣"规则的修改版。

1. 打断你的伴侣，如果那是你想要做的，但要知道下面的危险：你的伴侣可能会变成一个生气的或沮丧的、无法倾听的人。

2. 克制自己不打断你的伴侣，如果那是你想做的，但要知道下面的危险：你可能会变成一个生气的或沮丧的、无法倾听的人。

下面是这条规则的第三部分。

3. 成为一名不让别人感觉被打断的"打断艺术"方面的专家——也就是说，找到表达你的异议的方式而又不会完全打断你的伴侣。

下面是一些"没有打断的打断"的例子。

· "我想要说话的机会，因为你在说很多不公平的事情，但你继续。"
· "我已经竭尽所能让自己不打断你了。"
· "你或许给出了很好的观点，但我已经被你的语气惹得太心烦以至于不能听你说下去了。"

沟通规则 4：复述你的伴侣刚刚说的话

布鲁斯在回应南希的时候可以说："你的意思是什么？我们上周末去公园散步的时候一直在说话。"这就违反了另外一个沟通规则。布鲁斯在回应南希刚刚说的话，而不是去领会它。当你的伴侣尝试告诉你他或她的感受时，沟通技巧训练师会说，（用你自己的语言）重复他或她所说的，并且核实你所理解的是否正确。例如，可以这么说："我听到你说你感到……我理解的对吗？"或者这么说："我们看一下是否我理解了你说的话，你在说……我理解的对吗？"

怀疑者：你真的认为所有人都能这样一本正经的说话吗？这太僵硬了，如果你想让我这样说话，你得付钱给我。

怀尔：确实，这听上去不自然。这很糟糕，因为沟通技巧训练师强调这条规则是有其重要性的，引发吵架以及吵架变得不可解决的重要原因之一，就是伴侣中的双方没有人听或者承认对方说的。布鲁斯马上否认南希刚刚说的，他说："你的意思是什么？我们上周末去公园散步的时候就一直在说话。"

这就是复述规则有用的地方。复述——就是说，"我听到你说……对吗？"这会让布鲁斯去听南希刚刚说的话，而不是否认或者忽略。他不能立马给出他的看法，他将不得不思考南希刚刚说的话，他所有的关注点将被导向试图去理解南希的话并且让南希明白他理解了。所有这些看上去很好，即便如此，就像怀疑者说的，复述看上去很不自然。

而且还有一个更大的问题，当人们最需要解释的时候，他们却最不喜欢解释。

下面是南希和布鲁斯在一名沟通技巧训练师的办公室，训练师在尝试教他们复述的例子。

训练师：好，重新开始。但这次，布鲁斯，记得复述。开始，南希。

南希：哦，像我说的，我担心我们将又度过一个两人相视无言的周末，你会邀请你的兄弟们来看足球赛，我会感到被遗弃，并且会产生不满情绪。

布鲁斯：我能理解你的感受，但是……

训练师：不，布鲁斯。告诉南希你理解她的感受，那不是复述她所说的话，她怎么知道你理解了？她能确定的唯一方式就是你是否能用自己的话把她说的内容表达出来。

布鲁斯：好。（转向南希）我听到你说你担心我们会不说话，并且我只跟我的兄弟们一起看足球赛，而不理你，但是……

训练师：跟她确认。

布鲁斯：我理解的对吗？

南希：是的。

训练师：好。

布鲁斯的内心很明显是不想复述的，他正在展示的，只是表面上的遵守任务。至于原因呢，我们可以想象，就是他太想要说出"但是"了。也就是说，这是他能开始陈述他的防御的地方。我们也能够猜测，他想要陈述他的防御，是因为他感到自己被不公平地指责了。换句话说，布鲁斯感到被南希误解太多以至于并不想试着去理解她。

不复述的沟通失误下所潜藏的是，当他们感到他们的伴侣没有承认自己的感受时，他们也不想承认伴侣的感受。

复述规则基于一个重要的洞见，即人们经常不倾听别人而不自知。他们无法全然地看到他们已经暂时滑入对抗的模式中。复述规则是用在伴侣们没有意识到自己已经不再倾听对方时，努力让他们倾听对方。

我建议保持这个洞见，但扔掉这条规则，下面是我修改版的"复述规则"。

1. 领会倾听你的伴侣的重要性，领会当你做不到的时候，问题会很快出现，且你很容易认为自己在倾听。

2. 意识到你不再倾听对方，因为你觉得自己没有被倾听。

3. 知道如何去倾听对方的感受（如何承认他或她所说的）以至于当你想倾听的时候，你能够去倾听。

如果你能领会这些，你会明白：你和另一半之间的争吵，经常不是围绕你们谈论的话题展开的，而只是"双方感到没有被倾听"这个事实所带来的结果。

意识到你的伴侣认为自己没有被倾听——而且这就是为什么他或她不能倾听你的原因——你会发现自己会主动地尝试去倾听，并且试图向你的伴侣证明你在倾听。为了证明这一点，你会重复你的伴侣刚刚说的，而且你会用自己非正式的方式来做到这一点，而不是沟通技巧训练师教的做作的方式。例如，你或许会说：

• "我疯了吗？那真的是你的意思？那……"

• 或"我一直忙着试图让你明白……我没有注意到你想让我明白的是……"

• 或"我知道你试图告诉我……但我没有听是因为它几乎

把我逼疯了。"

• 或"好，你告诉我……但这是我没有买它的原因。"

• 或"现在你已经说过那件事八次了，重复正在把我逼疯。但你知道，或许你重复是因为你以为我没有听到——好吧，实际上，可能我确实没有听进去。"

沟通规则 5：不要读心

我们回到南希和布鲁斯最初的争论。布鲁斯这样回应南希的指责，他说："你说的'再也不'是什么意思？上个周末我们在公园里散步的时候还一直在谈话。"

南希回答说："你对'谈话'有一个很滑稽的定义，你邀请我妈来吃晚饭，就是试图让我感到内疚。"

南希刚刚已经犯了另外一个沟通规则错误：读心。读心就是在断定他们正在思考的、感受的，或者是尝试做的，而不是询问他们，或者等待他们告诉你。

读心能够很明显地激怒别人。诸如此类的叙述："你企图惩罚我""你企图让我感到内疚""你肯定想要受苦""你总是必须控制一切""潜意识中你在愤怒"。这些话能够把一个合理的对话带到死胡同，人们不喜欢别人针对他们的感受与动机进行这样的猜测。

读心的叙述"你为什么对我这么愤怒？"能够带来下面非常熟悉的争吵。

妻子：（读心）你为什么对我这么愤怒？

丈夫：我没有愤怒。

妻子：你在愤怒。

丈夫(提高嗓音)：不，我没有。

妻子：(提高嗓音)听听你的声音，你听起来对我很愤怒。

丈夫：好吧，我现在愤怒了。我愤怒是因为你一直坚持说我在愤怒。

然而，这条规则有一个问题。尽管读心会妄下结论，但它也能得出结论。对于后者，甚至治疗师也读心，他们告诉来访者，如"你看上去生气了"或"你看上去有些抑郁"。

甚至当读心是妄下结论的时候——就是说，当它是一个很明显的沟通失误的时候——它不仅仅是一个失误，它更是一个线索。

当一个人说，"你不喜欢我的任何朋友"，他或她真正的意思可能是，"我在担心你不喜欢他们"。

通常来说，这是读心的含义所在，它是把担心用断言的方式表达了；是把恐惧当作事实来表达了。这样来看的话，"你简直无聊透顶"可能意味着"我担心我是个让人觉得无聊的人"。妻子的陈述："为什么你对我这么愤怒？"可能意味着："我担心你会对我愤怒。我最近一直很退缩，而且如果你用那种方式从我面前消失的话，我会更生气的。"

这类的读心是一个未完成的陈述，与其告诉这个妻子"不要读心"，我宁愿帮她完成这个陈述。

所以下面是我修改版的读心规则。

1. 知道读心的危险，所以当你读心的时候，你不会为其后果所惊讶，即你的伴侣会变得生气或者开始防御。

2. 意识到读心可能是一个没有完成的陈述。

3. 辨识出某类读心是以一种断言的方式所表达的担心或恐惧。

沟通规则 6：坚持一个话题

南希和布鲁斯已经在讨论南希的母亲这个话题上有麻烦了，于是转换话题到布鲁斯的弟弟，再转到南希的姐姐，从而，这场讨论被带到总计有三个难处理的话题中，而不只是一个话题。因此，很容易理解沟通技巧训练师会给出这条"坚持一个话题"的规则。

但我们来看一下，人们为什么不坚持一个话题？他们不这样做是因为他们觉得当前讨论的话题把自己置于不利的位置。

南希觉得在讨论她妈妈的话题上处于不利地位，她认为布鲁斯或许是对的，她妈妈来访得过于频繁。因此，为了获得更多的可信度，她把话题转到布鲁斯的弟弟那里。她认为，如果他考虑到他弟弟有多频繁来访的话，布鲁斯便不能抱怨她妈妈的频繁来访。

布鲁斯觉得在讨论他弟弟的来访上处于不利地位，所以他转换了话题（南希的姐姐），他觉得这能让他重新获得有利地位。

南希和布鲁斯不是因为他们不好的沟通习惯而简单地转换话题，他们只是在谋求自己的有利地位。

所以下面是我修改版的"坚持一个话题"规则。

1. 知道转换话题将会让当前的处境变得更加复杂，让你的伴侣感到挫败，让你的伴侣甚至更不可能去倾听你。

2. 知道你为什么这么做，即(a)为了在跟伴侣的争吵中把自己置于一个更好的位置；(b)为了离开伴侣给出的观点，你害怕这个观点是有效合理的；(c)为了通过自己的努力(或许是无效的)进一步累积证据，借此向伴侣证明你是对的。

3. 知道你向伴侣证明自己的努力是无效的。你处在争吵中，而且争吵的关键点在于，每个人都在否认对方说的。

沟通规则 7：不要挖旧怨说事

布鲁斯抱怨十年前南希的姐姐来吃晚餐并住了几个月，这是在挖旧怨。

"现在伴侣间的怨恨已经很难解决了，"沟通技巧训练师说，"再把过去敏感的未解决的问题带进来，只会将当前的事态复杂化。"

然而，沟通技巧训练师可能不理解，来自过去的怨恨经常是跟现在相关的。当人们在为当前的抱怨辩解有困难的时候，就会把过去的事翻出来。

布鲁斯觉得南希更加关注别人的需求而不是他的，但这是一种很细微的感受，而且他很难具体地表达出来。事实上，布鲁斯自己也能感觉到他的抱怨是没有用的，他就不得不回到十年前——南希选择照顾她姐姐的需要而不是他的——找到一个明显的例子，这个例子正好反映了他现在以一种更加细微的方式在表达自己正在经历的感受。

布鲁斯拿过去说事是不幸的。这让南希对他说的话更加不感兴趣。但他或许是幸运的，至少他用这种方式表达了他现有的感受。

所以下面是我修改版本的"不要从过去挖旧怨说事"规则。

1. 知道你拿过去的旧怨说事可能冒犯你的伴侣，并且让他或她更不太可能倾听你。

2. 意识到你可能回到过去，因为你的伴侣批评你且你急需证据——即使是从遥远的过去挖来一些——为自己辩护。

3. 意识到你回到过去时所发现的，是你现在面临的一个重要问题的一个戏剧化版本，或更为清晰的形式。

布鲁斯的抱怨是有一点可信之处的，南希没有关注他大多数的重要需求。而且他也没有关注南希的很多需求。

沟通规则 8：不要转而争论不相关的细节

南希和布鲁斯有关她姐姐来访的争吵，包含了另外一个沟通技巧失误。她姐姐是十五年前还是十年前来他们家住的，这并不重要。关键在于，那是很久以前的事了。南希和布鲁斯仍为此感到心烦，这就成了无事找事。

因此，非常容易理解沟通技巧训练师会给出这条规则，"不要深陷泥潭争论不相关的细节"。

南希和布鲁斯的争吵看上去如此荒谬，事实上我们能够很轻易地认为他们的做法就像孩子一样，应该赶快停止，但我们可能会忘记思考，他们为什么固执地抓住这点不放？他们抓住不放，是因为那些旧事就像此刻存在于他们之间的事情，甚至细节都像。

• 一方把另一方的行为看成不理智、难相处和有挑衅性而进行抵抗的地方。

• 一个针对一方把另一方的态度看作不妥协、无所不知和自以为是而进行回击的机会。

• 一个表达一方对另一方感到不满的机会。

南希和布鲁斯感到关系如此恶化，以至于没有人想认同对方说的任何话语。在这种情形下，没有诸如"不相关的细节"存在了。

所以下面是我修改版本的"不要转而争论其他"的规则。

1. 任何时候你和你的伴侣陷入了讨论"不相关"细节的泥沼，要意识到这个争论不再是关于某个话题的（如果之前还是的话），而是关于你们彼此之间的挫败感。

2. 意识到之前你与伴侣之前可能存在的任何善意，在此刻都已经消失了。

沟通规则 9：不要贴标签或骂人

南希以此来回应布鲁斯对她姐姐长时间来访的抱怨，她说："你知道吗，你就是一个真正的疯子，你居然记恨这么久，这简直太疯狂了。"

说"你就是一个真正的疯子"摧毁了一个有益的对话可能存在的任何可能性。因此，很容易理解沟通技巧训练师会给出这样的规则："不要骂人。"

然而，与其告诉人们不要骂人，我宁愿告诉他们如下事项。

1. 要知道这一点，当你骂人的时候，此刻你的感受是如此挫败、受伤、刺痛、被骗和不被聆听，以至于你愿意诉诸任何方式，甚至是某些激烈的话语。但是，哪怕停留片刻的思考都将告诉你，这些话语会适得其反，这些做法只会让你的伴侣更加愤怒，甚至更加不可能倾听你。

2. 要知道，在这种时候，你可能根本不想花时间思考，也不在乎你的伴侣是否变得更愤怒和不愿意倾听。

3. 把意识到你在责骂视为一个线索，一个你的情绪强度暂时已超越了你梳理、思考和谈论这些情绪的能力的线索。

我们梳理和思考感受的能力经常是不完美的，即便是在平静的时候。我们没有大喊大叫，看上去没有生气，但我们针对伴侣说出来的话本质上就是责骂，我们会运用诸如"任性自负""自恋""敌意""不负责任""幼稚""依赖""控制"此类的词语，这属于一种平静的责骂。

沟通规则 10：不要倾吐积压已久的抱怨

南希骂布鲁斯是疯子，让布鲁斯感到如此愤怒，以至于他脱口而出如下内容。

布鲁斯：我来告诉你什么是疯狂。疯狂就是再三告诉我准备离开聚会，却让我多等半小时（这发生在十二天前）；疯狂就是担心一只流浪狗却完全无视我的偏头疼（这发生在三天前）；疯狂就是……

布鲁斯曾一直控制自己不说这些事情，因为他不想伤害南希的感情，或引发争吵。他现在脱口而出这些，因为他不在乎是否会伤害南希的感情或引发争吵了，他最关心的是他所说出的话有没有足够的冲击力。这完全是他平常关注点的对立面，即担心他所说的话会太有冲击力。

我们都会积累很多抱怨，我们一直在这么做，而且我们经常这么做而不自知。

我们被告知要有礼貌、对人恭敬、机智老练。事实上，有礼貌、对人恭敬、机智老练是沟通技巧训练师经常告诉我们的第十一条规则。但是有礼貌、对人恭敬和机智老练需要压抑不满，而且压抑不满就意味着把不满储存起来，积累多了就会导致直接倾倒出来。

所以这是我的建议：不是告诉布鲁斯他不应该倾倒积累已久的不满，而是把他的倾倒不满当作线索。

抱怨南希一直让他等，抱怨南希关注流浪狗甚于关注他，本质上，布鲁斯是在说，他感到自己被忽略了。

讽刺的是，南希也一直在试着告诉布鲁斯她觉得自己被忽略了，这就是她的抱怨"你再也不跟我谈话"的含义所在。相较于告诉布鲁斯不应该倾倒积累已久的不满，我更倾向让南希和布鲁斯共同运用布鲁斯的倾倒，去发现他们两个人都觉得自己被对方忽略的感受。

所以下面是我修改版本的"倾倒规则"。

1. 期待你和你的伴侣会倾倒累积的不满。对不满的压抑是一个自发的过程，以至于我们不能完全忽略它。

2. 理解此类的"倾倒"有其必要的功能性。如果这些不满不"倾倒"出来，那可能就永远不会表达出来了。不满能被表达出来是非常重要的（就是说，不满可以被带到表面来），这样它们就可以被讨论了。

3. 把你和你的伴侣之间的倾倒视为线索，一些重要的隐藏感受的线索。

两条新规则

除了刚刚描述过的一般沟通规则，我提出了两条新规则：恢复规则和前言规则。

新沟通规则 1：恢复规则

如我所说，遵守十条传统的沟通规则是不可能的，每个人都会反复地：

- 做"你陈述"。

- 说"总是"和"从不/再也不"。

- 打断。

- 不能重述。

- 读心。

- 在争论的中间转换话题。

- 从久远的过去挖掘不满。

- 争论不相关的细节。

- 责骂。

- 储存不满。

所以，我建议，不如期待去犯此类"错误"并从这类错误中恢复过来。通过"恢复"，我的意思是，你会对你和你的伴侣是怎样犯这些错误的，以及这些错误所带来的后果更加熟悉，之后，当尘埃落定的时候，你和你的伴侣就能够坐在一起，共同找出到底发生了什么。

下面是一个关于南希和布鲁斯怎样坐下来尝试找出他们之间发生了什么的理想版本。

南希：可怜的家伙。你毫不在意地专注于自己的事情——可能只有些许在意——我就把你的情况理解为不说话。（南希承认她批评了他，即她是以"你陈述"开始对话的。）

布鲁斯(欣赏南希的承认，做出他自己的承认)：是的，对于我的不说话，你是对的，而且当我这样做的时候，主要是对你妈妈不满。

南希和布鲁斯进入了一个积极正向的循环，在其中每个人都承认了自己做的事。在他们早些时候的争吵中，他们处在一个消极负面的循环中，每个人都会自动地攻击或防御，以此回应同样这样做的对方。

南希(承认转换话题)：是的，我们见她太多了，你是对的，但我不喜欢你说这件事，所以我就把我们多么频繁地见你弟弟这件事拿出来了。是的，事实证明这是一个大错误，因为之后你把我姐姐也拽出来了。

布鲁斯(承认挖旧怨)：我不得不回到十五年前来挖旧怨，你不得不承认我的记性很好。

南希(承认骂人)：哦，我也是，这让我很挫败，于是我就开始骂你了，这确实是我最糟糕和最低谷的时刻。

布鲁斯(承认倾倒累积已久的不满)：而我最低谷的时刻就是把流浪狗和偏头疼的事一股脑儿说出来，其实，不是偏头疼，只是头痛而已。

南希(把布鲁斯的倾倒视为线索)：是的，其实那有些惊到我，我试图告诉你我觉得被忽略了，而且那证明了，其实你也一直有同样的感受。

怀疑者：让我现在就告诉你，我不可能那样说话的，我不知道我是否真的想要那样说。

怀尔：是的，很难想象人们可以这样细致地回顾他们的争吵。我只是想给出一个例子，如果他们能够做到的话，那看上去会是怎样的。在这样的交流中，南希和布鲁斯：

- 通过跟进的对话，从他们的沟通错误中恢复；
- 把沟通错误用作揭开关系中重要话题的线索；
- 开始拥有南希最早想要拥有的对话，像事实所证明的，这也是布鲁斯想要的对话。

新沟通规则 2："开场白"规则

恢复是伴侣在战斗结束后能做的。"开场白"是在战斗之前能够使用的。南希有一个模糊的感觉，她早先的陈述"你再也不跟我说话了"，效果会不尽如人意，但她还是咬紧牙关说出来了。在说这句话之前，如果南希跟布鲁斯说了下面的任何一句话，事情可能就会完全不一样了。

- 我很生气，所以很可能不是以一种好的方式说出来，但是……
- 长久以来我对此已经很抓狂了，我准备说出来，不管是什么。
- 我知道这不公平，把所有的指责都放在你身上，但是……
- 这可能听上去是在批评，但这不是我的本意，或许只是有一点。

这些的典型效果是让这个人接着说的话很容易地被倾听。听者会尽可能少地被伴侣的抱怨所激怒，如果他或她知道：

- 伴侣说出抱怨是有困难的；

·伴侣自身正在担心抱怨可能会激怒对方；

·伴侣在抱怨的时候，至少部分地觉得自己是被不公平对待了；

·抱怨是以一种夸张的方式出现的，因为伴侣一直在忍着；

·抱怨是以一种尴尬的、挑衅的方式出现的，因为伴侣对于抱怨是感觉不舒服的。

从具体内容到总体概览的转变

恢复与"开场白"是有其共同之处的，为了说明这一点，下面我准备谈论约翰尼·卡森。

喜剧演员约翰尼·卡森是一个例子，他的幽默不仅基于好的笑话，而且基于从不好笑的笑话中恢复。卡森凭借这种巧妙的方式来处理困难的处境（对满屋子人讲了一个笑话，但没有人笑），甚至比简单好笑的笑话更加能够娱乐众人。事实上，如果卡森的笑话都是好笑的，他的笑话可能会失去大部分的喜剧效果。

卡森与观众有两种关系。第一种是在具体内容的层面的，他讲一个笑话，等着大家笑；第二种是在总体概览层面的——我称之为步入平台之上——他和观众就其笑料进行互动，注意他们喜欢什么以及为什么会喜欢，如果不笑就开玩笑式地威胁他们，为一个特别可怜的俏皮话制造出幽默的理由，等等。这是在总体概览层面，至少对约翰尼·卡森来说，是非常关键的一个方面。

把约翰尼·卡森的例子运用到夫妻关系上，我建议从总体概览层面审视夫妻关系，并且让伴侣成为他们之间互动的观察者，这可能是解决伴侣之间对话困难的重要部分。

而且这就是"开场白"和恢复从具体内容到总体概览的作用所在。

· 使用"开场白"规则时，人们在对话之前转换到总体概览层面。南希描述对于将要说出的话语的感受，如害怕、希望，或保留意见。

· 使用恢复规则时，伴侣在讨论结束后，转到总体概览层面，他们从争吵中走出来，试着弄清楚发生了什么。

恢复是出现在对话最后的"开场白"，"开场白"是出现在对话伊始的恢复。

虽然仍有困难，但是在争论的中间过程转换到总体概览层面，做出心理学家约翰·戈德曼和罗伯特·利文森所说的修复努力，这是可能的。在南希和布鲁斯争论的过程中，举例来说，他们可以说下面的话：

· 我现在太生气了，根本没有听你此刻说的话。

· 那是一个很好的说法，但我已经被惹烦了，根本不想承认这一点。

· 我现在很生气，所以我正在说很多我自己都没有当真的话。

· 我知道我正在说的话让事情变得更糟了，但我太生气了，根本顾不上这些。

· 我们已经毁掉了这个晚上。为了整个周末，我们应该尝试和好，好吗？

在各种情况下，说话者都能从争论转移到谈论争论。在仍处于争论中时，如果有结束争论的任何可能性，以下就是我给出的结束争论的建议。

1. 好好运用沟通规则，它们能够指出你激怒了伴侣而不自知的方式。

2. 好好运用你们的沟通错误，它们能够揭示你们感受中未被承认的部分。

3. 发展在沟通错误中恢复的技能，即能够熟练地转换到总体概览层面，熟练地拥有关于这些错误（和关于你们之间战斗）的对话。

第三部分

我们的思考方式出问题了

第八章

我们认为不应该有的感受

到目前为止，在这本书里，我已经讨论了怎样运用我们的关系来解决问题、弥补我们的人格、学会爱自己、成为技巧娴熟的依赖者并变得独立。但问题仍旧在那里：为什么我们没有早做这些事情呢？

我的回答是这样的：因为这些都需要有技巧的谈话，而且我们谈话的方式出问题了。很多夫妇当他们坐下来谈论他们的关系时，都会出现最为惨烈的战斗。

怀疑者： 哦，难道所有你想告诉我们的就是——只要我们学会更好地沟通，所有问题将迎刃而解？

怀尔： 嗯，实际上有一个更深层的问题。我们谈话的方式出了问题，是因为我们思考的方式出了问题。我们的思考不断地被打断，尽管我们逻辑上的思考在较好地运转，但当我们开始指责自己或伴侣的时候，有益的思考就停了下来。

举个例子，一天晚上，当梅尔驱车去看他的女朋友露易丝的时候，他意识到，他并不想见她。这让他很困惑，因为见她一直以来都是他一天中最为兴奋的时刻。他记得前女友说过他害怕亲密，他把前女友的批评当作心理呓语（作为报复，他跟她断绝了关系，但现在他开始担心，或许她是对的）。

这里，梅尔已经停止思考并开始指责自己了。"我害怕亲密"听上去像一个中立和客观的说法，可以帮助梅尔理解自己的行为。但事实并非如此，他只是觉得挫败和沮丧——作为一个人的失败——这意味着他没办法进一步思考这件事。

如果他能进一步思考的话，他就会意识到：他不想见到露易丝是有其可理解的原因的。他担心，像露易丝经常做的，她会想给他做一顿大餐，他觉得他没有权利告诉露易丝他在节食，并且更喜欢农家干酪，他害怕这样做会伤害露易丝的感情；他担心，像露易丝有时候会做的，她会建议他们下个周末去拜访她的父母，他觉得他没有权利说他宁愿只是他们两个人去公园玩。

梅尔的问题在于他的信念，即亲密关系要求完全牺牲自己的需求来满足露易丝的需求。但他定义自己为"害怕亲密"——用这个术语来描述他自己，因此关于这件事的有益思考便终止了。梅尔只是觉得心神不定、不够成熟，他永远不会知道，就是他关于亲密关系一定需要什么的夸张信念，抑制了他的精神活力。

"害怕亲密"只是一堆让有益思考终结的常见想法或解释中的一个，其他的还包括"依赖""自私"和"妒忌"。在我们的早年生活中，一旦开始学东西的时候，我们就开始听到：

- 自私是不好的，我们应该分享。
- 妒忌是不好的，我们应该爱小弟弟或小妹妹。
- 依赖是幼稚的，我们应该是"大男孩"或"大女孩"，并且"自己的事情自己做"。

类似这些想法在我们的思考中变得如此根深蒂固，以至于被认为是一系列新的戒律，除了"你不能杀戮"和"你不能偷窃"之外，我们还有如下的"你不能"。

1. 依赖。
2. 自我中心（自私）。
3. 妒忌（除非你有理由）。
4. 自吹自擂。
5. 退缩（或拒绝）。
6. 害怕亲密。

我说它们是戒律，是因为它们像自然规律一样被固化且不可改变，没有人会想到去质疑它们。这些新戒律就是法律，违反的时候，我们的内在检察官就会指责我们，当伴侣违反的时候，我们就会指责伴侣。

在新戒律清单上还包括我们认为不该有的反应和脆弱，如"你不能"：

7. 情绪低迷。

8. 过度敏感。

9. 不喜欢冒险。

还有"你不能"：

10. 对无能为力的事情感到焦虑。

11. 沉湎于顾影自怜。

12. 从你的问题中逃跑。

在我所说的新戒律中还包括与他人交往的不可行的方式，如"你不能"：

13. 控制（专横，好指使人）。

14. 防御。

15. 唠唠叨叨。

16. 懦弱胆小。

戒律对不同的人的影响程度是不同的。在传统习俗中长大的女人通常更害怕自己是专横的人而不是懦弱胆小的人，而同样成长背景的男人，通常更害怕自己是懦弱胆小的人而不是专横的人。

有四条"你不能"是特别有趣的，因为它们在总体上隐含了对生活的态度。"你不能"：

17. 是完美主义者。

18. 有不切实际或不可实现的期望。

19. 不对自己负责。

20. 有消极态度（发牢骚、悲观、不爱运动）。

有些"你不能"与其他的"你不能"是互相矛盾的。维多利亚时代的女人在这样的戒律下生活：不能享受性。后维多利亚时代的女人在相反的戒律下生活：

21. 你不能性冷淡。

一个维多利亚时代戒律的修改版本被保留下来，无论如何：

22. 你不能滥交。

男人有一套自相矛盾的平行戒律：

23. 你不能是一个老色鬼。

24. 你应该一直渴望和想要性生活。

每一代人都在添加属于他们自己的"你不能"。下面四条是来自我们这一代的"你不能"：

25. 不充分发挥你的潜能。

26. 是一个工作狂。

27. 互相依赖。

28. 压抑你的愤怒（因为它会累积）。

这最后一条戒律长久以来和与它相反的长寿戒律共存，这是很令人困惑的：

29. 你不能表达愤怒（因为这会带来麻烦）。

30. 事实上，你根本就不该愤怒。

当然，在某种特定的情况下，愤怒是可以的——如果你能指出一个明确的挑衅行为，诸如你的伴侣回家晚了两小时之类的。类似的：如果你能给出一个明确的理由，比如被抛弃，那么觉得情绪低迷是可以的。但如果你不能给出理由，那就不可以。即便这样，也只是在情绪低迷没有持续"太久"的情况下是可以的，否则不可以。妒忌是可以的，如果你的伴侣能给出原因，比如看到你跟别人调情，但如果他或她没能给出理由，就不可以。妒忌自己的孩子不可以，丈夫应该被新出生的婴儿所吸引，而不能因为妻子跟孩子亲密而心生妒忌。

所有这些戒律的结果就是让生活成为一个雷区。比如，菲尔一直感觉良好，直到他违反了第 7 条戒律（你不能情绪低迷）。正值早餐，猛然间，菲尔觉得有点情绪低迷。如果他能指出某些事情，并且这些事情让他产生这样的感受，这是合情合理的，他也会觉得没有什么。但他找不到，周遭一切都很好，这是星期六，阳光明媚，他和艾伦一直相处的不错。事实上，她今天早上特别开心。

让事情变得更糟的是，这是那种应该让他所有的努力工作更有价值的星期六，他和艾伦在野餐，然而，他并不期待野餐。实际上，他发现自己更加希望这是周一，他可以去工作。而且现在他真的在担心，他刚刚已经践踏了戒律 26（你不能是一个工作狂）。

菲尔不知道，就是艾伦的开心让他情绪低迷，他没有办法知道这一点，因为他认为开心是好的，他认为他应该也是开心的。但事实上，他没有躲开另外一个地雷：戒律 20（你不能发牢骚）。

菲尔甚至还没有吃完他的鸡蛋，便已经违反了三条戒律。每个人的主观生活都是这样一个"雷区"，而且"地雷"正是人们认为不该有的感受。

菲尔动不动就责备自己，以至于他看不出艾伦的快乐心情是被迫的和空虚的。这也是他关闭了自己内心的原因。因为去野餐是艾伦的主意（她不确定菲尔真的想去），她觉得自己有责任让野餐变得有趣。而且，像这种具有强迫性的试图开心的事情，给人的感觉总是虚假的。不只是菲尔，而是每个坐在餐桌前的人都会因此失去兴趣。

新戒律的影响在于阻止了菲尔对这种情形进行思考及有效地讨论。事实上，他完全停止了思考，他认为他应该简单地中止这样的想法，并且，那才是事情本来应该的样子。

即便菲尔告诉艾伦他所感受到的，情况也不一定会变得更好。艾伦可能简单地同意他是一个爱抱怨、抑郁的工作狂。毕竟，她太相信新戒律了。

这样，伴侣们便不能发现重要的、所需的如下信息。

1. 菲尔的反应是有意义的。可以理解的是，他会因为艾伦假装开心而感到厌烦。

2. 艾伦的反应也是有意义的。她在假装有激情，因为她迫于为野餐负责任。

如果艾伦和菲尔能有一个发现这些线索的对话，他们便能发展出一种新的思考方式。在描述了隐藏在我们旧思考方式（第九章）之下的基本原则之后，我会介绍这种新的方式（第十章）。

第九章

隐藏的指责

新戒律用插入指责性评判的方式打断了思考。弗兰走向冰箱准备吃掉最后的冰激凌，这时她突然想起来："我多么自私啊！这本来是留给戴夫吃的，我差一点就把它吃掉了。"

给自己贴了"自私"的标签并且因此违反了戒律 2，让弗兰停止了对此事的思考。她认为自己不该自私，这没有更多好考虑的。如果弗兰没有违反戒律，她可能意识到，关于此事有很多值得思考的地方。如果她能够继续思考，可能会想："忘记戴夫的需要不像我的作风，我肯定在特别渴望某种东西。现在我仔细想一想，确实是，我最近一直觉得空荡荡的，因为我们的关系给人感觉是空空的。"

突然之间，弗兰吃冰淇淋是合乎情理的。她想吃掉最后一块冰淇淋的渴望并不仅仅表现为违反了戒律。这是一个线索。在本章里，我的目的就是展示新戒律是如何打断我们的思考，并阻止我们把感受用作线索的。基于新戒律，我们通常用四类解释来理解我们的行为，这些解释阻止了我们把感受用作线索。下面，我将用寓言故事的方式来描述这四类解释。

四类解释

朱迪和汤姆是一对二十多岁的夫妇。前一个晚上，朱迪因为跟汤姆争吵而陷入苦恼中，朱迪向四个人寻求了建议，这四个人每人用到了四类解释中的一种。

性格缺陷

朱迪拜访楼上的邻居露西并倾吐了（pours out）她的悲伤故事。

朱迪：我很心烦（upset）。你知道，我喜欢出去，而汤姆喜欢待在家里看电视。但昨天晚上，他竟然建议出去吃晚餐。那里正在跳舞，他没有邀请我跳舞。当我问他的时候，他说他没有合适的鞋子。因此我告诉他，他不需要芭蕾舞鞋，只是碰撞地板几次而已。但他还是说不，这确实惹火了我。当我们回到家的时候，我用了我都意想不到的脏话责骂了他。我现在还怒不可遏。

露西：他不愿跟你跳舞？真是一个混蛋！他或许永远不会做让别人开心的事。他让我想起了我的第一任丈夫：完全自我中心。

露西怎么可以根据这么少的证据就如此快速地得出这个结论呢？她用了性格缺陷解释。她仔细听了朱迪所告诉她的内容并找出性格缺陷的部分。如果汤姆拒绝做出一点努力，那就意味着他自我中心。

性格缺陷解释与新戒律是密切相连的。事实上，新戒律实质上是一个可能的性格缺陷菜单，使用性格缺陷解释的人可以从中进行选择。这里露西正在调用新戒律 2（你不能自我中心）。

性格缺陷解释能在任何时候被应用在任何人身上。如果汤姆告诉露西同样的故事，露西可能会告诉他如下内容。

露西：你做了朱迪说的她想要的（你带她去吃晚餐），但她很快找到其他事情来抱怨，她是一个控制狂。

不管人们做什么，他们的性格都可以被抨击。不结婚被看作害怕承诺，结婚被看作害怕孤单；上大学被看作不负责任和懒惰——不愿得到一份真正的工作，不上大学而去工作被看作不负责任和懒惰——缺乏雄心壮志。

性格缺陷解释的效应之一是阻止了有益的思考。露西实质上说：问题是汤姆的自我中心和朱迪的控制需要。这就是全部。对此只有一件事情可应对——他们应该停止那样做。

或许朱迪的错误在于她在向非专业人员寻求建议，或许她应该转而向一个治疗师来谈论这些。尽管那可能是一个好主意，但结果或许没有什么不同，因为一些治疗师也同意露西这样的看法。他们观察来访者的行为以寻找性格缺陷，在某种程度上，就像下面的笑话所改编的：如果病人来得比治疗预约早，他们是焦虑的；如果病人来得晚，他们是敌意的；如果他们按时赴约，他们是强迫性的。

你肯定想要这样

但是让我们继续寓言故事。既然朱迪跟露西的谈话没有让她感觉更好，第二天早上，在喝咖啡的休息时间，她跟办公室的同伴肯诉说了同样的故事。

肯：我跟你说，朱迪，有些事情很可疑。为什么汤姆带你去一个能跳舞的地方却又拒绝跟你跳舞？他肯定想以这样的方式挫败你。

肯和露西一样，很快就得出结论，不过是一个不同的结论。这是因为他有一个不同的备用解释。就像他认为的，发生的任何事情都是人们潜意识里想要其发生的。如果朱迪因为汤姆的行为而心烦，汤姆肯定是想要以这样的方式惹烦她。

一个使用"你肯定想要这样"解释的人，认为人们从他们的困境中可以获得秘密的满足感。"人们认为他们不想坏事情发生在自己身上，"事实上这类人会说，"但他们确实想，人们总是想得到他们想要的。这个世界上没有受害者，只有施害者。"

朱迪肯定也得到了她想要的，肯认为，她或许设计了整件事情。汤姆拒绝跳舞或许恰好是她需要做她最初想做的事——找借口大发脾气，责骂汤姆一顿，并告诉他谁才是老大。（肯没有告诉朱迪这部分观点，毕竟他还跟她一起工作。）

休息时间结束，朱迪继续在办公室无精打采。肯对他自己帮助朱迪却没让朱迪振奋起来而失望。肯得出结论：朱迪肯定是想要悲惨分分的。抑郁是极度的自我沉溺，他认为，朱迪在自我沉溺的时候是很享受的。

任何事情都可以被看作服务于一个秘密的目的。一个瘫痪的女人把手按在了轮椅扶手上却没能撑起自己的上半身，信仰治疗师可能会说有些人不想被治愈，他们需要疾病来获得关注。当一个妻子没有立即离开对自己施暴的丈夫，她的朋友可能会认为她肯定想被揍。或许，她喜欢这一点，因为任何时候只要她想，她都能惹怒自己的丈夫；或者，她可能喜欢这样的事实：她是理智的人，而她丈夫则是失去理智的人。

当露西指责人们有性格缺陷的时候，肯指责他们以秘密的方式获得他们真正想要的。但肯认为人的这些秘密动机属于典型的性格缺陷，并且是违反新戒律的。他把人们看作是控制别人（戒律 13），或者是操控性的让别人照顾他们（戒律 1），或自我沉溺（戒律 11）。

"你肯定想要这样"的解释对思考产生了尤为特别的寒蝉效应：它让人们丧失了作为自身动机的观察者的资格。采用这种思考方式的人认为人们不想承认他们潜意识的动机。这就是这些动机为什么最初是无意识的原因：因为人们不想承认。朱迪永远都不会承认她设计了这场吵架，因此她能够向汤姆显示谁才是老大；她永远都不会承认她更喜欢自我沉溺而不是精神振奋，因为我们是不能跟别人谈自己的秘密动机的。

在此，我们可能又一次建议，朱迪应该跟治疗师谈，而不是像肯这样的非专业人员。但，又一次，也不能完全保证结果会有所不同，因为有些治疗师也同意肯的思考方式。他们会使用肯用过的一些字眼："自我沉溺""这样做是为了寻求关注""操控""你在针对自己做这件事"和"你不想被帮助"。但他们甚至走得更远，并谈到"自我毁灭驱动""附带收获""受虐狂的满足"和"报复性地享受击败想帮助你的人"。

《心痛》（*Heartburn*）是本自传体小说，写的是作者诺拉·艾芙伦的丈夫跟她离婚的故事。诺拉·艾芙伦在小说中写道，她的朋友维拉告诉她，是她设计了所有的事情，因此，离婚才会发生。下面是艾芙伦反对她朋友的思考方式而写下来的内容。

> 我爱维拉，确实爱，但没有什么你不想要的事情发生在你身上吗？"你选择他是因为你早就知道这不会有什么结果的。""你选择他是因为他的神经征跟你完美契合。""你选择他是因为你知道他将会像你的父母那样剥夺你的权利。"这就是他们经常跟你说的……"你选择了地球上那个跟你在一起会产生问题的人。""你选择了地球上那个你不该跟他有牵扯的人。"罗伯特·布朗宁的退缩或许告诉他，"所以说，罗伯特，这非常有趣，不是吗？在伦敦所有的女人中，你选择了这个无助的暗恋父亲的病人"。让我们面对这一点：每个人都是在地球上你不该跟他有牵扯的那个人。

治疗师不仅会告诉你艾芙伦所说的"你选择他是因为你知道这不会有好结果的"，而且他们会告诉艾芙伦"你的问题是害怕亲密，你在依恋母亲，或你在固着于父亲"。

那些说你在依恋母亲或固着于父亲的治疗师——就是说，你的问题是来自过去未解决的议题——正在使用追溯童年的解释。

追溯童年

我们继续寓言故事。朱迪跟肯谈过之后，比她跟露西谈过之后感觉甚至更糟了。所以她就打电话给学生时代的老朋友罗斯，告诉她这个事。罗斯用了追溯童年的解释。

罗斯：嗯，我一点也不觉得惊讶。汤姆只是一个孩子，他不知道该怎样为另外一个人竭尽全力，这是你敏感的，因为你的父亲，他总是答应你一些事情却没有真正做到。

在追溯童年的解释里，人们有源自童年而至今未解决的事情。将这样的事情引入当下正经历的问题中，或许是比较稳妥的做法，另外，这些模式可能是根深蒂固的。

在根据过去解释现在的做法里，罗斯试图具有同理心，而且，至少暂时来看，这是有帮助的，可以保护朱迪免于自我批评，并让她能原谅自己。毕竟，她父亲没有为她履行承诺，这不是她的错，但她把自己看作被搁置的、毁坏的"商品"，而且她无法想象，在与汤姆相处的时候，她将如何改变像"自我中心""对忽视的敏感"这种长期的、根深蒂固的性格缺陷。

具有讽刺意味的是，"回到孩子"解释的问题在于，它太容易让人信服了。排除了其他的解释。这是非常明显的，我们的问题确实需要追溯童年，而且童年的因素确实需要被考虑，但我们把这类解释当成了完整的答案。一旦朱迪和汤姆把问题追溯为汤姆是一个被惯坏了的孩子，及朱迪曾被父亲忽略，这可能就是他们所有能看到的：一个被惯坏了的小男孩和一个没有安全感的小女孩。对他们而言，考虑除此之外的其他可能性或许就会变得非常困难，即汤姆不想跳舞可能有其重要的可理解的原因；朱迪因为他不想跳舞而感到心烦或许也有其类似的可理解的原因。

不切实际的期待

朱迪听到得越多，感觉就越糟糕。她担心朋友们所说的可能是正确的：可能汤姆是自我中心的，像露西所说的那样，他不可能给到自己真正想要的；而且，如果像肯所说的，汤姆试图挫败自己，那他确实做得很好；罗斯可能是对的，汤姆已经被父母惯坏了，而自己可能也被自己的父母给毁了，或许就是两个被搞砸了的人活该凑到一起。

朱迪在坐公交车回家的路上，遇到朋友马琳，又讲述了自己的经历。

马琳(有点沾沾自喜)：你的问题是，你认为婚姻就是跳舞、浪漫和鲜花，可那是蜜月。婚姻是妥协、恼怒和尿片。你不能期待一个人满足你的所有需求，即使他是你的丈夫。跳舞？你拥有一个晚上能回家的人，就应该感到高兴了。

马琳用了不切实际的期待(忠于现实)来解释她所听到的。所以，针对这件事情，露西看到的是有什么性格缺陷被揭示，肯看到的是什么样的秘密的愿望被满足，罗斯看到的是什么样的早期关系被重复，而马琳看到的则是什么样的不切实际的期待被表达出来。

不切实际的期待解释是建立在戒律8（你不能有不切实际的期待）的基础上的。根据这种解释，所有的问题根植于完美主义。

给我找到一个永远失望的人，我将给你一个有不切实际目标的人；给我找到一个总是抑郁的人，我将给你一个期待过多的人；给我找到一个带有怨恨的人，我将给你一个不愿妥协的人。

尽管这些话语有部分真实，而隐含的建议是：你应该停止拥有这些不切实际的期待。而这条建议本身，就是一个不切实际的期待。一个人的期待不只是来自童话中，它们经常代表了他或她觉得非常重要的愿望和目标。

根据不切实际的期待解释的思考方式，99％的离婚是由不切实际的信念导致的，尤其是下面的信念，关于彼此相爱的人们应该：

- 能够在整个婚姻里保持蜜月的感觉。
- 能够满足对方所有的需求。
- 想一起度过所有时间。
- 不用说就能知道对方想要什么。
- 能够避免跟对方真的动怒。

这些信念是很沉重的。如果你相信蜜月的感觉应该存在于整个婚姻中，当你发现婚姻不是这样时，你可能担心婚姻出现严重问题了。因此，听到这是你需要放弃的不切实际的期待的建议时，你可能会觉得放松，直到你意识到如下这些：

· 放弃这些愿望和期待可能很难做到；

· 这些愿望和期待或许是人生中重要的线索，公开化这些渴望是重要的。心理学家约翰·戈德曼说，每一个陷于夫妻僵局（顽固立场）案例的背后，是隐藏的梦想。

当朱迪下车时，她感到灰心丧气，她不知道怎样摆脱对更多亲密和浪漫的"不切实际的期待"。

像之前的解释一样，不切实际的期待解释会限制其他的进一步思考的方式。其实，你只是应该把这些期待扔到窗外并跟它们彻底说再见。

朱迪离开这四个人之后感觉很糟糕。他们已经告诉她：她拒绝过度敏感，仍旧固着于父亲，有不切实际的期待，嫁给了一个喜欢挫败她的以自我为中心的男人。如果她听到了肯和露西深埋内心但没有说出来的想法，她甚至会感觉更糟，那就是：她是一个控制狂，她享受自我沉溺的时光，以及她最初设计了所有的事情。

怀疑者：确实，朱迪被这四个人说的话惹得心烦，而且我也为她感到难过。但不是每个因为这些事情被指责的人，都会像她一样感觉很糟糕。事实上，她可以很轻松地鼓舞自己，然后让自己停止敏感、放弃不切实际的期待，或去做任何其他事情。

怀尔：是的，但当她发现停止敏感和放弃不切实际的期待并不是那么容易时，她的激情似乎消失了。它像教区居民对一个关于地狱火焰和诅咒的布道的反应，有些人感到罪恶和绝望而离开了布道场，而其他人被鼓舞永远不再作恶而离开。但是，当然，他们将来还会作恶，他们所受到的鼓舞只是暂时的。

他们是谁？他们为什么说这些话？

我在本章里的观点是，我们的头脑里都有露西、肯、罗斯和马琳，他们的作用可能就是阻止我们把感受用作线索。

我们所需要的是一种允许我们把感受用作线索的全新的思考方式。

这是我在下一章里会谈到的内容。

但我们先回到这个寓言故事。朱迪从感觉有点不好开始了这一天，以感觉彻头彻尾的糟糕结束了这一天。与她聊天的每个人都让她感觉更糟了。从车站走回家时，她想象这个晚上会是什么样子的。汤姆，用他不面对问题的惯用方式，将会假装什么都没有发生过。他会给她匆匆一吻并问她工作进展得怎样。晚饭后唯一的谈话就是用几个字说说晚餐怎样，他会整个晚上都看电视，依照惯常，她则会用最简洁的方式回答工作的情况，因为朱迪认为他并不是真的对自己的工作感兴趣。她会问他的工作怎样并期待听到这样的回答"哦，还不错"，而且不会有更多了。她可能整个晚上都在床上看书，并感觉很孤独。

但汤姆在门口等她。"对昨天晚上发生的事情，我思考了很多，"他说，"而且我都等不及你回家，就想跟你谈谈这件事了。"朱迪不能相信自己的耳朵。汤姆在十秒内说的话比他通常整个晚上说得都多，并且他在面对这个问题，甚至看上去他活泼且投入。

"他怎么了?"朱迪想，"这个奇怪的男人是谁?"

第十章

消除指责

在汤姆身上发生的事情就是，他跟对他有帮助的人在一起待了一小时，这些人帮助他把感受用作线索。

前一章里描述的四类解释根植于每个人的思考中——而且，在大多数情况下，确实如此。但它们会妨碍富有成效的思考方式。为了防止这种情况发生，我建议补充下面的解释。

七种另外的解释

当朱迪在楼上跟露西诉说的时候，汤姆在去工作的路上，那天该他驾驶合用汽车，车里有七个人，每个人都有自己的思考方式。

隐藏的合理性

汤姆告诉他们昨天晚上发生的故事，并说了下面的话。

汤姆：如果我跟朱迪跳舞的话，所有一切都会进展良好，我为什么就没有跳舞呢？

汤姆担心他在这种情境下拒绝跳舞是不适宜的。克洛是汤姆的乘客中第一个说话的人。她用了隐藏的合理性解释。她相信，一旦你看到了事情的本质，那么看上去不合时宜的事情，经常会被证明是有很多意义的。

克洛：哦，我们看一看这件事，假设你跳舞了，事情又会有怎样的进展呢？

汤姆：进展不好。我笨手笨脚，朱迪不喜欢我踩她的脚趾头。

克洛（想到她已经找到了可理解的解释）：哦，那可能就是你不想跳舞的原因——避免因踩朱迪的脚趾头而让她不开心？

汤姆（想着自己轻易就逃过一劫）：或许，我仍然应该尽力尝试，朱迪是对的，我是自私的。

可理解的感受

乔，第二个乘客，运用可理解的感受解释。他相信，在我们看上去幼稚、不理性的行为之下，是未被表达的感受，如果这些感受被公开化，可以引发自我同情和同理别人。当他听到汤姆说自己是自私的，乔马上就认为，在某处有某个感受，如果能被说出来的话，将会帮助汤姆在认识自己方面，给出全新的、对他更有利的看法。

乔：是什么原因，让你做出带朱迪外出到那家餐馆吃饭这个决定的？

汤姆：我知道她喜欢优雅的餐馆，尽管任何有餐厅领班的地方都让我觉得不舒服。

乔（想到他已经找到隐藏的感受了）：好，因此以你"自私的"拒绝跳舞为结局的事情，是出于想要为对方做喜欢的事这样一个无私的愿望开始的。

汤姆：我理清头绪了，去餐馆已经是在努力拓展我自己，跳舞则超出了我内心的想法。

未能表达的要点

卡米尔，第三个乘客，运用"未能表达的要点"（point-not-gotten-across）的解释。她认为，当有些重要的东西不能说出来时，人们会感到心烦。

卡米尔：这是你希望对朱迪说的吗？就是你感到伤心的是，你努力拓展自己，结果朱迪却觉得你没有尽力。

隐藏的合理性、未被承认的感受、未能表达的要点，这些解释能在任何时候被应用到任何人身上。我们想象一下，如果是朱迪而不是汤姆在这辆车上，会发生什么？

朱迪：我就像个孩子，我确实搞砸了整件事情。

克洛（在朱迪的行为里寻找隐藏的合理性）：哦，让我们弄明白整件事情，最近你和汤姆之间相处的怎样？

　　朱迪：跟平常一样，每个人都认为他很棒，在某些方面他是不错，但他没有做得那么好。是的，他帮忙做家务，但是我才是那个最终做脏活累活的人，比如洗马桶。我认为我们最好一起养育孩子，但我一直负责告诉他什么该做，该在什么时间做。

　　如果露西在的话，她会说："朱迪，你太苛刻了。"肯会指责她："女孩，只有在你有事情抱怨的时候你才是快乐的。"罗斯会肯定的是，她只是对父亲愤怒。马琳会说："朱迪，你期望太多了。"但在克洛这里，她会说如下内容。

　　克洛（在朱迪的行为中找到隐藏的合理性）：难怪你心烦，昨天晚上发生的事正好代表了你对汤姆最心烦的地方，即他做事时在"走过场"，没有贯彻到底。他带你去跳舞的地方，却不跟你跳。

　　朱迪：但感到这么心烦是我太幼稚了。

　　乔（找到可理解的感受）：每个人——成人或孩子——当面对这样一个明确的让人烦扰的例子时，都会觉得心烦。

　　卡米尔（确定朱迪需要说什么）：或许这才是你想告诉他的："这是我们的整个婚姻状况，我感到彻头彻尾的孤独。"

　　很明显，如果她跟汤姆车里的人谈话而不是她自己小圈子里的人，朱迪会有一个更好的一天。

普遍性问题

回到汤姆上班的路上。斯坦，他运用普遍性问题做解释，现在他说话了。在斯坦看来，有问题的伴侣只是在经历每对夫妇都会有的问题，不同之处在于朱迪和汤姆的形式更激烈而已。

斯坦：听上去你遇到了普遍性的问题，在这个问题中，一方（朱迪）为了避免战斗抑制了自己的抱怨，但这恰恰导致了积压的愤怒和过后更激烈的战斗。

斯坦恰恰和露西相反，像你可能记得的，露西运用性格缺陷解释。露西通过对正常行为的梳理去寻找潜在的不正常，斯坦通过梳理不正常的行为去寻找潜在的普遍性。他认为，如果你认为你有问题很正常，解决问题就会更容易一些。

一个潜在现实的线索

卡尔，第五个乘客，运用隐藏的线索解释。他同意克洛运用隐藏的合理性解释，就是一个人看上去不适宜的行为里有一个潜在的合理性。但他走得更远，他认为，看上去不适宜的行为或许是有用的，它可能揭示了关系中一个被隐藏的重要问题。

卡尔：你该这样看你的故事，即吵架给了你一个机会，让你说出之前你们之间无法讨论的某些东西。

汤姆：会是什么呢？

卡尔：就像你担心会让朱迪失望，如果你们能谈论你的担心，可能会带来一种释然。

汤姆：是，但我会不好受，朱迪可能会说一些我不想听到的话。

卡尔：这倒是真的。可能发生这样的事，但是……

汤姆：对，有一个"但是"。把一些事情说出来，这会是一个解脱。

汤姆想掉转车头直接回家，以便跟朱迪谈一谈。不幸的是，这些人希望汤姆开车载他们上班。不管怎样，汤姆马上有了第二个想法，他开始怀疑，他是否能跟朱迪有一个真正有效的对话。

矿井里的金丝雀

车里变得很拥挤，但汤姆并不介意，他很开心这些人都在这里，每个人说的话都让他感觉越来越好。

· 克洛展示了在汤姆看上去不适宜的行为之下所隐藏的合理性。

· 乔展示了在汤姆"糟糕的"反应之下可理解的感受。

· 卡米尔展示了朱迪"糟糕的"反应是她不能表达自己真正想要说的一个结果。

· 斯坦展示了他和朱迪正在经历一对普通夫妇会有的问题。

· 卡尔展示了他们的吵架让一个重要的问题浮出水面。

艾米，第六个乘客，运用了矿井里的金丝雀解释。她认为人们在童年时经历的困难，使他们成为对当下所存在的某些微妙暗流的敏感观察者——更像金丝雀对氧气不足的敏感，这也是为什么矿工把金丝雀作为早期的预警系统带到矿井下面。

艾米的解释相对于罗斯的追溯童年的解释，是另外一种不同的解释。艾米也会同意罗斯的观点，一个人过去的经历可能会给这个人带来某种特别的敏感。他或她可能会对其他人几乎没有注意到的事情有特别激烈的反应。然而，艾米坚信这个人的反应是有道理的，因为她用激烈的方式对真实发生着的事情做出回应。

事实上，由一个人的童年所引发的敏感，可能使得他或她成为某个现实领域的良好的观察者。比如，一个妻子在孩童时遭受的被拒绝的痛苦，可能使她在自己跟丈夫之间以某种微妙的方式忽视彼此这个方面成为一个敏感的观察者。这位妻子和丈夫可能希望她对被拒绝这件事少一些敏感，这一敏感源于她的童年经验，因为她对丈夫的一点点的忽略都会感到心烦，这是一件很讨厌的事。然而，她的敏感有一个重要的好处，即她和丈夫永远不会在某一天醒来时——像很多人所经历的——发现他们处于一种分离的、孤独的关系中而对他们怎么会走到这一步毫无知觉，她就能保护关系以避免发生此类事情。她在探测定期发生在人们之间的微妙的且经常不被注意的忽略和拒绝方面，是一个专家。

汤姆：这都要回到朱迪的父亲，他经常让朱迪失望。我对不得不为她和父亲之间所发生的事埋单而感到厌倦。

艾米：是的，因为她的父亲，她可能在观察人们以微妙的方式让她失望方面，是个专家。

汤姆：这就是我为什么努力不让她失望，我不想跟她的父亲一样。所以我带她去那家餐馆，即便我觉得浑身不自在。

艾米：是的，你没有分享她的热情，所以那样的话，她可能感到你根本就没有真的在那里。

解决方案变成问题

雅各布，第七个也是最后一个乘客，运用了"解决方案变成问题"的解释。他认为问题的关键是人们怎样处理问题。

雅各布：你在为朱迪做某件特别的事，你带她出去，这是她特别渴望的事情。但因为这件事超出了你自身的接受度，你的心思根本就不在那里，所以整件事情就变糟了。这看上去不公平。

雅各布的解释在某种程度上和肯的"你肯定想要那样"的解释相反。当肯把人们看作恶魔般成功地得到他们想要的东西时，雅各布认为他们悲惨地没有得到他们想要的。他们解决问题的努力让问题变得更糟糕了[解决方案变成问题的观点是由保罗·瓦兹拉威克、约翰·威克兰德和理查德·菲什在《改变》(*Change*)一书中提出的。]

汤姆：是的，这看上去不公平，但我应该怎么做呢？
所有乘客：用我们跟你谈话的方式，去跟朱迪对话。

对　话

汤姆，当然，从来没有用过拼车车友建议的方式跟朱迪谈过话，那是因为他的思考方式跟朱迪一样，被四类传统解释所支配。

· 露西把问题归咎于性格缺陷，认为这是应当承认缺陷并改正缺陷的问题。

· 肯把问题归咎于隐藏的动机，他说人们不愿意承认真正的事实，即使是对自己。例如，他们不会承认他们真的想保留他们的问题。

· 罗斯把问题归咎于童年，认为问题在于意识到你的伴侣不是你的父母。

· 马琳把问题归咎于不切实际的期待，她说这只是面对现实的问题。

这四种解释都没有识别出这种行为背后隐藏的意义所在——而且是基于现在，不只是基于过去。这七种解释弥补了上述缺失，通过指出：

1. 在某个人看上去不适宜的行为中隐藏的合理性。

2. 用迂回和攻击的方式来表达一种平常的感受，因为这个人觉得该感受让其不舒服。

3. 某个人难以让别人明白的那些可理解的要点。

4. 某个人正在以一种尤为强烈的方式经历日常夫妻生活中的问题。

5. 他或她的行为是潜在现实的一个线索。

6. 人们基于童年时所形成的特殊敏感性正应和当前的现实。

7. 一个平常、可理解的问题，因为人们的努力解决而变得更加严重和糟糕。

如果朱迪运用他的拼车车友教他的解释，而不是传统的朱迪用的四种解释，我们假设汤姆跟朱迪之间可能会有的对话。

汤姆在上班的时候试着给朱迪打电话，告诉她自己刚刚所学到的，但朱迪在跟肯吃午餐并得到了完全不同的建议。

当朱迪度过她抑郁沮丧的一天，迷茫地回到家里，汤姆说了如下的话。

汤姆：昨天晚上发生的事我想了很多，我都等不及你回到家就想跟你说呢。

朱迪（感兴趣）：我在听。

汤姆：我对昨天晚上的所作所为感到心烦，我想让你拥有一个浪漫的夜晚，而我却不跟你跳舞。

汤姆在应用从拼车车友那里学到的。他在找出朱迪愤怒中隐藏的合理性（这是克洛的解释）。他在发现隐藏在朱迪愤怒下面的可理解的感受（失望，这是乔的解释）。而且他在告诉朱迪，她的信息他已经懂了（这是卡米尔的解释）。

朱迪喜欢这样的谈话，但她还没有完全表达出她的不满。

朱迪：哦，那为什么你不跳舞？

汤姆的拼车车友灌输给他的善意让他不用变得防御就能应对朱迪的挑衅话语。

汤姆（微笑）：我想昨晚要是跳舞了，你的脚趾头可能今天就会有点痛了。

朱迪现在能够识别出汤姆行为中的"隐藏的合理性"。

朱迪：哦，这就是你不跳舞的原因——因为那次我说过你，呃，缺乏节奏感？

汤姆：我把你的话放在心上了。

朱迪：就像我对你昨天晚上没有跳舞所产生的反应一样。但如果你跟我跳舞，我怎么会批评你跳舞没有节奏感呢？

朱迪和汤姆处在一种积极正向的循环中，在这种循环里，每个人都主动地承认事情，以回应正在同样做的对方，就像之前他们在消极循环中一样，每个人都主动地指责对方，以回应正在同样做的对方。在积极的循环中，每个人都能够倾听对方所说的。事实上，就像积极循环中经常发生的，每个人开始站在对方的角度说话。

　　汤姆：我不应该这么敏感的。
　　朱迪：我不应该这么挑剔的。
　　汤姆：我确实让你失望了。
　　朱迪：只是因为我有没人能够满足的夸张期望。
　　汤姆：我不知道为什么学习不踩到你的脚对我来说就那么难。

　　朱迪和汤姆在发现关系中"隐藏的现实"：汤姆因不能满足朱迪的期望而产生的失败感，以及朱迪担心这些期望可能是不现实的，他们利用吵架获得了揭示夫妻关系的信息。
　　像上面这种对话，不只是用来解决朱迪和汤姆的问题，对话本身就是解决方案。拥有一个能够跟她这样对话的丈夫（倾听、承认事情、理解她的感受）对朱迪来说，比请她跳舞更重要。汤姆在懂她、接近她。他在提供她最想要的——情感的投入——而跳舞只是一种表层的表达。
　　在某种程度上，人们如果用汤姆车上的乘客的思考方式处理问题时，便会有很大的优势。
　　跟你的伴侣就关系方面有怎样的成果，很大程度上取决于你拥有哪些理论，你的朋友拥有哪些理论，而且很可能，取决于谁在你的车上。

第四部分

让问题变得更严重的解决方案

第十一章

权宜之计的解决方案

　　解决关系中出现的问题，最好的办法就是用我刚刚在朱迪和汤姆的例子里所描述的方式——去谈论这些问题。如果你做不到，或很难做到，你可能就没有处理这些问题的有效方法。在这种情况下，你虽然竭尽全力想做到最好，但往往会适得其反。所以，你需要权宜之计的解决方案。

　　这就是我想在这部分谈论的内容：权宜之计的解决方案。这种方案有三种类型——行动解决方案、口号解决方案、幻想解决方案——所有类型在下面的例子里均会被展示。

　　凯蒂和伯特已经结婚二十五年了，有三个成年的孩子。凯蒂无法思考或谈论他们关系中的这类问题，下面是她需要对伯特说的话。

　　凯蒂：你有注意到最近生活变得越来越无趣了吗？我想念过去我们拥有的那些乐趣。

因为凯蒂不能说出这个担心（她不习惯用这样的方式谈话，而且她担心这会让伯特心烦），她用了另外的处理方式——凯蒂采用幻想的方式，她深切地回想着过去他们的关系里充实而有乐趣的日子：她和伯特经常去聚会、跳舞、彻夜聊天。

最初，这种幻想确实解决了问题。某个时刻，凯蒂回到了过去的时光，满腔热情和充满活力。但关于她与伯特过去婚姻生活的记忆，使得她更多地意识到今昔婚姻生活的差异。她担心，目前的状态让她感到浪漫的缺失，意味着他们拥有一个糟糕的婚姻。为了试图让自己免于这个担心，凯蒂告诉自己：期待蜜月的感觉一直持续是不现实的。

凯蒂正投身于口号解决方案，她在试图用熟悉的话语说服自己没有什么好担心的。然后，她又投身行动解决方案，她尝试让伯特去做一些事情，这些事情可能让他们找回过去的浪漫感觉。

凯蒂：我们去湖里划船吧，你看怎样？

凯蒂的幻想是积极的，她认为在满月之下划船将会唤醒他们的浪漫，但伯特的幻想是消极的，他认为划船将昭示他们实际上已经变得不那么浪漫了。

伯特：以后再说吧。

伯特希望凯蒂会忘掉这件事。
凯蒂没有再提这件事，但她也没有忘记。

这，就是他们问题核心的缩影。伯特的不直接（他说"以后再说吧"）和凯蒂的退缩（她不再提这件事）是他们（和几乎其他每个人）互动的典型方式。不直接和退缩解决了一个问题——凯蒂和伯特不再有之前常有的令人沮丧的战斗，但这造成了另外的问题：婚姻缺少了火花。

回想起关系之初她和伯特之间充满活力的幽默对话，凯蒂试图找到那些可能让他们活力十足的问题，而且她认为她找到了一个，她问伯特："如果你可以成为这个星球上的任何一种动物，你会选择哪一种？"

伯特搞不明白凯蒂怎么了，他顺从地回答了她的问题，说："我会是一只山羊，因为我能够在吃草的同时还修剪草坪，我最好现在就出去做这件事。"接着他出去了。

凯蒂，还考虑着他们所陷入的困境，想起读过的一本杂志上的文章，文章建议通过做一些浪漫的、性感的、出乎意料的事情为婚姻增添乐趣。第二天，当伯特下班回家的时候，她站在门口向伯特打招呼，脸上挂着迷人的微笑。

现在伯特觉得真的处在危险中了，他也读了这篇文章，他当然知道他理应看到她的笑容就想要跟她在走廊里亲热。但走廊里的地板看上去并没有什么吸引力，凯蒂也一样没有吸引力——她站在那里局促不安，并且颤抖着（杂志并没有谈到硬邦邦的满是灰尘的地板，以及尴尬不安和鸡皮疙瘩）。对伯特来说，幸运的是，有邻居来按门铃了，凯蒂跑进了卧室。

凯蒂穿上裙子，觉得自己很愚蠢，她有了一个更加沮丧的想法："我做了文章上说的一切，但伯特根本就没有感觉，或许他就是觉得我不再有任何吸引力了。"

但很快她就安慰自己："我在和自己开玩笑吗？为什么看见我一丝不挂就得让他兴奋？他看我裸体已经有二十五年了。"

凯蒂又接着想："为什么我要沮丧呢？我应该为自己拥有的感到开心才是，我们的婚姻已经比我知道的任何人都要好了。"

劝自己不用担心的尝试，让凯蒂安心了一阵子，但不久，这种想法就被相反的想法替代了："我不想犯父母曾经犯过的错误，待在一段死气沉沉的婚姻里五十年。"

凯蒂回到了她的起点——担心婚姻里的处境，认为需要做些什么，但又不知道怎么做。"或许我自己认为的这些都是错的，"凯蒂决定，"不是试图让伯特更多关注我，或许我应该尝试更加关心他。如果他觉得我真的在乎他，或许他就会回报我。"

于是凯蒂开始为伯特做一些特别的事情，她买了伯特最喜欢的食物；当伯特在处理账单的时候，她给他端咖啡；她跟他一起栽培花木；她浏览了电视指南，记录了足球比赛的时间以便她能告诉他比赛时间并跟他一起看。

然后，当她注意到伯特对此几乎没有回应的时候，她的反应就与之前大相径庭了。她已经厌倦了逼迫自己看球赛，而且她一直都讨厌园艺，她又抓住了另外一个口号解决方案。

凯蒂：我不能期待婚姻能满足我的所有需求，我得看其他方面。

这个口号解决方案设置了一系列行动解决方案的场景。凯蒂思考丰富自己生活的方式。她报名了一个日本版画的课程，给几个老朋友打电话并约着一起吃午餐，而且她跟邻居们聊得更多了。

因为这点，新的幻想解决方案出现了。其中的一个邻居是离异的男士，他已经对凯蒂着迷了好长一段时间了。不像伯特已经习惯了凯蒂，这个邻居对凯蒂是超级关注的。

凯蒂发现自己开始做关于这个邻居的浪漫白日梦。

现在，凯蒂有一个新问题，她没有办法停止想这个男人，而且她为此感到特别内疚。她投身于一个口号解决方案，试图劝自己走出这种感觉。

凯蒂：在你开始跟他一起生活之前，男人总是看上去更好一些。我必须得非常小心，不能因为一夜风流而丢掉我跟伯特之间拥有的一切。

然而，对她来说，记住她与伯特之间拥有的东西是非常难的，而且相信她跟她的邻居之间不会比跟伯特更好，对她来说更难。于是她从一个"劝自己不要有愿望"的口号解决方案转换到一个"劝自己有愿望"的口号上。

凯蒂：好吧，孩子，你只活一次。

一天，当没有其他人在的时候，她穿上了衣柜里最性感的裙子，想对她的邻居进行一次突然的拜访，结果邻居也不在家。感到失望的同时，凯蒂也有一点放松，她换了衣服，去看电影了。

当她回到家，发现伯特在清洗车库，这是凯蒂六个月以来一直渴望他做的事。而且伯特还送了她一些鲜花。凯蒂早些时候的计划终究在起作用了，伯特最终对所有的园艺、足球赛、咖啡和特别的食物有所回应了。

而且，伯特正在做的这些事情带来了改变。这给了凯蒂更多的他们在一起的感觉。至少，短期内，她感到对婚姻有更多的希望了，她不再那么想邻居了。

凯蒂运用了下列的幻想解决方案：

1. 回想她跟伯特关系中早期的令人兴奋的经历。
2. 进入关于邻居的浪漫白日梦。

她还运用了下列的口号解决方案，告诉自己：

1. 期待蜜月的感觉一直持续是不现实的。
2. 当他已经持续了二十五年每天看我裸体时，我不能指望他看见我的裸体就会有欲望。
3. 我应该是开心的，因为关系还是相当好的。
4. 我不应该犯跟我父母相同的错误，维持一段不幸的婚姻。
5. 不是从伯特那里期待什么，而是我应该为他做些什么。
6. 我不能期待我的婚姻可以满足我所有的需求。
7. 我必须记住：当你跟他们一起生活的时候，男人不像看上去那么好。

8. 你只活一次。

而且她还运用了下列的行动解决方案：

1. 邀请伯特去湖里划船。
2. 问他喜欢什么动物。
3. 没穿衣服在门口迎接伯特。
4. 为他做一些特别的事情。
5. 参加课程、召集朋友、会见邻居。
6. 尝试接近男邻居。

其中一个行动解决确实有效果，至少部分地有效果，即为伯特做体贴的事情，确实最后也让伯特为她做了体贴的事情，而且她开始对关系感觉更好一些了。然而，她让伯特做出更贴心行动的方式不是她能经常用的，需要她陪着去看很多球赛和做很多园艺，这会让她无法忍受。

因此，当指责性的解释阻断了我们的思考和对话的时候，这就是凯蒂、伯特和我们其他人所做的。我们诉诸行动解决方案、口号解决方案和幻想解决方案。我会在本章讨论行动解决方案，下一章讨论口号解决方案，在第七部分讨论幻想解决方案。

努力避免失去爱

我们用两种相关的情境——性方面更少地被你的伴侣所吸引和害怕失去爱——提出人们常用的行动解决方案的范围。

克劳德突然觉得他的妻子贝丝不能引起他性方面的兴趣了。如果他能思考并且谈论这些感受，他可能意识到这种感受在此情境下是适宜的，这是他对前天与贝丝争吵所做出的一个反应。然而，他不能思考和谈论对贝丝没有"性"趣的感受，因为他觉得他不应该有这样的感受，他确信自己出问题了。

那克劳德可以做什么呢？他的处理方式就是采用行动解决方案，他希望这可能会解决问题。他让贝丝穿上黑色的低领短裙。

贝丝觉得情绪低落，因为她突然觉得自己被克劳德拒绝了。如果她能思考或谈论这些感受，她或许可以追索到他们前天的争吵以及克劳德今晚的古怪行为——他坚持让贝丝穿着这件愚蠢的裙子，一起去了一家精致的餐馆。如果贝丝能够思考和谈论这些感受，她会看到他们的这些做法在此情境下是合理的。但贝丝做不到这些，她也是认为，她就不该有这些感受。

那贝丝可以做什么呢？她诉诸行动解决方案。她问克劳德是否还爱她，她希望听到他说爱，这就会将她带回到对他的积极感受里，并抵消她有关他们是否还相爱的怀疑。

迪恩·德利斯，圣地亚哥的心理学家，列举了大量人们常用的行动解决方案，在他们发现自己感受不到爱的时候，为了努力让他们的伴侣更有吸引力，他们会做出如下尝试。

· 让伴侣采取可能吸引、激发他们的兴趣或让他们有性欲的举止和打扮的方式。

· 让伴侣改掉那些阻碍他们兴趣与欲望的举止或习惯。

· 把伴侣变成更有趣味和更加聪慧的人，要求伴侣参加夜校学习、读更多的书和报纸。

这些人在担心这样的事实，就是他们正在失去对伴侣的兴趣，他们不想失去兴趣，他们对此感到内疚。他们害怕不得不再次应对单身生活的未来前景；他们疑惑自己是否有无法实现的期待，并且认为自己应该对已有的关系感到快乐；他们疑惑自己是否对长期的关系无能为力。因为他们没有有效地谈论和思考这些感受的方式，所以他们诉诸行动解决方案。

他们的伴侣甚至更沮丧，当他们发现对方不再爱他们，但却感到害怕而不敢谈论或思考这件事时，他们就采取行动解决方案，努力重新点燃伴侣的爱。

• 他们采用德利斯所称的"超级求爱行为"。他们尝试用自己的聪明、才智、吸引力、性感、迷人和成就给伴侣留下好的印象；或者，他们做相反的事，尝试成为好的倾听者和通过让伴侣给自己留下好印象而吸引伴侣。

• 他们让自己更加容易接近，对于伴侣想要的任何东西都赞同或陪伴，并试图表明他们是多么的温暖和可爱；或者，他们做完全相反的事，他们让自己更难以接近，并试图表明他们是多么的独立自主，试图以自身的难以接近和让伴侣感到妒忌的方式来激起伴侣的兴趣。

• 他们寻求安慰，会问："你爱我吗?"或做相反的事，他们装得很酷，尝试不去抱怨，不要求或寻求安慰，不去伤害或妒忌。

怀疑者：这个清单让我紧张不安，我自己做了里面的很多事情。

怀尔：我不惊讶，就像每个人所做的一样，而且，他们能够部分地成功，尽管通常他们都是极其不成功的。

• 想要让人印象深刻的尝试，经常给人粗野和自我中心的感觉。

• 试图取悦你的伴侣，满足他或她想要的一切，让你感到无聊。

• 试图装出欲擒故纵的样子往往骗不了任何人，这只不过证明了你是多么容易接近。

• 只读几本书，是不可能把人变成一个有趣的、健谈的人。

一个起作用的行动解决方案

每个人都在采用行动解决方案，人们给对方的建议和他们给自己的建议，本质上都是行动解决方案。那些希望为婚姻增加乐趣或担心失去丈夫的女人们，在自助书籍的指导下，变得更加神秘和不可预测。妻子没有被建议跟丈夫谈论自己的担忧，相反，她被告知去做另外一些事情。

我自己也经常采用行动解决方案，而且从中得了一些好处。关系中的问题如此难以处理，以至于凡是让你具备优势的解决方案，都是公平的。问题是行动解决方案经常不起作用，甚至是起反作用。

但是有一个扩展的例子，它确实起作用。

格洛丽亚想劝自己从对老公不帮忙做家务的抱怨中走出来，她担心自己唠叨（戒律 15）和咄咄逼人（戒律 13）。尽管目前有许多关于丈夫应当分担一半家务活的说法，但她并不认为一个男人会真的这么做，认为这个想法是个不切实际的期待（戒律 18）。

不是抱怨乔治不帮忙做家务，相反，格洛丽亚劝自己不要抱怨。在做家务这一块儿，她提出一个简单的要求：让乔治把垃圾拿出去，拿走垃圾是一项传统的男人该干的活儿，因此她认为这是乔治不太会反对去做的事情，尽管这只是她真正想要丈夫帮忙的很小的一部分。

格洛丽亚的要求是一个行动解决方案。这是一种不再抱怨的方式，与此同时，产生了一个可能解决抱怨的变化——她希望乔治拿走垃圾会降低自己不得不做绝大部分家务活的不满。

格洛丽亚的行动解决方案至少部分地起作用了，乔治积极地回应了她的要求：他马上拿走了垃圾。乔治为做了这件事而感到开心，他在扔垃圾的时候给了妻子一个性感的拥抱。他把扔垃圾的活儿做得特别漂亮，甚至在废纸篓里放好了新的塑料衬垫。他还额外做了一些事情——清洗了垃圾桶。之后，乔治没再继续看电视，而是算账并整理了他们的支票簿。

格洛丽亚想要一些标记符：她不是唯一一个做事情的人，而且，这就是她得到的。这是一个切实的标记，因为乔治确实做得很好，并且他做这件事很开心。这使得格洛丽亚确信乔治并没有觉得自己被唠叨了，那个他给的自发性的拥抱，让格洛丽亚觉得他们是在一起的。他关掉电视和整理支票簿提醒了她，乔治有他自己的为家务做贡献的方式，而且这是一个真正的贡献，因为她讨厌整理支票簿。

因此，即使他们没有谈论，这个问题也解决了。问题解决了吗？让格洛丽亚惊讶的是，她继续不停地抱怨关于家务活的感受。虽然她不再感到孤单地做家务，但她不确定几天后这种感觉是否还会回来。乔治扔了垃圾，但他没有想过自己去做这件事，仍旧是由格洛丽亚发起所有的事情。在所有的事情说了和做了之后，她还是要负责所有的家务运作。

但此刻，格洛丽亚感觉良好，把所有的怀疑当作谬论，不予理会了。

象　征

在尝试让乔治拿走垃圾的事件中，格洛丽亚在寻找一个象征，关于她真正想要的东西的象征——乔治全心参与到家务中。她希望这个象征会把自己带入一个更少孤单和更少不满的心理框架中。

让我们的伴侣来做象征性的行为，是一种常见的行动解决方案类型。在某种意义上，生活就是寻找那些将我们带入更好心理框架的象征。每个人都有不能表达或不能思考的愿望和感受，而且每个人都用象征来实现。

珍妮弗没有一种好的方式跟她的丈夫艾伦谈论她被当作理所当然的存在的感受。他们从来就没有学过怎样思考和讨论这些事情，她只是单纯地觉得自己不应该有这样的抱怨。所以不是思考和谈论，她只是突然发现自己希望艾伦送花给她。像人们经常做的，她用指责来表达了这个愿望："为什么你再也不送花给我了呢？"

珍妮弗希望，如果艾伦会做这些象征性的行为，就是说，如果他送花给她，这可能唤醒关系早期某些兴奋的感觉，会让她觉得艾伦还是在乎她的。

确实会这样。两天后，艾伦负责任地带回家一打玫瑰花，珍妮弗的心都融化了，她觉得自己是被爱的。她认为这是所有收到的鲜花里面最漂亮的花，她就是这样感受的。尽管鲜花来自超市，而且艾伦并不是出于爱才送花，只是单纯地想阻止珍妮弗的抱怨。

怀疑者：嗯，是的，女人们永远都在抱怨丈夫没有足够的表露感情；至少，我的妻子是这样，她们把所有这些都放在感情的象征上。

怀尔：男人们也这样做，只是不那么明显而已。艾伦认为珍妮弗把鲜花看得如此重要是愚蠢的，尽管他愿意提供鲜花以保持和平，但他认为对自己来说，当他回到家的时候珍妮弗准备了晚餐，就非常重要且一点也不愚蠢。艾伦认为他想要晚餐准备好，直接的原因就是他饿了，他没有意识到更重要的原因是，那让他觉得被爱。这给了他这样的感觉：珍妮弗真的在乎他，并愿意为他做些什么。

做好晚餐对艾伦来说，是很重要的象征，就像对珍妮弗来说，送花是很重要的象征一样。如果珍妮弗对鲜花是富有情感的，艾伦则对晚餐富有情感。那艾伦就和珍妮弗一样很容易被取悦。珍妮弗不是一个厨师，但就像她觉得艾伦送的花是世界上最美丽的花一样，艾伦认为珍妮弗做的晚餐可以和镇上最好的餐馆里做出来的媲美。

做好晚餐不是艾伦寻找的唯一象征。当珍妮弗同意跟他一起看周一的夜场足球赛时，他就被感动了，他觉得真的是被爱的，他认为他们有一段非常棒的关系。

进入一个更好的心境

我们都有一系列的能够把我们带入更好心境的潜在象征。

• 一些人，当收到鲜花时，心就融化了。另外的人没有任何感觉，或者她们觉得不被爱，因为她们怀疑送花人或许正在努力为此而弥补；或者她们注意到有一支枯萎的鲜花而怀疑这些花都是过期的以打折价买的。

• 一些人，当听到别人的恭维时，心就融化了。另外的人则不会有任何感觉，或者他们认为恭维自己的人别有用心，是想从他们这里得到什么。

• 一些人，当有人跟他们做爱时，心就融化了，他们觉得满足和兴奋。另外的人觉得掉价，因为这让他们觉得自己就是一个性对象。

• 有些女人在丈夫拿走垃圾的时候，心就融化了，她们马上觉得拉近了距离。对另外的女人，这或许只是一个其他家务活丈夫都还没做的提醒。

如果人们能够借助伴侣的象征性行为来使自己进入更好的心境，他们必须让伴侣做出这些行为。有些人很少对这部分有要求，他们只是需要一个象征的象征。对这样的人来说，或许他们的伴侣这样做就足够了：

• 从草坪上带给他们一棵蒲公英。

• 注意到他们的新发型，甚至伴侣说出他或她喜欢这个新发型都没那么必要。

• 在足球赛第一个中场休息期间，愿意坐在同一个房间里读书。

• 经过再三提醒后，心不在焉地清空了废纸篓。

其他的人则需要来自伴侣的更加全心全意的努力，才能进入更好的心境。在乔治扔垃圾、接着回来整理支票簿过后的两个星期，格洛丽亚又开始不满，觉得自己是唯一一个做家务的人。这次她让乔治扔垃圾，但他专注于自己的阅读中，拖延了这件事。

"我有一点抓狂了，"格洛丽亚第二天告诉她的朋友，"我告诉他，'挪开你的屁股，马上把垃圾扔了。'他告诉我，他将自己决定什么时候去扔垃圾，并阻止我控制他的企图。他是对的，我是一个控制狂。"

格洛丽亚和乔治没能够看到的是：

• 在格洛丽亚看上去孩子气的情绪爆发之下，是一种可理解的成年人的感受——对不得不做所有家务的不满。她渴望她也可以更多的阅读或看电视，或许这是有可能的，如果乔治愿意分享这些家务的话。

• 格洛丽亚对她要求乔治马上扔掉垃圾一事毫不妥协，是因为她已经妥协了太多了。她正在要求的只是她真正想要的一小部分，乔治甚至连这一点都不愿意做，这个事实让她心烦。这是容易理解的。

·格洛丽亚需要完全控制乔治的扔垃圾行为，因为她觉得在关系里的很多方面，她几乎没有什么能控制的。

伴侣之间相互所传递的很大部分，是由行动解决方案组成的。人们尝试让对方做出象征性行为，这将能够让他们进入更好的心态。拿走垃圾是这样的一个象征，送花也是。象征是关系里的流通货币。

人类学家说，透过垃圾，能够看到一个民族很多的东西。我提出，透过他们扔垃圾的方式，也可以看出很多东西。

第十二章

自我说服

口号解决方案，像其他两类权宜之计的解决方案一样，是置我们不能思考和谈论问题的事实于不顾而为解决问题所做出的努力。与行动解决方案和幻想解决方案不同，口号解决方案给人带来思考的印象。然而，它们是自我说服，并不是思考。它们是处理那些我们认为不应该有的想法和感受而做出的努力。

1. 通过说服自己进入它们（即通过努力说服自己相信有这些想法和感受是可以的）。

2. 或通过说服自己走出它们（即通过努力说服自己相信我们不应该有这些想法和感受）。

在下面的例子里，一个女人使用了行动解决方案，当不起作用的时候，又使用了口号解决方案：她努力劝自己走出担忧。

这个女人失去了对丈夫的性兴趣，她感觉很糟糕。她很担心这就意味着她拥有一个糟糕的婚姻，以至于她不能谈论并清晰地思考这种感受。她诉诸行动解决方案。她努力让她老公按照可能更加对她有吸引力的方式来言谈举止。她让他穿得更时尚些。

他买了一些新衣服，但当这样没有什么效果的时候，她又诉诸口号解决方案。她告诉自己"激情随时间变得平和"，而且她不应该把自己减弱的浪漫感看得那么重。

这个女人在试图使用一种观点来解决一个问题。但她不是在真正的思考，即她没有对她失去浪漫的感觉进行公正的探究。相反，她在试图说服自己相信一些东西。她在试图证明，她性兴趣的失去是无须担心的，她在自我说服。

在下面的例子里，一个女人尝试行动解决方案，接着用了两种类型的口号解决方案：劝自己走出抱怨和劝自己去抱怨。像格洛丽亚，她对丈夫没有帮忙做更多家务心烦。

1. 她诉诸行动解决方案。她说服他每天晚餐后清理桌子，做出这种象征性的贡献。她希望如果他同意的话，这会减弱所有家务都归她做的感受。他确实清理了桌子，但每当她看到他清理桌子的时候，又一次提醒了她，是她做了其他的事情，于是她的不满加剧了。

2. 于是她诉诸口号解决方案。在她努力劝说自己走出抱怨的过程中，她诉诸这种观点：家务在传统意义上是女人的工作。但很明显，现在已经不是传统时代了，所以她的口号解决方案不起作用，她仍然不满。

3. 于是她转换到完全相反的口号解决方案——努力劝自己进入她的抱怨，来证明她是有权利抱怨的，她诉诸现代的观点：丈夫应该分享家务。她告诉他："婚姻是一个五五分成的事业。我刚刚完成我的百分之五十的地毯清洁，这是吸尘器，现在你可以做你的那部分了。"

我们心理生活的大部分时间，都在致力于说服自己进入或走出我们的感受。

自我说服练习式的思考

人们在口号解决方案里用的口号来自哪里呢？它们来自大众文化，即来自民间智慧、厨房哲学、街谈巷语、通俗心理学、更衣室里的智慧等。下面的例子展示了观点是怎样从不同的来源处被吸收的。

沃尔特因为被安吉——他最好的朋友的妻子——所吸引而觉得不舒服。他把它看作是对妻子诺拉和朋友不忠的行为。在他劝自己走出这种吸引的努力中，他告诉自己"栅栏那边的草总比自己这边的绿"，用这句古老的谚语来帮助他认清被安吉吸引只是一个幻觉。

但几分钟之后，沃尔特发现自己脑子里又全都想的是安吉，这次他通过劝自己进入自己的感受来处理。他抓住一个大众文化的信念并告诉自己："男人从根本上来说是一夫多妻的，被安吉吸引的感觉并不意味着我是坏男人，只意味着我是一个男人。"

这种自我说服的安慰效果是短暂的，因为所有男人想欺骗妻子的事实，只会让他觉得所有男人都是坏的，包括他自己。所以他做了另外一个尝试，劝自己走出这些感受，转向一个来自通俗心理学的观点，他告诉自己："我想要一段有意义，有承诺的关系，而不是婚外情。"但这个想法并没有让他更好一些，因为他不确定他和妻子的关系是那么有意义的。他想，如果想要一段忠诚的关系，他宁肯是和安吉。

接着，沃尔特诉诸更衣室智慧，他开始指责他所幻想的女人。他把她看作是跟他玩的。"她没有我妻子身上的那些好品质，她看上去很性感，但可能在床上是性冷淡。"但看着安吉走路性感迷人的样子，他很难相信自己的话。

一会儿，他放弃试图劝自己走出他的感觉，取而代之的是，对他的妻子产生愤怒。"如果她更性感一些，我就不会渴望安吉这样的女人了。"

沃尔特可能认为自己是在思考。但"思考"是一种弄清楚正在发生什么的尝试。他正在做的，其实是在努力运用一个接一个的口号来找到一些让自己内心舒服的东西。

文化上认可的抱怨

当人们有他们认为不该有的和不知道怎么谈论的感受、愿望和抱怨的时候，他们会做什么呢？

麦克斯觉得被妻子莉兹忽略了，他不知道为什么自己感到被忽略。事实上，他不知道他确实感到被忽略。在他的家庭里，没有任何男人曾经想过或谈过这样的事情。感觉被忽略是一种麦克斯从来没有学过怎样去识别的体验。

于是，当麦克斯突然面对他不能用语言来表达的感受时，他就有一堆的麻烦。他利用莉兹回家晚了几分钟的机会，开始抱怨。

麦克斯(指责地)：为什么你总是这么晚？

麦克斯不能说出"我一直觉得被忽略"，但他能够说出："为什么你总是这么晚？"在我们的文化里，人们觉得这种抱怨是合理的。人们应该准时，而且如果他们没有做到的话，别人对此进行抱怨就是被允许的。莉兹的迟到为麦克斯提供了一个文化上许可的方式，去说他感到被忽略。

麦克斯的抱怨或许在文化上是被认可的，但并没有太大意义。莉兹并不是经常迟到的人，事实上，她几乎从不迟到。如果有人迟到的话，那个人通常是麦克斯自己。莉兹不能理解麦克斯为什么对她如此愤怒，而且她不喜欢这样。

莉兹：我没有总是迟到。而且如果你想问我的话，我会告诉你为什么今晚我回来晚了，我在市场上排队为我们的晚餐买鲑鱼肉排。

麦克斯对此没有回答。如果抱怨莉兹的迟到，是发现和说出他觉得被忽略的一次尝试的话，那这次是很不成功的。

当莉兹去买他最喜欢吃的东西的时候，麦克斯怎么能证明自己觉得被忽略是合理的呢？

现在，理想情况下，有一种办法麦克斯能够拯救当前的境况——承认莉兹是对的。

麦克斯(叹气)：你确实很少迟到。我觉得自己像一个傻瓜，当你工作了一天之后还在排着无聊的队，只是为了让我开心的时候，我却觉得自己被忽略了。

怀疑者(对着怀尔)：很难想象麦克斯会说出任何类似的话。

怀尔：是的，这太糟糕了，因为如果他说了这样的话，莉兹可能会做出如下回应。

莉兹：嗯，实际上，我一直在忽略你。事实上，考虑到让我们疯狂的时间表，我们一直在忽略彼此。鲑鱼是一种改变当前状况的尝试——为你做一点特别的事情。

麦克斯和莉兹会把他对她迟到的抱怨用作一个对话的开场白，以谈论他们之间的关系。

传统的丈夫式抱怨和妻子式抱怨

然而，莉兹和麦克斯不能拥有这样的对话。事实上，他们几乎什么都谈不了。取而代之的是，麦克斯继续进行抱怨。当他们坐下来吃晚餐的时候，他跟莉兹说鲑鱼太干了。事实上，他隐藏的信息是，莉兹过度烹调鲑鱼表明了她对他的忽略。

然而，他的信息隐藏得太好了，甚至连麦克斯都不知道这是他正在说的内容——如果你抱怨你的妻子把她特意为你准备的鱼煮得太熟了，会让许多人觉得他忘恩负义。

晚餐后，当麦克斯上楼去换衣服的时候，他抱怨莉兹把他的袜子放在了放内裤的抽屉里了。这个抱怨是另外一种无效地表达他觉得自己被忽略的方式。

麦克斯这次的抱怨也没有什么太大的意义。麦克斯意识到他是幸运的，因为莉兹把他的袜子放得很好，洗衣服本来应该是他的工作。

这些抱怨是口号解决方案。它们诉诸文化标语，来证明某些感受或抱怨是合理的。这能够让麦克斯向莉兹传递一种感受，他在发现、辩解和表达这种感受方面有困难：他觉得被忽略了。

这些详细的抱怨是传统的丈夫式抱怨。当丈夫们为某种愿望或感受辩解有困难时，这些就是他们的口号，甚至他们中的很多人认为自己是非传统的。这些是丈夫们觉得自己能得到支持的、被证明合理的和拥有不容置疑的、上帝所赐予的权利而做出的批评。大多数丈夫们说出"我觉得被忽略"或"你看上去不再爱我了"是有困难的，但他们可以抱怨妻子回家晚了，菜煮得过了，袜子放错抽屉了。

当然，妻子们有她们的一系列传统的妻子式抱怨，她们觉得这些抱怨是她们的后盾。

传统的妻子式抱怨	传统的丈夫式抱怨
你总是吃晚餐迟到。	晚餐从没有及时准备好。
我希望你穿得更时髦一些。	我希望你打扮得更性感一些。
你对孩子太严厉了。	你宠坏了孩子。
你从来不陪孩子。	你过度卷入孩子的生活了。
你爱工作胜过我。	你只是想要一个饭票。
你麻木不仁。	你过度敏感。

传统的妻子式抱怨	传统的丈夫式抱怨
你不听我说话。	你总是在唠叨我。
你从来都不想说话。	你总是把每件事都讲得烦琐透了。
你总是不喜欢跟孩子整天待在一起。	你总是不喜欢整天工作。
你不帮忙做家务。	当我想做家务的时候，你批评我做事的方式。
唯一吻我的时候就是在性生活期间。	你从来都不想要性。
你不再送花给我了。	你不再收拾你自己了。
你让房子一团糟。	你保持房子一团糟。
你妈妈批评我的时候，你从来都不支持我。	你总是跟我妈妈吵架。
我希望你对我父母更好一些。	为什么我们得这么频繁地看望你父母？
你像我必须照顾的另外一个孩子。	当我下班回到家里很累的时候，我期待一点点安慰和体谅。
你想要的是一个妈妈，不是妻子。	你就像我妈妈。

丈夫们很难有以下妻子们能够有的重要抱怨：

- 你不再爱我了。
- 你不够深情有爱了。

也有一系列传统的伴侣们的抱怨。这些是丈夫和妻子们都感觉相对容易有的抱怨：

- 你不再想出门了。
- 总是绕着你转。
- 总是你说了算。
- 你总是让事情按照你的方式来进行。
- 没有能让你满意的事。

传统的丈夫式抱怨和妻子式抱怨是基于刻板的男女角色而定的，当人们不能肯定自己内心的感受的时候，很多人便转向传统抱怨。这些抱怨是历史悠久的，并提供了一个能够站得住脚的更为坚实的立足点。人们在调用这些抱怨时，甚至他们自己可能都不完全相信这些。

抱怨鲑鱼和袜子，令麦克斯自己也觉得不舒服，他不喜欢自己这样的老派独裁式的丈夫形象，但他没有别的方式来谈论自己被忽略的感觉。而且，像很多人所做的，当他们有自己不知道怎么来谈论的感受时，就会对经典趋之若鹜。

借用另一方的抱怨和另一方关于抱怨的答案

在刻板印象里，丈夫回家就上网。妻子，想和丈夫有一点接触和联结，抱怨他不跟她说话。丈夫回答妻子，他累了，需要一点平静和安宁。这种冲突是很难解决的。

如果是丈夫觉得被忽略而妻子想要一点平静和安宁的话，这种困难境况是相同的。丈夫可能迫不及待地回家想和妻子分享自己的一天，而妻子可能在照顾了一整天的学龄前儿童之后，需要有自己的时间；或者是妻子下班回来觉得很累。很多丈夫们说不出来自己觉得被忽略和不被关注，因为传统的丈夫式抱怨没有提供这样的方式，丈夫们可能某些时候会诉诸传统的妻子式抱怨。

晚饭后，麦克斯洗碗，接着去起居室看一个犯罪节目。他期望莉兹过来跟他一起看，但她在餐厅赶着从办公室里带回来的工作。整个晚上麦克斯都觉得被忽略，现在他真的觉得被忽略了。

如果是莉兹觉得被忽略了，她或许能够说出来这种感受。像我所说的，因为她们的社会训练，使得她们谈论这些时是相对容易的，尽管对于她们来说，也是有些困难的。但麦克斯是完全不能说出来的，于是他就找了一个他确实觉得舒服的抱怨。

麦克斯（在起居室喊）： 孩子们在干什么？你在看着他们吗？

麦克斯不能谈莉兹忽略他，但他能够谈她忽略了孩子们。莉兹不知道麦克斯在做什么，他自己也不知道。孩子们在他们的房间里玩着笑着，很安全。于是麦克斯很快转向另外的抱怨。

麦克斯： 你知道吗？你的问题是你不知道怎么放松。

这个抱怨是传统的伴侣式抱怨。它是性别上中立的，而且可以被丈夫和妻子平等地使用。这比之前的那句话更靠谱，可以感觉到麦克斯现在处于正确的轨道上了，麦克斯往前迈了一步。

麦克斯：你是典型的 A 型工作狂。

这是一句传统的妻子式抱怨。然而，它也是丈夫们能够拿来用而不会觉得很不舒服的抱怨。麦克斯继续他的抱怨。

麦克斯：你嫁给了你的工作。

这是另外一个传统的妻子式抱怨。这是男人们觉得羞于做出的抱怨，至少在通常情况下是这样的：你嫁给了你的工作而不是我。省略了"而不是我"能够让麦克斯说出来而不会觉得自己像一个懦夫。

莉兹通过做出一个传统的丈夫式抱怨来回应麦克斯的传统的妻子式抱怨。

莉兹：为什么你非得这么唠叨？我希望你支持我的工作而不是如此为难我，我是为了我们才这样做的，你知道的。

莉兹甩出了特别强有力的传统的妻子式抱怨：

莉兹：承认吧——你想要一个妈妈，不是妻子。你就像另外一个我必须照顾的孩子。

为什么麦克斯和莉兹选择了他们的这些指责？选择它们是因为它们是文化上被认可的。每个人都会觉得它们是强有力的指责，甚至没有想过针对这样的抱怨的回应："成为一个唠叨的人有什么不好？"或"想要一个妈妈而不是妻子有什么问题？"或"成为一个工作狂犯了什么罪？"

每个人都会立刻认为被这样指责的那个人是有罪的，甚至连被指责的人自己都这么认为。一个女人如何答复她是一个"不负责任的母亲"这样的指控？一个男人如何答复他"需要一个妈妈，而不是妻子"？尽管人们指责这些，可能是企图防卫自己，但他们暗自担心这些指控或许是对的。

麦克斯扫描了他过去的关系以寻找他可能真的在寻找妈妈的证据，当然，他找到了一些。当人们扫描过去寻找这些的时候，他们的担心就扭曲了他们所看到的东西。麦克斯过去通常认为自己跟女人有良好的、健康的关系，但现在所有他能记住的就是，在他低落的时候，女人供给他、安慰他的画面。

类似地，莉兹焦虑地试图弄明白她是否是一个不负责任的母亲，而且她很难说服自己不是。她当然会觉得很难，因为父母会很容易担心他们为孩子做得不够多。

传统的抱怨太强大了，它们足以摧毁被抱怨的那一方，让那个人处于防御状态，而且令他或她不可能进行连贯的思考。

它们太强大的同时，又不够强大。它们不能说出抱怨者真正想要说的话。麦克斯没有能够说出他觉得被忽略，而且莉兹也没能够说出她因为麦克斯的指责而觉得受伤。

但口号解决方案也是一个机会。实际上，麦克斯说的每句话都是他觉得被忽略的一个线索。

- 为什么你总是很晚回家？
- 你过度烹调了鲑鱼。
- 你把我的袜子放到内裤抽屉里了。
- 你在忽略我们的孩子。
- 你不知道怎么放松。
- 你是个工作狂。
- 你嫁给了你的工作。

而且，实际上莉兹说的每句话都是她觉得被批评和不被支持这个事实的线索。

- 停止唠叨。
- 我工作到很晚是为了我们家庭好。
- 你想要一个妈妈，而不是妻子。
- 你就像另外一个我必须照顾的孩子。

理想层面上，伴侣们能够把他们的口号解决方案不仅仅用作解决方案，而是当作线索。

在本章和前一章，我尝试展示行动解决方案和口号解决方案主宰我们的思维和行为的程度。

- 我们诉诸行动解决方案和口号解决方案，来解决对我们来说看上去不能解决的问题。（一个妻子不知道还能怎样处理她不得不做所有家务的不满，就诉诸行动解决方案：她让丈夫拿走垃圾。接着，她诉诸口号解决方案：试图劝自己走出不满。她告诉自己："家务是女人的活儿。"）

• 我们从伴侣那里寻找可以把我们带入更好心境的象征。（妻子希望丈夫拿走垃圾，以减少自己内心的不满。）

• 我们诉诸文化的口号劝自己进入或走出我们的感受、愿望和抱怨。（妻子希望诉诸文化口号"婚姻是一个五五分成的事业"来劝自己，她有权利抱怨丈夫不帮忙做更多的家务。）

• 我们诉诸此类的行动解决方案、口号运用（自我说服）和寻求象征，因为我们不能够接受我们不满的感受，以至于不能思考和谈论这些感受。妻子没有意识到所有的感受是合情合理的，就是说，她不认为她不满的感受是重要的——它们值得引起她自己和丈夫的关注。简单来说，她有这些感受这个事实，就是有价值的。

• 我们不能思考和谈论我们的感受，是因为我们被内在指责的声音所填满。（妻子认为她的感受是不合理的，因为她认为这是她自己的"性格缺陷"导致的结果；即她的"控制需求""唠叨倾向"和"总是对每件事都大做文章的倾向"。）

这就是我们在做的，如果我们承认和欣赏这个事实，我们就有很大的优势。我们有很大的优势，是因为意识到下面的这些很有用。

• 我们的伴侣一直在努力弄清楚他们的感受，这是为什么他们会说一些在他们自己看来都不可思议的话。

· 我们一直在努力弄清楚我们的感受，这也是为什么我们会说一些在我们自己看来都不可思议的话。

· 我们在努力让我们的伴侣致力于象征行为，这是为什么我们会进入我们经历过的争吵。

这些信息将会让我们：

· 不把这些象征和口号太当真（它们毕竟只是口号和象征）。

· 认真对待这些口号和象征（你能够把你自己和你伴侣的寻求口号和象征的行为，当作关系中重要的、经常隐藏的问题的线索）。

第五部分

战　斗

第十三章

战斗还是回避?

    当谈到夫妻问题时,人们通常想到战斗(fighting)。"这个星期我们过得很糟糕,"伴侣们可能说,"我们总是在战斗。"或者说,"这个星期我们过得很好,我们根本就没有战斗。"

    如果战斗不是夫妻关系的主要问题,那么回避(withdrawal)往往就会成为主要问题。"我们基本上过着各自独立的生活,"伴侣们可能说。或者他们会说:"近来我们彼此几乎没有什么可说的。"或者说:"关系里没有了火花,很无聊。"

    战斗和回避看上去像不同的问题,但它们其实是紧密相连的,而且一种能引起另外一种。伴侣们回避是为了不去战斗,他们压抑自己的愤怒。但在一些点上压抑的愤怒爆发时,那么相对于这些愤怒最初就能够被表达的话,则会导致一场更加恶化的战斗。因为在这场战斗中彼此觉得沮丧和恐慌,伴侣们可能再次压抑自己的愤怒,他们又回避了。

    如此一来,回避引发了战斗,战斗引发了回避,就像节食导致了暴饮暴食和暴饮暴食导致节食一样。战斗—回避循环是成为夫妇的职业危险。

- 即使看上去始终回避的夫妇也会有战斗，但他们的战斗，因为被其表面的平和和暗讽所限制，很容易被忽略。
- 即使看上去总是在战斗的夫妇也会回避，但他们周期性的回避，因为被其战斗的戏剧化特质所掩盖，很容易被忽略。

战斗—回避循环是不可避免的，区别只在于，在一段关系里，不同的夫妇战斗或回避所占有的比例有多大，以及其破坏性的程度。对于某些夫妇，这些循环只是路上的磕磕碰碰；对另外一些夫妇，则是关系里的致命打击。

我说过，战斗是一个主要问题，但它也可以是一个主要的解决方案。战斗能够消除误会。一整晚都沉默寡言和生气的丈夫与妻子，在一场战斗后，会有联结感并心情舒畅。"我们需要那场战斗，"他们可能说。

怀疑者：在我家你永远都听不到这些。当我和妻子战斗时，事后至少有一个人感觉更加糟糕了。

怀尔：是的——如果战斗是为了消除误会，双方都需要感到他们已经狠狠地给了对方一记语言重击，并且双方都需要接受这样的重击。但这通常是不会发生的，会发生的，是一方或双方离开战场的时候，觉得被殴打了。

给予—得到的比例处在一个微妙的平衡里。如果伴侣中一方觉得他或她没有把自己的观点说清楚，或觉得被对方说的话所刺痛，那么结果就会更加混乱，而不是消除了误会。

"你应该像我这样，"琼告诉她的伙伴梅根，"我气疯了，发泄出来也就没事了，你却憋了好几天。"

琼发泄愤怒的原因是她打出了自己的语言重击，而梅根一直憋着怒气的原因是她没有打出自己的语言重击，相反，她觉得被琼在语言上打败了。

因此，战斗—回避循环的问题在这里：人们可以战斗，这会经常导致一方或伴侣双方感觉在语言上被打败。或者他们可以避免战斗，这就像我现在要展示的，会导致无聊、缺乏爱，抑或者，导致再战斗。

无 聊

长期的关系是无聊的，至少这是每个人所假定的。一对中年夫妇典型的相处画面就是他们一起看着电视，打着呵欠，几乎无话可说。

为了保持你的关系的活力，女性杂志说，你必须对关系付出努力：增加生活乐趣、打破你的常规惯例、变得不可捉摸、用塑料薄膜包裹着站在门口问候你的丈夫。

我不反对打破常规惯例或用塑料薄膜包裹着站在门口，但我确实认为这错过了关键点。问题不是伴侣们是否有常规惯例，而是这些常规惯例是否让人觉得满意。无聊不是由常规惯例造成的，而是由令人不愉快的常规惯例造成的。无聊是未能表达的感受、隐忍的抱怨和压抑的愤怒所带来的结果。

卡罗和弗莱德已经结婚二十年了。他们厌倦了看电视、每周外出一次的生活，尽管这是他们所认为的问题，其实问题并不是这种常规惯例本身，而是他们在做这些事的时候发生了什么。

星期六晚上，卡罗建议看一场电影。虽然她喜欢看新的浪漫大片，但她还是提了一部动作片，因为她认为弗莱德可能更喜欢这种类型的电影。弗莱德其实很想去打保龄球，但他还是同意去看电影了。他已经对卡罗最近几次看电影的建议都说了"不"，他欠她一次"是"。

一开始，就没有人在做他或她真正想要做的事。弗莱德不想去看电影，卡罗想看另外一部不同的电影。每个人都感到有一点不满，然而没有人对此说任何话，每个人都在努力体贴另外一个人。这是一个每个人都做出无言的妥协和自我牺牲的例子。

所以他们出发去看电影。在路上，卡罗被弗莱德超车而惹得心烦，但她把这份批评憋在心里，因为她知道弗莱德讨厌她对开车指手画脚。（事实上，她在心里也讨厌这一点，她不想像她母亲一样，她母亲在这方面简直是奖牌得主。）尽管卡罗什么都没有说，但弗莱德还是感觉到了卡罗对自己异乎寻常的不满，他也是什么都没有说。

后来，排队进去看电影的时候，他们分开站，没有说话。这个晚上他们最开始可能有的任何热情和善意，在此刻都消失了。他们注意到一对年轻的夫妇，手拉手，笑着，说着，关系特别亲密。他们心里想："我们过去也是那样的，现在我们变成了什么样子，变成了一对疲倦的、无聊的、墨守成规的中年夫妇，看看二十年的光阴对我们做了些什么。"

让卡罗和弗莱德改变的不是二十年的光阴，而是像这个晚上一样的二十年的光阴。这样一个无聊关系导致的无聊夜晚，正是伴侣彼此压制感受所带来的结果。

我们试着想象可能拯救卡罗和弗莱德的对话。

卡罗(触碰弗莱德的胳膊)：看看那边那对笑着、说着、手拉手的夫妇，我们到底发生了什么？那也是我们过去经常做的——在生活变得如此的一眼望到头之前。

说出来这些对卡罗是一种解脱，至少是暂时的，她在吐露内心的东西而不是自己在心里孤独地咀嚼这份感受。当然，她说出这段话也是有危险的，这也是卡罗为什么不愿意这样做的原因。

弗莱德会很容易认为她在让他对这个问题负责，他会这样做出如下反应。

弗莱德(防御地)：你注意到他们有多年轻了吗？他们可能刚刚认识，你不能期待这种状态一直持续。

弗莱德在试图劝说卡罗走出她的担忧，这让卡罗觉得更加孤独。看着她眼里的失望，弗莱德继续：

弗莱德(轻柔的)：但我知道你的意思。

这是一个亲密时刻，即使他们在表达不再亲密的担心，但他们的世界暂时连在了一起。

怀疑者：是的，但他们接着准备说什么？"或许我们应该离婚？"我看不到这个对话能去往何处。

怀尔：嗯，如果它能去到某个地方，卡罗和弗莱德需要一些重要的信息。他们需要知道他们的无聊不只是随时间发生的一些事情，而是在这些时刻重新创造。

如果卡罗有这些重要的信息，下面可能是她会说的话。

卡罗：你知道吗？或许问题在于我们只是对彼此太好了。首先，我根本就不想看这部电影，我提议看这部电影只是因为我以为你想看，所以，在我们到这里之前，我就开始觉得无聊了。

卡罗说出来这些会是一个解脱，她将朝着让自己不再无聊迈出重要的一步。弗莱德接着或许会说如下内容。

弗莱德：嗯，我也让自己无聊，因为没有告诉你我真实想做的是去打保龄球。

说出来这些，弗莱德也会感觉更好一些。

卡罗：我简直不能相信。我们一路穿过城镇来到这里排队看一场两个人都毫无兴趣的电影！

弗莱德：当你停下来思考这件事的时候，它是相当有趣的。

卡罗：下次我拽着你看电影，提醒我选择一部我喜欢的，至少我们中还有一个人是开心的。

弗莱德：那我们还站在这排队干什么？我们去买冰激凌吧。

当卡罗和弗莱德边笑边沿着街边走过的时候，那对正手拉手的年轻夫妇说："当我们那么老的时候，如果还能那么相爱，岂不是非常美妙的事情？"

失去爱

当需要说的话无法说出来时，人们便会失去爱，关系将会变得无聊。约瑟夫和凯伦是一对三十来岁的夫妇。约瑟夫是一名牙医，凯伦为了照顾三个小孩，从外科护士的岗位上辞职。约瑟夫下班后疲惫地回到家，凯伦站在门口迎接他，拿一天里遇到的问题密集地轰炸他。她说孩子们难以管教，他必须跟孩子们谈话；冰箱出问题了他得修好；银行打错了他的商务支票，他得去弄好。

约瑟夫想要告诉她："你就不能等我脱下外套吗？在我有机会坐下来放松一下之前，我什么也不想听。而且，顺便说一下，你就不能独自处理好这些事情吗？"

我说过，约瑟夫想要说这些。但在他有机会开始之前，他的内在检察官就告诉他："等一下，伙计。如果你想开始一场战斗并毁掉整个晚上的话，那就继续往下说，由你了。但是，如果你想要任何一种不错的晚上，那就冷静下来。无论如何，

你不是当真的。你是疯了，愤怒发火不会有什么帮助。从凯伦
的角度看一看。很明显，她今天过得很不容易，表现出来一点
关心体贴吧。"

怀疑者：约瑟夫的内在检察官是我喜欢的人，我希望约瑟
夫听他的。

怀尔：他确实这么做了。他说他会在晚餐后说说孩子们，
当孩子上床睡觉后他看看冰箱，明天早上处理银行的事情，接
着他做自己一开始就想做的事情：他拿了一瓶不冷不热的啤酒
坐下来看报纸。

约瑟夫的内在检察官开心起来。"现在，不是很好吗？你
避免了一场战斗，也避免了伤害凯伦的感情，而且，看看，你
甚至得到了最初想得到的：一个坐下来安静看报纸的机会。"

不幸的是，约瑟夫并没有完全得到他想要的，即便他和他
的内在检察官认为他得到了。他想坐下来看报纸，他得到了，
但他想要这样做，是建立在和妻子在一起会感到满足的基础
上，而现在，他反而觉得离妻子远了。

没有人意识到有任何问题。约瑟夫正坐在那里像过去一样
看报纸，孩子们在他身边走来走去。约瑟夫自己呢，坐在那
里，也没有觉得有任何不同，但有些线索表明他们的关系出问
题了，只是这些线索非常容易被忽略。

线索 1：约瑟夫不像往常一样享受看报纸，一个明显的迹
象就是他并没有从门口被密集轰炸的感受中恢复过来。他从心

中将这个"密集轰炸"摒除了，只是认为今天的专栏作家很无趣。

线索2：约瑟夫不想做他通常做的事，即看完报纸后，到厨房跟凯伦聊天。他认为这是因为自己累了，而凯伦认为这是因为约瑟夫发现了一篇特别有趣的文章。

线索3：晚餐期间约瑟夫没有那么多话说，这让他感到吃惊，因为今天发生了几件事情，他曾经是很期待告诉凯伦的。现在他认为，自己只是厌倦了自己的工作。

这个时候，凯伦开始觉得有些事不对劲儿了。

凯伦：你今晚很安静，有什么事不对头儿吗？

因为到这个时候，约瑟夫已经忘记有什么问题了（他觉得自己在门口被密集轰炸，却什么也说不出来），他不能告诉凯伦，所有他能说的就是如下内容。

约瑟夫：没有，我只是累了。

凯伦相信了这些。人们确实会觉得累，她知道自己也觉得累。她准备和一个疲倦和孤僻的男人共度一个晚上。

晚餐过后，像约瑟夫说的他将要做的，跟孩子们谈过话之后，约瑟夫走出去修车。凯伦觉得约瑟夫的内心关闭了，考虑要不要跟他一起去车库，或许只是待一会儿。但她想不出她可以说什么，于是，她打电话给朋友。约瑟夫恰好走进来了，无意中听到凯伦在讲电话，觉得自己被忽略了。凯伦看上去跟这个朋友说话比跟他说话更生动活泼。帮凯伦把孩子哄到床上后，约瑟夫看了看冰箱，这是他之前承诺要做的。之后，约瑟夫坐下来跟凯伦一起看电视，他们发现两人之间几乎没有什么可说的。

这种回避不是一个清晰的愤怒的状态，如果它是的话，他们至少知道他们到底发生了什么。而且，约瑟夫和凯伦不是完全的沉默，因为他们还谈论了一些现实的事情，如照顾孩子的安排、周末计划。事实上，他们较之以往的沉默，很容易被忽略，因为他们的晚上跟很多夫妇的并没有什么很大的差异。

几乎每个人都认为忽略掉一些琐碎的烦恼（不要为小事担心）和避免不必要的冲突（有选择性的战斗）是一件好事情。但大多数人能坚持很长时间，然后又会背叛他们的努力，变得愤怒或暴躁，而沉默寡言的夫妇却永远保持礼貌和尊重。

不能停止战斗的伴侣们渴望这样的关系，在关系中他们能够免于争吵，这种争吵折磨着众多的伴侣们，令他们痛苦、绝望和泄气。

约瑟夫以压抑自己愤怒的方式避免了一场令人泄气的战斗，但代价就是一个死气沉沉和貌合神离的晚上。

很多个晚上，有很多未表达的抱怨所带来的后果，就是伴侣间日益增加的沉默寡言和日益增加的活力、兴趣、爱和亲密感的丧失。

表达愤怒 vs. 压抑愤怒：一场辩论

问题在这里：表达愤怒会导致爱的失去。但压抑愤怒也是一样。这是一个需要展开一场充分辩论的问题。辩手们在这里：

• 为了辩论表达愤怒的重要性，我们将再引入卡米拉。还记得她吗？她是汤姆车上的运用"未表达的要点"解释的乘客。卡米拉是辩论中代表这方的自然人，因为她相信，当伴侣们不能表达出他们需要表达的意思时，问题就会出现。

• 为了辩论压抑愤怒的重要性，我们将号召怀疑者，在整本书里一直跟我争论的那名读者。怀疑者是辩论中代表这方的自然人，因为他相信只要你不谈论问题，问题会自行解决的。

我站在卡米拉一边，因为她代表的观点是我认同的，但怀疑者确实有一些重要的观点需要做出陈述。

卡米拉：表达你的愤怒是重要的。如果你不表达的话，最终你还得为此买单。它会溃烂恶化，重新萦绕在你心头。

怀疑者：但不会总是恶化的，也不会总是重新萦绕在心头。上个星期我对妻子非常愤怒，因为她，我看电影迟到了，但我闭口不言，而且我们度过了一个很棒的夜晚。

卡米拉：是的。有时候压抑起作用，至少是短期内，这也是为什么尝试这么做如此诱人。但记住，我们在谈论无聊是怎么发展出来的，爱是怎样失去的。而且讽刺的是，爱的失去，正是由我们为了保留它而做的事引起的，即我们压抑负面的感受。如果我们没有一种表达负面感受的方式，那我们怎么可能发展出来积极的感受？

怀疑者：嗯，这听上去很好，但当我们表达负面感受的时候，真正发生的是：我们的伴侣生气了，而且我们进入了战斗中。

卡米拉：这是一个问题。

怀疑者：而且关于那些不愿意表达负面感受的人呢？不论发生了什么他们都能够忍受"侮辱"，并保持礼貌、尊重和亲切，他们为此觉得很自豪。他们呢？你是在说他们必须得表达他们的愤怒，即使他们不愿意？

卡米拉：哦，不是……

怀疑者：你在谈论像那些卡在20世纪60年代的人。在那之前，人们被教导"你不该表达你的愤怒"。然后，他们讽刺参加一个周末小组，并被教导"你必须表达你的愤怒"。他们回到家马上就疏远了每个人。不用花太长时间他们就会意识到，如果他们想要保住朋友和工作的话，最好冷静下来。

卡米拉：我不是在说人们必须得表达愤怒。我只是说如果他们知道压抑会导致无聊和爱的失去，他们就会处于一个优势地位，人们可能决定把关系建立在礼貌和自我克制的基础上。他们可能竭尽全力地避免表达愤怒，但当代价是削弱他们的激情时，他们至少不会感到惊讶。

结　论

怀疑者在关于表达愤怒的危险这一方面是对的，卡米拉在关于压抑愤怒的危险这一方面也是对的。

我们可以表达愤怒，进入一场毁掉整个晚上的战斗中，或者我们可以压抑愤怒而变得沉默寡言，这也会毁掉整个晚上。

看上去选择仅仅是用哪种方式来度过悲惨的时光。

我们所需要的就是一种新的思考愤怒和战斗的方式。这就是我在下一章里会谈论的内容。

第十四章

关于战斗的事实

如果避免战斗不是答案，那就让我们战斗，但是做得更好一些——让我们成为熟练的战斗者。在本章，我会尝试描述如何做到这一点。理想的情况是能够做到：

1. 表达你的愤怒；
2. 不会永久地伤害你的关系；
3. 并且相反地，从中获益。

当人们讨论有技巧的战斗时，他们通常谈论限定和控制战斗。伴侣们被告知：用一种不会让对方心烦的方式表达愤怒；被告知遵从下面的公平战斗规则，这和在第七章描述的好的沟通规则相并行［"公平战斗"的观点是由乔治·巴赫在他的著作《亲密的敌人》(*The Intimate Enemy*)中所提出的。］

· 不要打腰带以下的地方。

- 不要骂人。
- 不要从过去挖旧事。
- 不要累积不满然后倾倒在伴侣身上。
- 表达感受而不是做出指控。
- 只做有建设性的批评。
- 承认你的伴侣刚刚说的话而不是立马进行争论。
- 通常来说，冷静下来。

这些规则看上去很好，而且，如果可能的话，我也遵守这些规则。不幸的是，公平战斗的规则当你最需要它的时候，却是最难遵守的。

当愤怒的时候，人们对于公平战斗是没有兴趣的。他们感兴趣的是获胜，就是说，感兴趣的是言语上猛烈攻击，并躲开伴侣的攻击。在战斗中，假如你还能记住公平战斗这个规则，那么这个规则看上去是荒谬的。

被伴侣的指责刺痛后，人们有强烈的报复需求。因伴侣拒绝承认自己的任何观点，人们会感到沮丧，会寻找更有力的手段——也就是更具煽动性的手段——来表达这些观点。越少地感到被理解，他们就越不愿意提供伴侣需要的东西——承认伴侣的观点，以使对方感到被理解。因此，下面是我的观点。

如果让人们遵守公平战斗原则——限定他们用非煽动性形式战斗——并不起作用。我们还是不要求这个了。实际上，我们不要求他们必须说或做任何事情，我们只是让他们进行不同的思考。

实际上，只是让他们用以下十八种方式进行不同的思考。

关于战斗的十八个事实

人们可能认为，他们知道有关战斗的一切，但他们并不知道这里的十八件事情，或者当他们最需要记住的时候，却忘记了。

我用凯伦和约瑟夫的例子作为一个参考。像你记得的，这是一对儿用相互回避度过整个晚上的伴侣。每个人都希望有一个充满爱和关心的伴侣来迎接他，以弥补这艰难的一天。然而这并没有成功。凯伦不是拿着红玛丽鸡尾酒和带着约瑟夫喜欢的微笑来迎接他，而是用他要跟孩子谈话、修冰箱、处理银行问题这样的要求来迎接他。约瑟夫压抑了他的不满，结果就是一晚上两个人都互相回避。现在我们想象一下，如果约瑟夫表达他的不满，现在将会发生什么。

约瑟夫：看在上帝的份儿上，你甚至都不能等我脱下外套吗？在我有个机会坐下来放松几分钟之前，我不想听到任何事情。你从来不会考虑别人，只会考虑你自己。

凯伦：哦，你没有必要这么粗暴地跟我讲话。

约瑟夫：你也没有必要站在门口用一个没完没了的清单来伏击我。

凯伦：没完没了？是三件事情。

约瑟夫：三件太多了。我已经辛苦工作一整天了，这不会发生在你身上。

凯伦：哦，你认为我一整天都在修指甲喽？

约瑟夫：我认为——如果你真的想知道的话——就是你本

来能够处理这些问题的。我不明白为什么我必须得做家里的所有事情。

凯伦：抱歉！你几乎没有做家里的任何事情，你就像我得照顾的第三个孩子。

约瑟夫：如果你不是一直唠叨我的话，我会做更多的。

凯伦：嗯，如果这困扰到你的话，为什么你还在这里逗留？

约瑟夫：有些时候我自己也对此感到惊讶，比如现在这种时刻。

凯伦：我必须得说，那就像你，有一点争吵，你就开始谈离婚。

约瑟夫：我没有在谈离婚。你才是那个用"为什么你还在这里逗留？"谈离婚的人。

凯伦：而且你是那个说你可能会考虑离婚的人。

约瑟夫：这样的争吵无济于事。（转身离开）

凯伦：这也像你——一点争吵你就唯恐避之不及。很明显，你没有胆量留下来把事情说清楚。

约瑟夫：跟一个疯女人说？没有办法跟你讲道理的。

凯伦：你怎么会知道？你从来不会待足够长的时间来把事情弄清楚。

约瑟夫：多好的一个主意！（砰的一声把身后的门关上）

这是一个快速升级的战斗的例子。这是一个消极的循环，在其中，每位伴侣对被刺痛的感觉所做出的回应就是刺痛对方。五个回合，离婚的主题出现了。再五个回合，约瑟夫无法忍受而不得不离开了。

把这次互动放在心里，我们复习一下关于战斗的事实。战斗中的人们需要知道如下内容。

1. 战斗本质上是让人挫败的，因为没有伴侣能够说清楚他或她的任何看法。

2. 战斗经常是努力保持和平的后果。

3. 战斗中的伴侣们所做出的指责比他们能意识到的更具挑衅性。

4. 指责把另外一个人变成了无法倾听的人。

5. 战斗与讨论不能混在一起，而且一般来说，可能有必要先有战斗。战斗并不是一个期待解决问题的好时机，即使这可能是唯一一次伴侣们会把问题提出来的机会。

6. 人们运用强有力的、无法拒绝的、文化上许可的抱怨，试图解释清楚他们很难说清楚的看法。

7. 战斗会引发可预见的、跟原初战斗一样令人沮丧的派生战斗。

8. 对隐忍的不满所做出的最初的陈述，可能是被夸大的。

9. 最初的指责可能仅仅是近似于初稿的问题。

10. 一场战斗可能是一场所需对话的唯一入口。

11. 战斗会升级得如此之快，以至于伴侣们不能意识到问题是源于一个简单的误解。或者在确实意识到这点之前，他们已经变得如此愤怒以至于根本就不在乎是不是误解了。

12. 抱怨可能是替代回避的其他选择。

13. 愤怒驱逐了很多感受；愤怒的人们无法意识到他们谈

论的并不是任何感受，而且他们已经失去了对大多数感受的觉察力。

14. 如果你汇报你的愤怒，即说出来你很愤怒，而不是表达你的愤怒，即说生气的话，你的伴侣更有可能倾听。

15. 抱怨，不管多么有煽动性，经常是被忘掉的希望和梦想的残余。

16. 抱怨经常是简单的和普通愿望的残余。

17. 让你的伴侣倾听你的一种办法是，去发现你赞同的伴侣刚才所谈的地方，然后从那里继续提出你自己的观点。

18. 谈论你的伴侣对这场战斗的贡献可能是重燃战火。

下面我们一条一条的来看。

怀疑者：我不确定我能够一条一条地看完这十八条事实。

怀尔：嗯，如果你喜欢，可以暂时跳过它们，翻到本章的最后两页，那里我描述了知道这些事实如何让你处在一个更好的位置。你可以以后再来看具体的十八条事实。

战斗事实 1：战斗本质上是让人挫败的，因为没有伴侣能够说清楚他或她的任何看法。

这就是战斗：一种深陷其中的两个人都变得越来越挫败的交流，因为没有人能够说出自己想说的话。任何时候我看一场战斗(或发现我自己在一场战斗中)，我马上假定这就是正在发生的事情，即人们不能表达清楚他们的见解。这是因为：

· 他们没有把见解陈述清楚。

· 他们不知道他们的见解是什么（而因此没有任何机会把见解说清楚）。

· 他们的伴侣没有在听。

他们的伴侣当然没有在听。一场战斗在进行，而且在战斗中，要点就是驳斥对方说的而不是去倾听。在战斗中，没有哪个参与者对听对方在说什么感兴趣，除非对方先能听他或她在说什么。

· 在约瑟夫可以理解凯伦觉得被批评之前，约瑟夫需要凯伦理解他在门口感到被伏击，但这不会发生，因为凯伦在自己理解约瑟夫被伏击之前，需要约瑟夫理解她觉得被批评。

· 在约瑟夫可以承认实际上凯伦做了大多数家务之前，他需要凯伦理解他是如何感受到每件事情都要由他负责的。但这不会发生，因为在凯伦可以理解约瑟夫如何觉得所有事由他负责之前，她需要约瑟夫先承认她做了大多数家务。

如果一场战斗是由伴侣觉得自己不被倾听而引发的，那么，从中走出来的办法就是其中一个伴侣开始去倾听。一旦伴侣 A 承认了一点伴侣 B 试图说的东西，那么伴侣 B 可能马上想要承认一点伴侣 A 试图说的东西。

如果凯伦会说："嗯，我能明白你是怎么觉得被我所要求的所有事情伏击的。"约瑟夫可能会说："嗯，我反应过度了，我今天过得很糟糕，我把这些发泄到你身上了。"

我的意思并不是说人们在战斗期间需要做出这样的承认，那确实要求太高了，这比我想要求自己做得都多。但是知道你的战斗不可解决的原因是你或你的伴侣都没有说清楚各自的看法，能够让你减少对战斗的迷惑，而且使得残局更容易收拾——就是说，和你的伴侣坐下来并弄清楚发生了什么。

下面是一个能够运用关于战斗的第一个事实的人的内在对话：“因为凯伦和我在战斗，那就意味着我们都觉得没有被倾听。所以，我要弄清楚她想让我听到什么，同样，我需要她听些什么。”

战斗事实 2：战斗经常是努力保持和平的后果。

伴侣们随时准备指责对方，这使他们很容易忘记战斗的原因可能就是来自他们为避免战斗所做的那些努力。他们曾经压抑不满，这就为突然间相互倾倒不满（战斗）埋下了伏笔。

伴侣们意识到战斗可能是努力保持和平的后果，或许可以保护自己免于噩梦般的观点：他们的战斗仅仅是他们不匹配或彼此憎恨的信号。

战斗事实 3：战斗中的伴侣们所做出的指责比他们能意识到的更具挑衅性。

在战斗中，当人们全然体验着对方话语中的挑衅时，他们倾向于低估，甚至忽略自己所说话语的挑衅性。约瑟夫认为凯伦对他说的“这样的争吵无济于事”是不理智和过度敏感的反应，他认为他只是在说显而易见的事情。凯伦认为约瑟夫对她说的“这也像你——一点争吵你就唯恐避之不及”。她也认为她只是在说真实的事情。没有人意识到他或她的话语是多么的有挑衅意味。

如果人们相信他们只是简单地陈述事实、表达感受和回应伴侣的指责，而没有意识到他们在用指责的方式来做这些，那么他们将会被伴侣的愤怒和防御性的回应所迷惑，他们可能得出没有办法跟伴侣讲道理和谈话没有用的结论。

下面的解释能被用来保护伴侣免遭这种危险。

• 如果我的伴侣没有明显的理由就开始指责或变得有防御性，那可能是我已经先指责他或她而不自知。

• 如果我的伴侣对变得如此有防御性而惊讶，很可能他或她已经先指责了我而不自知。

我们来看看一个人（我们就说凯伦）的内在对话，她用了上述的解释。争吵过后，凯伦心想："约瑟夫说出了我是一个'疯女人'那样彻头彻尾混蛋的话语——所以，可能我指责了他而不自知。嗯，实际上，我确实做了。我说他'没有胆量'。那是相当有挑衅性的。'疯女人'和他所能说出的话相比是比较温和的。"

凯伦意识到约瑟夫是在回应她自己的挑衅性话语，此时，她发现，最先自己认为约瑟夫的完全不合适的话语，有了其合理性。

战斗事实 4：指责把另外一个人变成了无法倾听的人。

我们都多多少少知道这点。我们能感知到我们争辩和指责得越多，我们的伴侣听得越少。然而，在战斗正酣的时候，我们会很容易丢掉对这个事实的觉知，觉得只要我们找到最正确的辩词，我们就能够强迫我们的伴侣倾听。

战斗事实 5：战斗与讨论不能混在一起，而且一般来说，有必要先有战斗。战斗并不是一个期待解决问题的好时机，即使这可能是唯一一次伴侣把问题提出来的机会。

我们经常试图同时表达愤怒（有一场战斗）和讨论问题（有一个对话），但我们忘记了这两件事是互不相容的。对话的要点是倾听对方所说的话，战斗的要点是忽略或不予理会对方所说的而强迫对方听你说。

我并不是说伴侣不应该互相表达愤怒和争论，只是在说，同时有一个对话和一场战斗是困难的，对于大多数人来说，有必要先有战斗。那是因为对某件事情有强烈感受的人们在有机会表达自己这些感受之前，是无法倾听的。过后，如果战斗给每个伴侣提供了一个表达自己的机会，那就有可能有一个对话。

当你处于争论中时，你却以为你在进行一个对话，这种信念就给对话带来一个坏名声。从这种互动中走出来的伴侣，只会越来越确信对话只会让事情变得更加糟糕。

战斗事实 6：在战斗中，人们运用强有力的、有时是毁灭性的和不可拒绝的文化层面认可的抱怨或口号，尝试说清楚他们的见解并为他们的感受和愿望辩护，而事实上，他们弄清楚这些见解，并表达自身的感受与愿望是有困难的。

在说清楚他们见解的尝试里，人们诉诸任何他们认为可能突破对方防线的东西，像我在口号解决方案那一章里所描述的：

· 约瑟夫说凯伦"唠叨"，这在我们文化里，是一个强有力的辱骂，尤其是针对女人的时候。

· 凯伦指责约瑟夫"没有胆量"，这在我们文化里，也是一个强有力的辱骂，尤其是针对男人的时候。

人们运用口号解决方案，不仅仅为了突破伴侣的防御，更为了打消他们个人的对于他们正在说的话的怀疑。在努力为自己的感觉辩护时，人们往往是很难为自己辩护的，因此，人们就会抓任何他们觉得至少有一点辩护作用的抱怨。凯伦和约瑟夫觉得他们没有权利告诉彼此：他们因为对方没有在他们度过困难的一天之后给出支持而感到失望，所以他们不得不诉诸口号。

· 约瑟夫觉得，至少在此刻，通过做出这样标准的、文化上认可的丈夫式抱怨："我已经辛苦工作一整天了，这不会发生在你身上。"约瑟夫认为给自己进行了辩护。

· 同样的，凯伦通过做出这样熟悉的、文化上认可的妻子式抱怨："你就像我得照顾的第三个孩子。"觉得至少部分和暂时地给自己进行了辩护。

这类文化上认可的抱怨，是最接近凯伦和约瑟夫所要谈论的愿望，即其中一方让另一方来弥补他或她困难的一天。

如果伴侣们觉察到他们两个人都运用强有力的、不可拒绝的文化上认可的抱怨，他们将会理解为什么他们会觉得如此地被伴侣所说的话冒犯，而且知道这点或许能够让他们感到的冒犯没之前那么严重。

战斗事实 7：战斗会引发可预见的跟原初战斗一样令人沮丧的派生战斗。

伴侣们如果能够建立一个联动的对战斗模式的觉知，他们将会处在一个有利的位置，特别是在他们通常会进入的派生战斗方面。他们对战斗知道得越多，就越能做好处理的准备，就更能够在战斗结束后谈论战斗。

下面的模式经常发生在很多夫妇身上，堪称夫妇之间战斗的标准序列。

第一阶段：一场猛烈的争吵。对一些夫妇来说，一场"猛烈的争吵"是一场持续三天的吼叫比赛；对另外一些夫妇来说，则是脸色的交流。对凯伦和约瑟夫来说，则是两分钟的愤怒交流，在交流中夫妇双方觉得被对方的话如此刺痛，以至于他们用可能刺穿对方防御的任何东西进行猛烈攻击。

第二阶段：关于是否继续争吵的争吵。约瑟夫说继续争吵是愚蠢的，他们应该分开并冷静下来。凯伦说他们不应该从问题中逃开，而是应该尝试把问题找出来。在这个主题上，一场新的争吵甚至比最初的争吵会更加激烈。

第三阶段：生闷气。在某些点上，他们确实停止争吵了，每个人都走开并生闷气。

第四阶段：伴侣 A 的调解尝试。凯伦，冷静得比较快并且因为争吵而倍觉不安，发起了一个调解提议。约瑟夫还没有准备好，他断然拒绝了这个提议。这惹怒了凯伦，她对自己总是第一个尝试和解的事实感到特别愤怒。

第五阶段：伴侣 B 的调解尝试。后来约瑟夫冷静下来，并发起一个调解提议。但是凯伦，因为自己的尝试被拒绝而生气，已经不再对此感兴趣了，她断然拒绝了约瑟夫的尝试。

第六阶段：冷静期。整个晚上没有任何更多能说的了，他们都上床睡觉。凯伦很难睡着，因为争吵让她心烦。约瑟夫也心烦，但他能够睡着，这进一步激怒了凯伦。

第七阶段：战斗结束。第二天早上他们醒来，一切照常，就像什么都没有发生过。他们不想谈论这场战斗，害怕再度开始争吵。

这是凯伦、约瑟夫和我们中大多数人会重复的通常模式。

如果我们能够共同构建一个有关战斗的自然历史，我们会处在一个更好的位置。这种对这些常见场景的领悟，对于其他夫妇而言，能够帮助他们在身处战斗时处理起来更加容易一些。如果我们是一大群人中的一员的话，我们就不必觉得是我们出问题了。

像上例所显示的，多数问题来自解决问题的尝试。凯伦在约瑟夫准备好之前，或在她自己准备好之前，寻找和解的努力，导致了更加激烈的战斗。认识到这种讽刺——尝试解决问题可能加剧问题——能够帮助伴侣们处理随之而来的愈演愈烈的战斗。

战斗事实 8：对隐忍的不满所做出的最初陈述，可能

是被夸大的。

如果人们把伴侣最初的野蛮的指责和在愤怒之下所下的最后通牒当作表面价值来看（看作是他们的伴侣真正内心深处的感受）的话，他们可能除了觉得自己被威胁，并被愤怒、防御地回应之外，别无选择。然而，如果他们能意识到，伴侣的指责和最后通牒是被夸大的，而且伴侣可能过一阵儿会有一个更加温和的立场，他们就会感到更少地被伴侣威胁，不把这些太当回事儿，并且可能简单地选择等待这个爆发过去。

下面可能是凯伦会对自己说的，如果她意识到约瑟夫的话语，"除了你自己，你从不关心别人"是夸大的。"或许约瑟夫用这样愤怒的方式说出来，是因为他一直在隐忍着，或许他并不是真的像他刚刚看上去那样恨我，如果我等几分钟，他会更加平静，不会那么尖刻了。"

凯伦可能仍然会继续说出她将要说的话（"嗯，你没有必要这么粗暴地跟我讲话"），但她会觉得少一些心烦和少一些被挑衅，而且任何朝向觉得更少心烦和更少被挑衅的转换，都能够带来巨大的不同。

战斗事实 9：最初的指责可能仅仅是近似于初稿的问题。

这些最初的陈述并没有被夸大其词，它们甚至可能没有涉及真正的问题。尽管伴侣们可能知道他们是愤怒的，但他们可能不知道他们生气的确切原因。

人们意识到他们伴侣最初的指责可能只是"初稿"，将能够避免把这些指责当作事件的最终定论。这样，他们就可以避免因为一些陈述而陷入争论，而指责他们的人可能几分钟之后会完全否定之前的那些陈述。如果凯伦知道战斗的这条事实，这是她会告诉自己的："我不喜欢约瑟夫指责我是自我中心的，但在我心烦之前，我等等看是否他真的是认真的。"

为了发现自己真正关心的是什么，约瑟夫或许需要这样的机会来展现他所有不同的感受和抱怨。他可能说出"你从来不会考虑别人，只会考虑你自己"是因为她意识到自己真正心烦的是他和凯伦之间看上去疏远了——他们最近都没有怎么说话。

最初约瑟夫所体会到的是凯伦对他艰难的一天没有足够的同理心（"你从来不会考虑别人，只会考虑你自己"），现在他将其看作是一个双方共同的问题——他们已经疏远了。

如果约瑟夫和凯伦陷入争论凯伦是否只考虑她自己的问题，而约瑟夫真正关心的是他们俩最近都不怎么说话了，那将是一件憾事。

战斗事实 10：一场战斗可能是一场所需对话的唯一入口。

每个人都知道人们在战斗中说的很多话是不能当真的，而且每个人都知道战斗或许是人们能够说出自己内心很看重的事情的唯一机会。然而，人们并没有注意到如何让后一个事实变成优势。约瑟夫抱怨凯伦只考虑她自己，这又引发了一场对话，在这场对话中他们发现：

• 约瑟夫错过了跟凯伦的对话。

- 凯伦也错过了。
- 对他们来说，陷于忙碌的日常活动中而忘掉对话是非常
容易的。
- 凭借他们正在谈论的内容，他们已经感觉好多了，即便
他们谈论的恰是他们一直以来没有再说话的话题。

约瑟夫关于凯伦除了她自己之外从不考虑别人的愤怒陈
述，能够用作通向这个重要对话的切入点。

**战斗事实 11：当生气的时候，很容易忽略这种可能
性，即争吵可能基于一个简单的误解。**

两名青少年，一个男孩和一个女孩，一起吃披萨，还剩一
块儿披萨时，男孩问："你准备吃那块儿披萨吗？"女孩勃然大
怒，昂首阔步地走了，跟男孩两个星期没有说话。

发生了什么？女孩把男孩的问题当作他不同意自己吃这么
多和嫌她胖。那太糟糕了，因为男孩根本就没有考虑她胖的问
题，他在考虑自己还很饿，他问女孩是否想吃最后一块儿披
萨，是因为如果女孩不想吃的话，他想吃。

一天早上，约瑟夫因为凯伦起床比他早却没有打开咖啡机
而心烦。他是家里唯一一个喝咖啡的人，而且他把这件事看作
凯伦对他的需求缺乏兴趣的表现，他对此非常生气，而凯伦也
非常生气，以至于他们从没有去发现问题源于一个简单的误
解。凯伦没有打开咖啡机是因为她不知道约瑟夫什么时候起
床，而且认为他想要喝的是现磨咖啡。约瑟夫所认为的凯伦不
顾他的需要(凯伦没有打开咖啡机)，其实是关心他的需求的另

一种表达(想让他喝现磨咖啡)。

我的意思并不是让人们以确认每一个可能造成误解的渠道的方式来延迟愤怒,但是简单地考虑,整件事情的发生可能源自信号的交错,这是有优势的,会更容易让伴侣战斗之后一起坐下来,找出发生了什么。

甚至而言,我的意思并不是说约瑟夫在总体看法上一定就是错的,他的很多重要需求没有被重视是可能的。他对咖啡机没有打开的抱怨,可能是仅有的一次能够提出这个问题——即便最终证明这不是他想要展示的例子——的机会。对凯伦和约瑟夫来说,理想状况就是约瑟夫能够把他的愤怒用作通向一个关于他觉得他的需求不被重视的对话的切入点。

战斗事实 12:抱怨可能是替代回避的其他选择。

约瑟夫知道,如果他不能抱怨觉得在门口被伏击,在整个晚上剩下的时间里,他可能会保持情感上的疏离。这样的话,就像看上去的那般讽刺,约瑟夫的抱怨是对关系有潜在贡献的,它可能是为不回避而做出的努力。如果凯伦已经知道约瑟夫的抱怨是保持联结的一种尝试的话,她对约瑟夫的爆发,感觉就会很不一样。

战斗事实 13:愤怒中的人们意识不到他们谈论的并不是感受,而且,他们丢掉了对大多数感受的觉察。

愤怒的人们心中充满了如此多的感受,以至于容易忽略他们并没有在谈论任何感受的事实。约瑟夫没有说他觉得不堪重负和被忽略,凯伦也没有说她觉得受伤和被抛弃。然而,忽略感受并不奇怪。当所有重要的感受都被遗忘时，才会引发战斗。

当某些事件的重压压垮了他们处理和表达这些事件所产生的感受能力时，人们开始喷射式指责。

当约瑟夫说，"看在上帝的份儿上，你甚至都不能等我脱下外套……你从来不会考虑别人，只会考虑你自己"，凯伦不能告诉他（甚至完全纪录在她的内心）她有以下感受。

- 因他看上去对她这么愤怒而震惊。
- 对于在她看来某种程度上不公平的指责而愤怒。
- 对于她用另外的方式所感觉到的可能是公平的指责而内疚。
- 因让他失望而觉得糟糕。
- 觉得受伤和不被爱。

凯伦没能说出来以上任何一种感受，她只是说："哦，你没有必要这么粗暴地跟我讲话。"

人们战斗，是因为他们无法表达自己的感受。如果凯伦已经能够表达刚刚描述过的感受，她就不必用她做过的指责和无效的方式快速反驳。当人们丢掉感受时，战斗就是，留给他们去做的事。如果凯伦和约瑟夫开始意识到这个重要的关于战斗的事实，他们将会在一个更有利的位置来尝试弄清楚他们的感受是什么，而且尽可能告诉对方这些感受。

战斗事实 14：当人们在汇报愤怒（谈论他们在愤怒的事实）而不是简单地倾倒愤怒（说生气的话）时，他们更有

可能让伴侣倾听自己。当人们汇报在愤怒之下的受伤或失望时，他们的伴侣更有可能做到倾听。

　　我说过，凯伦和约瑟夫并没有谈论他们的任何感受，然而，他们确实看上去至少谈论了一种感受：愤怒。但他们不是在谈论，相反，他们在说一些愤怒的话，这是不同的。谈论他们的愤怒——说"我是愤怒的"——将会至少提供拥有一场对话的可能性。另外一个人可能接着问他或她因为什么愤怒，并且两个人或许能够讨论这件事。说愤怒的话——类似"你就是一个唠叨的人"和"你没有胆量"——是非常有煽动性的，并且终止了所有讨论的可能性。

　　例如，如果你说："当你出现的时候迟到了，我很生气。"那么相较你说："来得这么晚，你就是一个不负责任的混蛋。"你的伴侣更有可能倾听你。前者是在汇报你的愤怒，而后者是在表达愤怒。如果你加一句："而且我对此觉得受伤。"你的伴侣甚至更有可能倾听你。

　　战斗事实 15：伴侣们在战斗中做出的抱怨经常是被忘掉的希望和梦想的残余。

　　如果伴侣对他们幻想的愿望感到不舒服（因为他们把这些愿望看作是幼稚的），他们就不能够谈论这些，并且可能丢掉对这部分的觉察。凯伦不知道约瑟夫的幻想愿望是：她可以把他从困难的一天中拯救出来。所有她能听到的话语是诸如此类的：

　　•没有足够的土豆了。

- 你真的应该把那件旧衬衫扔掉。
- 你让卧室里的灯开着。

凯伦被这些抱怨惹得生气——她没有办法知道它们是约瑟夫未能表达幻想愿望的失望所带来的后果——于是她和约瑟夫陷入战斗中。

如果凯伦和约瑟夫可以意识到他的不连贯的抱怨是幻想愿望的残余，两个人或许能够运用这些抱怨说出来这些愿望，约瑟夫会说，"我刚刚弄清楚为什么我整个晚上都一直对着你发牢骚，我有这样的希望：你会做所有美妙的事情来弥补我困难的一天。我知道这很荒谬，因为我甚至都没有跟你说我这一天有多悲惨，何况，你也有自己艰难的一天"。

战斗事实 16：战斗中伴侣们脱口而出的抱怨经常是简单、普通愿望的残余（扭曲的表达）。

人们经常觉得不舒服，不仅仅针对的是他们幻想的期望，更针对的是他们普通的愿望。凯伦和约瑟夫对对方可能为自己做的事有过度的希望。然而，到了要做的时候，每个人真正需要的只是一句友善的话。因为没有人能够谈论对于这些普通愿望不能实现的失望，每个人被迫用间接的、被证明是冒犯的方式表达这种失望。凯伦说："你就像我得照顾的第三个孩子。"而约瑟夫抱怨："你从来不会考虑别人，只会考虑你自己。"

因为凯伦和约瑟夫没有觉察到，他们没告诉对方自己想要的（一点温暖以弥补一天的困难）；所以他们被迫得出这样的结论：对方就是不愿意提供。

如果你不知道问题在于你自己不能提出请求，那么你可能会被卡在这样的结论上：问题是你的伴侣不愿意给出。

战斗事实 17：让你的伴侣倾听你的一种办法是，去发现你赞同你的伴侣刚才所说的地方，然后从那里继续提出你自己的观点。

因为凯伦和约瑟夫看上去在如此激烈地陈述他们的处境，所以很容易错过一些东西。他们在这方面确实做得非常差劲。当约瑟夫指责凯伦用没完没了的事情伏击他的时候，凯伦坚持说，不是没完没了，只有三件事情。跟约瑟夫争吵——告知他的夸张——让他更加愤怒，这不是一种让他倾听的好方式，但假定凯伦已经承认了约瑟夫的看法，那事情又会有不一样的发展。

凯伦：是的，你是对的，我确实伏击了你，而且我很抱歉自己这么做，因为我也有特别糟糕的一天，我是那么迫切地希望今晚我们能进展顺利。

同意约瑟夫刚刚说的话，是一个很好的让他倾听的方式。当他听到这些的时候，他不太可能想继续争吵了。问题是，当处于攻击状态时，你没有一丁点儿愿望去同意另外一个人说的任何东西。

战斗事实 18：过后在你努力谈论战斗的过程中，评述你的伴侣对战斗的贡献，而不是仅仅坚持说你自己的，

否则会重燃战火。

回想起一条古老的原则："我来批评我的家人是可以的，但我不能容忍你这么做。"在这种情况下的原则是："我来承认自己错了是可以的，但你这么说，就是在找麻烦。"

如果你只是谈论自己对战斗的"贡献"——就是说，如果你集中在自己挑衅性的方式上——你的伴侣就不会被你所说的话冒犯到。事实上，他或她可能会过来援助你。下面是约瑟夫只谈论他对战斗的"贡献"：

约瑟夫：我确实粗暴地跟你讲话了，而且你是对的，那真的很蠢。

约瑟夫愿意承认他对战斗的"贡献"，使得凯伦想要承认她自己的。

凯伦：确实是真的，但那只是因为我伏击了你。

凯伦和约瑟夫处在一个积极的循环中，在这个循环里，每个人都主动地从对方的视角来看事情，以回应同样这样做的对方。

约瑟夫：你一整天都跟孩子待在一起，我回到家应该多帮助你一些。

凯伦：你也一直很努力工作，你值得拥有一些放松的时间。

只要凯伦和约瑟夫这样谈——就是说，只要他们只讨论他们自己在战斗中的责任——他们就不太可能派生出另外一场战斗。伴侣在承认事情的时候，会使对方想要做相同的事情。

但积极的循环很容易在某一个点上被打破。在说了"你知道，你是对的，我确实粗暴地跟你讲话了"之后，约瑟夫可能加如下这句。

约瑟夫：当然你也有部分的责任，毕竟，你确实伏击了我。

这里，约瑟夫在谈论凯伦对战斗的贡献。如果约瑟夫能克制自己不说这句，凯伦可能就会针对自己说同样的话。然而这句话来自约瑟夫之口，凯伦无法容忍。

凯伦：你是什么意思，伏击？我只是请求一点点帮助而已。我请求的唯一原因是你几乎从来没有主动帮我做过事。

凯伦和约瑟夫马上又重回战斗中，如果他们可以只说自己对战斗的"贡献"，这样的重蹈覆辙是可以避免的。

怀疑者：我可不想总是坚持说自己对战斗的贡献，而且即使我想，那也太难做到了。

怀尔：你不必做到。关于战斗的这条事实以及其他事实是需要知道的内容，而不是你必须做到的。

这是我的推荐：如果你愿意，可谈谈伴侣对战斗的"贡献"，但要意识到你是在这么做的，这样你就不会对结果感到惊讶——也就是说，你的伴侣变得防御或愤怒。更大的危险不是回到战斗中，而是在不知为什么的情况下又回到了战斗中。

结　论

防止战斗是困难的。总有一些事情会让你不自在或让你的伴侣不自在。所以与其全情投入到防止战斗，我宁愿建议你发展出从战斗中恢复的技能。在这里，恢复，意思是跟你的伴侣在战斗之后坐在一起谈论战斗。

怀疑者：我认为那不是一个好主意。我知道的多数人，当他们坐下来谈论战斗的时候，陷入了更加糟糕的战斗中。那是我和妻子之间肯定会发生的。当战斗结束的时候，我们只会庆幸战斗结束了，我们不想冒险再次挑起战斗。

怀尔：嗯，这就是十八个事实清单的用处。这是一种尝试，来提供足够多的有关战斗是什么的信息。这样，如果你们之后会坐下来试着谈论战斗的话，你们将会有一个更好的机会来解决事情。

这十八个关于战斗的事实如何能帮到你呢？你可能仍旧有很多战斗，而且你可能仍旧会说很多愤怒的话，但是：

- 因为你将会知道你在说愤怒的话，你将不会被你伴侣愤怒或防御的回应惊讶到。

· 你将会知道你和你的伴侣陷在一个互相刺痛的、需要顺其自然的交流回合中。

· 你将会知道很多挑衅性的话语会说出来，但不需要完全按照字面来理解它们，因为它们都是夸大的，是问题的初稿。

· 你将会知道战斗是暂时无法解决的，因为没有哪个伴侣能够说出他或她真正想说的。

· 当你不再那么生气的时候，你就会知道如何去解决问题——通过帮助你的伴侣说出他或她真正想说的话。

· 你将会知道你是处在一类经典的战斗中，这类战斗几乎会发生在所有夫妇之间，因此，你处在战斗中的事实，不一定意味着你出问题了，或者你的伴侣出问题了，或者你们的关系出问题了。

· 你将会知道这不是一个期待解决任何问题的时机。

· 虽然如此，你将会知道可能有一些重要的问题隐藏在那些指责中。

· 你将会知道，战斗之后，跟你的伴侣坐下来找出发生了什么和讨论战斗期间出现的问题，这都是可能的。

· 你将会知道，当你坐下来时，什么会导致战斗重新开始，什么不会。

· 因为所有这些知识，使战斗对你而言，看上去截然不同。

第六部分

让我们抓狂的两种关联模式

第十五章

追逐与远离

　　如我所说，战斗与回避是关系中的主要问题，但另外两个问题几乎同样重要：

- 追逐与远离
- 绕过与非绕过

　　战斗与回避，追逐与远离，绕过与非绕过出现的如此频繁，以至于它们值得被看作成为一对夫妇的职业危险。几乎没有任何人能够从中逃离。夫妇之间主要的不同在于问题带来的破坏程度不同。这三种模式如此常见并对我们的关系施加了如此强有力的影响，以至于我修改了宣读的结婚誓言：

　　约瑟夫(凯伦)，你愿意娶(嫁)这个女人(男人)为你法定的妻子(丈夫)，不论富贵还是贫穷，不论疾病还是健康，而且经历不可避免的战斗—回避、追逐—远离和绕过—非绕过的时期？

"追逐与远离"是托马斯·福格蒂，纽约的一位著名家庭治疗师，杜撰出来的字眼。这是对这个词的概述：

在追逐与远离模式里，一个伴侣，"追逐者"（pursuer），寻求日益增加的参与、亲密、接触、谈话、感情、性，或待在一起的时间；而另一个，"远离者"（distancer），则寻求日益增加的分离和个人隐私。

这个模式是自我强化和自我升级的，追逐的伴侣追逐得越多，远离的伴侣就越觉得受到限制，他或她就越需要逃远。远离的伴侣越需要逃远，追逐的伴侣就越觉得被遗弃，他或她就追逐得越厉害。

追逐者和远离者之间的冲突，像战斗—回避循环一样难以解决。实际上，追逐—远离的困难经常是伴侣们在战斗—回避循环中为之斗争的。在这样一场战斗中：

- 追逐者指责远离者的回避、克制、不可得到、缺乏爱心、不负责任、害怕亲密和需要控制。
- 远离者指责追逐者的黏人、唠叨、命令和需要控制。

我期待你将会从下面的延伸示例的某些方面认出你自己，因为几乎每一对夫妇都会陷在某个版本的追逐与远离的情形里。保拉和杰伊是一对二十来岁的已婚夫妇。保拉是一名女服务员，杰伊以教网球为生，他选择削减一半的工作时间以便于他回学校读书。杰伊觉得保拉是个问题，他心想：

我去学校读书是为了我们，因此我能够得到一份薪水足够高的工作，我们还能生第一个孩子。而保拉非但不帮忙，还成了我最大的问题。她妒忌我花时间在学习上，即使在她上班的时候。每天她都会找借口给我打上百万个电话，她总想成为我注意力的中心，但即使是这样，她仍然看上去生气和不满。我刻意计划了野餐和其他东西，让人无法相信的是，就在这种时刻她挑起了战斗。而且，任何时候我们甚至有一丁点儿的问题，她总得说个没完。如果她不说那么多的话，事情可能会自己慢慢变好的。

保拉觉得杰伊是个问题，她心想：

杰伊说他得做作业，但那只是一个借口。他甚至在回学校之前就不理我了，现在只是变得更糟了。我想他就是不愿意跟我在一起。确实，我们一起出去简直是千载难逢。但他大多数时间确实是自由的，他可以打篮球或者跟朋友出去喝啤酒，一个星期他几乎跟我说不了两句话。任何时候我试着谈论我们之间的问题，他就躲开。而且我们已经一个月没有性生活了。这是个古老的故事，我支持他读书，他将找到一个新人，然后一直忽视我。

保拉是追逐者。因为杰伊的回避让她觉得自己被抛弃，她的反应就是对杰伊施加压力。杰伊是远离者，他对保拉的施压所做出的反应就是回避。

这个问题的一部分原因是他们不同的性格类型。

• 在保拉的生活中，她通过参与的方式来处理问题（就是说，通过跟人们谈话和寻找安慰的方式）。

• 在杰伊的生活中，他通过孤立的方式来处理问题（就是说，通过把问题留给自己，并经过一段长时间的孤独的历程来仔细考虑问题）。

保拉和杰伊的问题在根源上是这种性格类型的不相容。

怀疑者：我想你错过了重点。他们的不相容正好让他们走到一起。他们可能想要他们的婚姻失败，至少在潜意识上，还有什么其他原因能让他们跟这么明显不相容的人结婚呢？

怀尔：这就是"你一定想要这样"风格的推理。你在说保拉和杰伊因为问题而结婚的另一种观点。而我相信的观点是，保拉和杰伊不顾这些问题而结婚，他们喜欢彼此的部分超过了不喜欢的那部分。

当然，人们对伴侣所不喜欢的经常是他们所喜欢的另外一面。实际上，一段关系，从某种意义上说，就是尝试解决最初你的伴侣身上拥有的吸引你的特质所带来的负面影响。

• 杰伊被这样的人所吸引——能够表达自己的感受、跟其他人有联系——像保拉一样做法的人。关系中的一个任务，对杰伊来说，是找到一种方式来处理那些保拉个性特质里他不喜欢的方面，从而保证保拉和杰伊的关系正常运转。一个人可能愿意跟他人接触并表达自己，但这既能用令人喜欢的方式来体现，也能用惹人生厌的方式来体现，他或她的伴侣将喜欢前者而讨厌后者，是可以理解的。

• 对保拉来说，她被杰伊吸引是因为他能保持沉着冷静和自力更生。关系中的另一个任务，对保拉来说，是找到一种方式来处理一些杰伊个性特质里她不喜欢的方面，从而保证保拉和杰伊的关系正常运转。

然而，保拉和杰伊均认为对方不愿意做出承诺以试图解决他们的问题。我认为，他们一直在试图解决他们的问题，而且那才是问题所在：这些伴侣们试图解决问题的方式强化了问题本身。

保拉和杰伊试图解决问题的主要方式是淡化问题。每天晚上，杰伊偷偷溜进卧室做作业，希望保拉不会注意到，他担心保拉会对自己远离她而在学习上花这么多时间不满。保拉当然注意到了，她注意到的是：杰伊偷偷溜走了，当她是敌人一样的存在。

具有讽刺意味的是，如果保拉对杰伊给予她的感情具有安全感，她不会在意杰伊的学习——或者，至少不会这么在意，她将会更满足于做自己的事情：赶着完成她的阅读、跟朋友电话里聊天或者上网。但杰伊溜进卧室的诡异方式，显得保拉似乎是一个需要躲避的危险，这让她觉得自己不安全和不被爱，而且这些选择甚至她想都不会想，她只是在公寓里百无聊赖地等着杰伊完成作业。

- 杰伊防止他的学习变成问题的努力，已经变成了一个问题。
- 杰伊不抛弃保拉的尝试，反而让她感到自己被抛弃了。

所有的原料都在炉子上，而且现在开始变得浓稠了。保拉感觉到杰伊已经把她看作一个负担，于是她假装不在意杰伊溜进了卧室，而且试图掩盖她只是在消磨时间以等待杰伊出来跟她说话的事实。

杰伊感受到了保拉正在做的，当然，这让他有压力。他对她无所事事、一旦自己出现就会随时扑上来的样子不满。他已经开始觉得保拉是一个予取予求、神经质的女人，她总是随时指责他抛弃了她（在把保拉看作有这种性格缺陷的过程中，杰伊在运用性格缺陷的习惯思维）。等到杰伊从卧室里露面的时候，他不想再跟保拉在一起了，他叫了一个朋友一起喝啤酒。

这样的事件是破坏关系的。杰伊觉得他总是让保拉失望，而且他是一个失败的丈夫，远离她开始觉得是一种解脱，虽然他感到太内疚而不肯承认这一点，甚至对他自己都不肯承认。当杰伊从学校回到家，他希望保拉会出去，这样他就不必跟她在一起了，甚至连夫妻生活都变成一种压力。以前杰伊几乎不能从保拉身上拿开自己的手，现在他几乎都不想碰她了。

这个完全不成功的互动，使得保拉的依赖和杰伊的独立被扩大了，这把保拉从一个本来可能独自善加运用自己时间的人，变成了一个主要关注杰伊是否爱她的人。而且，这把杰伊从一个可能参与、需要保拉的人，变成了一个孤立的甚至不想靠近她的人。如果这是在他们一起生活的早期，在这种追逐者—远离者互动得到发展之前，杰伊可能会对保拉说点什么，那会让她因为他对她的需要而觉得安心。

杰伊：我今晚不想学习了。今天学校发生了一些令人心烦的事。但我不得不在学习上花几小时。之后，我们出去喝杯啤酒怎么样——那将是给我的奖励——因为我想要告诉你发生了什么。

保拉因没有听到这样的话而感到痛苦，而且杰伊因不想说出这些而感到痛苦。他被剥夺了，他还不知道这一点。保拉，本可以是他解决问题的主要资源，现在已经变成了他的主要问题。

保拉的个人解决问题的努力

带着对自己"太依赖别人"的担心，保拉试图以证明自己独立的方式，尝试解决难以接近杰伊的问题。她跟一位朋友去看电影，还报名参加陶艺课程。

然而，电影是关于没有回报的爱的故事，正好提醒了保拉自己的处境；陶艺课的同学看上去都是充满孤独的人，他们把黏土弄得一团糟，这让她很沮丧。就像这种尝试证明自己的独立所经常发生的，保拉回到家里感觉更需要杰伊了。

而且，还有另外的失望。保拉私下希望杰伊会担心她变得太独立而失去她。但在她离开的这段时间里，他没有问任何问题，而且如果要说发生了什么的话，他看上去反而更轻松了。被她失败的计划所挫败，保拉扔掉了所有的伪装，坚持杰伊应该更多地欣赏她。

保拉：你甚至没有注意到我整个晚上不在家，你一点都不关注我，或者我可能喜欢什么。我甚至不记得上次你送花给我

是什么时候了，那已经是很久以前的事儿了，花儿都还没有长
出来呢，你不得不送我蕨类植物。

保拉为了让自己变得独立、易于相处所做的尝试，最终以
这样依赖和苛求的抱怨结束。这让杰伊很心烦，以至于他从保
拉关于蕨类植物的笑话中读不出一丝幽默感。

杰伊的个人解决问题的努力

之后，杰伊开始了自己的努力，以便让事情有所好转。因
为保拉的抱怨让杰伊感到压力，他就努力给保拉他认为保拉想
要的，于是杰伊安排了一次野餐。他去采购，买了保拉喜欢的
芥末蘸蛋，送她鲜花和蕨菜，并带她去了他们第一次约会的
公园。

杰伊的计划失败了，因为对保拉来说，很明显，他只是在
走过场，他确实更希望在家学习，保拉从这个重要的日子里没
有得到多少满足感。而且，保拉对野餐一点心情也没有，但她
试图看上去很高兴，以回报杰伊的努力，避免让他失望。然
而，很明显，保拉和杰伊一样，也没有把心思放在野餐上。

保拉对野餐的反应让杰伊很挫败，因为他已经在过度拓展
自己来取悦保拉了，他对保拉不温不火的回应一点耐心也没有
了。当保拉数落他忘记带芥末的时候，这已经超过了杰伊的忍
受范围。

杰伊：看看我自己惹得麻烦——所有这些食物，所有的努
力，我唯一听到的就是"芥末在哪里?"

保拉：啊哈。所以你惹了一堆麻烦。你最初并不是真的想这么做，不是吗？嗯，那好啊，下次就不用麻烦了。

杰伊：这次我就不该麻烦的。如果我们在家里，两个人都会很开心，我能学习，你能得到想要的芥末。

杰伊努力表现得有爱的做法，最终以缺乏爱心的争吵结束了。他们进入了十分钟的精神离婚。

· 保拉的十分钟精神离婚：我不该嫁给他。我原本应该听母亲关于海里所有其他鱼的说法。他是一条沙丁鱼，他不在乎我，整个婚姻是一个幌子。他娶了他的书，他只考虑他自己，我不能忍受自己变得这么黏他。他把我最糟糕的一面给激发出来了。

· 杰伊的十分钟精神离婚：娶一个处女座的妻子是多大的一个错误啊！她就是太神经质了。不管我做什么她总是要抱怨，但我需要的不是抱怨，我需要的是支持。我本来不该跟薇琪分手的。但之后，我也不能满足她，或许我太自私了，不能跟任何女人结婚。

一天剩下的时间里，两人在互相生闷气中度过，而且保拉和杰伊那天晚上都没有睡好。但在第二天吃早餐的时候，杰伊装作什么都没有发生过，用平常的方式聊报纸上有趣的事情；保拉，非常感激危机已经过去了，也装作什么事情都没有发生过一样。

仅仅是错误沟通的问题吗？

一名沟通技巧训练师可能会指出这样的事实：保拉和杰伊根本就不是真的在谈话。野餐的那天，以两个人长时间的试图拿出行动让对方高兴，努力让郊游成功开始，后面紧跟而来的是：

- 一场关于芥末的短暂争论。
- 一场十分钟的精神离婚。
- 一个下午的生闷气。
- 一夜无眠。
- 一个突然的复归"正常"。

这名沟通技巧训练师可能建议，保拉和杰伊所需要的，是坐下来讨论发生了什么。

训练师：如果你们两个在野餐后的那个早上谈论了这件事的话，我们想象一下事情会怎样进展。谁会先开始？

保拉：会是我。我总是那个挑起一切事情的人，而且我会说，在那个时候所说的（转向杰伊）：为什么你并不是真的想去野餐，却建议野餐呢？

杰伊：我确实想去野餐的——直到你抱怨芥末的事。

保拉：那就是问题所在，总有些事情让你心烦，你就像一个爱挑剔的孩子。像在墨西哥的时候……

杰伊：你永远不会忘记任何事情。看在上帝的份儿上，我们是四年前去的墨西哥。

保拉：我们的第一次旅行，你居然不记得？那是不到三年前，而且……

杰伊：我们是在我哥哥的婚礼之后去的墨西哥。

保拉：根本不是！是三年前，在我找到新工作之后。

杰伊：你错了，你完全错了。

保拉：当然。我错了，我总是错的。

在两分钟之内，保拉和杰伊几乎打破了书上的每一条沟通规则。

训练师：我想我们需要一些基本的规则。

下面是一个浓缩版。训练师没有立刻给出所有的规则，他在几次的课程里，一次给出几条规则。

1. 不要问"为什么"的问题。问"为什么你并不是真的想去野餐，却还建议去野餐呢？"这样的问题是在指责，指责是没有什么用的。

2. 重述对方所说的话，这样他或她就知道你已经听到的东西。不要说："我确实想去野餐。"而是说："我听到你说，你觉得我不想去野餐。"

3. 努力坚持一个话题。当你们从野餐转到谈论墨西哥的时候，事情变得每况愈下了。

4. 不要陷进不相关的细节里。你们是三年前还是四年前去的墨西哥，这并没有什么关系。

5. 不要翻旧账。问题是现在正在发生什么，不是三年或四年前可能发生或没有发生的事。

6. 不要骂人或贴标签。说杰伊是一个"挑剔的孩子"不会有什么好处，这只会让他更加生气。

7. 不要做"你"陈述。像"你总是对每件事情觉得心烦"这样的陈述是指责。相反，说你自己的感受。

8. 不要说"总是"或"从不"。这样的夸张只会惹怒对方。

9. 不要打断对方，给对方一个说完话的机会。

很难想象，保拉和杰伊在他们那么生气的时候，能够应用所有这些规则，下面是他们的尝试。

保拉(尝试表达感受而不是说出指责，侧目看着训练师以搜寻她正在做的是否是正确的信号)：我对昨天野餐时说过的一些话而感觉不好，我心烦是因为我觉得你并不是真的想跟我在一起。

杰伊(做了一次深呼吸，而且有意识地试图重述保拉刚刚说过的话)：我听到你说，对于你说过的话你感觉不好，而且你觉得我不想跟你在一起。我欣赏你说的这些。我对我说过的一些话也感觉不好，但其实不是我不想跟你在一起，我只是很失望，因为我们在做一些我以为你喜欢的事情。

保拉(明显地更加努力地重述杰伊刚刚说过的话，并且快速侧目看了一眼训练师)：我听到你说，我不喜欢野餐让你觉得很失望。我不知道为什么我不喜欢，部分原因是野餐的主意从来没有真正打动过我。

训练师(强调地说，因为他现在相信他已经找到了关键的

沟通错误）：杰伊，你在读心，没有问保拉她是否想要去野餐，你就假定了她想去，这就是麻烦开始的地方。你永远都不能假定你知道对方想要什么，下次你计划什么事情，杰伊，你应该问问保拉她想要什么。实际上，作为一个实操练习，你们两个为什么不现在就计划一些事情呢？

杰伊（私下里对自己发誓再也不会第二次猜保拉的愿望了）：好。（对着保拉）周六你喜欢做什么？

保拉（看上去不确定）：我不知道。（长时间停顿）或许去海边。

杰伊（很快地）：好，我们去海边。

结果是保拉和杰伊投身于另外一个解决问题的努力中，而且野餐事件再一次发生了，在保拉和杰伊到达海滩之前，保拉感受到杰伊真的想在家学习，而且，她开始变得心灰意冷。杰伊注意到保拉缺乏热情，觉得很挫败，而且当保拉没有马上下水的时候，"芥末事件"又发生了。

杰伊（试图想象沟通训练师想让他说什么，但接着完全放弃并脱口而出）：我们开车穿过三个城镇，来到海边，你甚至都不下到这该死的海水里？

因为去海边是保拉的主意，保拉觉得她没有权利像上次野餐那样抱怨杰伊最初就不想去那里。她被迫诉诸更多的简单辩词。

保拉(彻底忘掉了训练师教的任何东西)：我没有看到任何地方有这样的标记命令我必须下到这该死的海水里，我来这里是放松的，或许过一会儿我会下水，或许我不下水。

如果谈话是有帮助的，保拉和杰伊需要拥有关于关系的信息。

• 他们需要知道，他们有一个严重的问题，在某种程度上，每对夫妇都会有的追逐者—远离者的问题。

• 他们需要知道，这个问题对夫妻来说变得这么困难的原因在于：几乎每一次解决问题的尝试，反而进一步加深了问题。

• 他们需要知道，杰伊周期性的计划"负责任"的活动，就像保拉偶尔试图变得"独立"一样。

• 他们需要知道，为什么两个人的努力没有什么效果。杰伊不想伤害保拉的努力导致他伤害了保拉，而保拉不想给杰伊压力的尝试，导致她给了他压力。

• 他们需要知道，杰伊也有对关系的需要，但这些需要被他担心自己不能满足保拉的需要给挤掉了。

即使他们有这些信息，他们将有如下不会使用的危险。

• 保拉可能对自己是一个"依赖、唠叨的女人"的想法太警觉，以至于除了试图让自己"独立"之外，不能做任何事情，而且，最终以失败告终。

• 杰伊可能对于伤害保拉感到太内疚，以至于除了试图不伤害她、弥补她之外，不能做任何事情，而且，最终以失败告终。这将不可避免地导致另外一个方向——他完全放弃，独自离开，尝试不再考虑这些。

怀疑者：你让事情听上去无可救药，这就是你真正认为的——问题就是太困难了，没有办法期待保拉和杰伊能解决？

怀尔：嗯，实际上，有几条原则或许能帮到他们，我会在下一章来讨论。

第十六章

掌握追逐与远离的事实

人们处理他们的追逐者—远离者冲突时，会有一些麻烦，因为他们不能忍受自己有这样的冲突。追逐者恨自己追逐，远离者恨自己回避。追逐者与远离者将他们自己视作有缺陷的人，并且认为自己拥有一个有缺陷的伴侣和一段有缺陷的关系。

• 追逐者因为他们自己"依赖""苛求"和"唠叨"的形象而心烦。他们通常有来自他人（和来自他们自己）的关于这种倾向的长期、痛苦的批评史。此外，他们经常把这种性格特征跟其中的一个父母联系在一起，至少在这个方面，他们并不愿意像自己的父母。

• 远离者对于被看作"沉默寡言""不参与"和"害怕亲密"是敏感的，因为他们经常有类似的经历。

追逐与远离为性格缺陷的推理形式提供了大发威力的机

会，而且这就是为什么它会成为一个大问题。处在这种互动中的人们，几乎有一种不可遏制的强烈愿望：把他们自己或伴侣的行为归咎为性格缺陷。

保拉和杰伊没有意识到这一点，但他们正在做的（指责自己或互相指责"依赖""苛求"或"害怕亲密"），就终止了关于这件事情的有效思考。他们以为没有什么可以进一步思考的了——你就是应该停止苛求，或害怕亲密，或你被指责的任何方面。

关于追逐与远离的一个非指责的观点

如果保拉和杰伊准备解决他们的追逐者—远离者冲突，他们需要一种非指责的思考方式，他们需要知道如下内容。

1. 他们有一个严重的问题，在某种程度上，每一对夫妇都会有这样的问题。意识到这点将帮助保拉和杰伊更少的觉得是他们自己出问题了。

2. 这个问题持久存在不仅仅是因为他们尝试改变而失败。保拉不能简单地停止追逐，而且杰伊不能简单地停止回避。

3. 让问题变得这么困难的是，几乎每次解决问题的尝试，反而进一步加深了问题。保拉用了大部分时间试图不去追逐（而且这是问题的一部分），杰伊做出了无效的，甚至是反效果的不去回避的努力。

4. 他们被困住了——他们陷进了一个两难局面中——他们不是自己以为的或者彼此以为的，自私、不可理喻、不合作、不妥协、麻木不仁、心胸狭窄、无情无义、控制和自我破坏的人。

5. 保拉有理由追逐（她被抛弃了），而杰伊有理由回避（他被施加压力了）。

6. 两个人都有重要的想法想说出来，但他们在把这些想法说清楚方面都存有困难。保拉是对的，他们需要谈论关系中存在的问题；杰伊也是对的，他们这么做的尝试通常引发了两个人都不想看到的战斗。

7. 避免追逐与远离的唯一方式就是完全不指责，这是不可能的。当追逐者伸出手时，他或她经常用指责的方式，这导致了远离者回避。

8. 追逐与远离夸大了伴侣之间的差异。最初，杰伊至少有一些渴望去做保拉想要做的事情——说话、共度时光、温柔亲切和性生活。但他越多的感觉被保拉批评不愿意做这些事情，他就发现自己越不愿意去做这些事情。

9. 追逐者并不是唯一被剥夺的人，远离者也被剥夺了，他或她只是不知道而已。当保拉被剥夺了拥有一个愿意跟她在一起共度时光的丈夫的时候；同时，杰伊也被剥夺了拥有一个愿意跟他共度时光的妻子。

10. 每个伴侣解决他或她的问题的尝试，加剧了对方的问题。保拉用施加压力的方式处理感被抛弃的问题，而杰伊用抛弃的方式来处理感觉到压力的问题。

11. 追逐与远离可能部分地依情境因素而定，简单举例，谁更忙一些。

对于那些想知道更多关于这十一条观点的细节的人，下面就是详细阐释(对那些不想看细节的人，跳到本章的最后，那里我给出一个掌握了这十一条事实后的伴侣可能会怎样谈话的例子)。

事实 1：处在追逐者—远离者冲突中的伴侣，正在遭受一对普通夫妇遇到的问题，只是这种问题表现的形式更为激烈。

保拉和杰伊认为，拥有好关系的人们不会有他们遇到的问题，觉得他们的关系出了一些独特的、极其糟糕的问题。如果他们意识到追逐与远离是一段关系的职业风险，他们就会感觉好一些。每对夫妇至少在某种程度上有这样的问题，而他们只是恰巧有一个极端的版本。把追逐与远离看作一对普通夫妇会有的问题，而不是简单的性格缺陷的标志，人们会觉得更有能力处理好这个问题。

事实 2：追逐者不能停止追逐，远离者不能停止回避。

通常，给处于追逐者—远离者冲突中的伴侣的主要建议是，停止他们正在做的事情，追逐者被建议：

- 尊重他们的伴侣对个人隐私的需要。
- 花多点时间做他们自己的事情。
- 多一点冷淡。
- 接纳一种更加分开和远离风格的关系。
- 不要总得谈论每件事情。

• 停止施加压力、唠叨、苛求和控制。

• 装得难接近一点。

换句话说，停止追逐。如果追逐者停止追逐，这个推理成立的话，那么远离者就不会感觉到这么大的压力，就不必回避了。

这些建议的问题是，追逐者不能停止追逐。尽管保拉能够强迫自己不去要求杰伊给出更多情感，但她不能强迫自己停止想要这些。而且杰伊，知道保位想要什么，尽管她已经不再行动上要求这些了，但他仍然感觉到了压力。

这条事实解释了为什么装作难以接近基本上没有什么效果。你的伴侣知道你在装，而且，事实上，你仍然很容易得到。当你不再装的时候，即当你已经失去兴趣和不再关心他或她来不来找你的时候，装作难以接近是最有可能有效果的（你的伴侣可能真的过来找你），但到那个时候，当然，已经太晚了，因为你真的已经不在乎了。

就像追逐者不能停止追逐一样，远离者不能停止回避。远离者没有其他任何方式来处理压力和批评。

把伴侣或自己看作陷在一种困难的处境中而不是固执地拒绝改变，人们可能对他们的处境会更有同理心。

事实 3：追逐者用了大部分时间企图不去追逐，而远离者做出了很辛苦的不回避的尝试，但几乎没有明显的效果。

建议追逐者停止追逐不起作用的另外一个原因是，追逐者已经在尝试停止了，而且这导致了大部分的问题。

保拉讨厌自己的形象——一个无所事事等待杰伊给她一些关注的、依赖的人，她讨厌自己所处的位置。因此她努力自己外出、自己做事情。但那没有什么用，因为她证明自己独立的尝试——例如，通过上陶艺课和跟朋友一起看电影——典型地产生反效果，导致了她产生更加想依赖的感觉。

还有一件事是保拉讨厌的，她讨厌自己是这一类型的人：总是在抱怨没有得到足够的关注。因此她努力不去抱怨，但那也没有什么用，因为她努力压抑她的抱怨，导致了过后强烈的抱怨，并证实了杰伊的看法：抱怨一直都在那里。

而且，仍然有保拉讨厌的事情。她讨厌自己是这一类型的人：总是试图改变她的伴侣。因此她做出努力接纳杰伊本来的样子。但那没有什么用，因为她不改变杰伊的尝试，导致了之后更为强烈地要求对方改变。

在保拉（追逐者）努力不追逐的同时，杰伊（远离者）努力不回避。杰伊讨厌自己是孤僻、克制和拒绝的人。因此他努力安排保拉可能会感兴趣和参与的行动。然而，这是一场艰苦的战斗，他很快就气馁了，自我保护的需求很快重新出现。当杰伊确实做出积极的努力给到保拉他认为她想要的——例如，带她去野餐——这些努力典型地产生反效果，因为整个过程中他缺乏闪耀的激情。

追逐者与远离者通常被认为是全身心地支持他们正在做的事情。相反，现在很明显的是，两个人都在投身于压抑他们这种被谴责的行为。

·保拉，担心太咄咄逼人，花大部分时间不追逐，尽管偶尔有冲动和强烈版本的追逐的大爆发。

·杰伊，担心太疏离，尽管不成功，但仍持续不断地努力压抑这种回避的倾向。

如果保拉和杰伊知道他们是多么艰难的在努力改变，他们将会对自己和彼此有更多的同情。

事实 4：身处追逐者—远离者冲突中的人们，不理解两个人是如何被卡住的。

追逐者与远离者经常觉得，对于他们的伴侣而言，改变是很容易的。追逐者不明白，为什么对他们的伴侣而言，多一点乐于助人和充满深情会这么难；远离者不明白，为什么对他们的伴侣而言，少一点依赖和苛责会这么难。

身处追逐者—远离者冲突中的人们，不能意识到他们的伴侣跟自己一样被卡住了，而且他们自己甚至比他们认为的卡得更厉害。

保拉和杰伊每个人都面对着没有效果的其他选择。保拉可以追逐或试图不追逐，杰伊可以回避或试图不回避。像我们看到的，没有哪一个选择能够对每个伴侣有效。

如果能够意识到两个人都陷在艰难的两难局面中，而且他们不是自己所认为的那样简单的自私自利、不可理喻、不妥协、麻木不仁、心胸狭窄、控制、冷酷无情或自我破坏的人，保拉和杰伊将会处于有利地位。意识到他们一起处于某种困境，或许能够让他们增加对他们共处情境的同情。

当伴侣们共同理解他们处于一个多么糟糕的位置上，他们就会处于一个有利的位置，或者至少处于一个更好的位置。

因为保拉和杰伊没有意识到他们卡住了（他们认为如果他们想的话，他们能够改变），他们得出下面的结论。

• 他们一定潜意识地想要关系失败。

• 可能他们故意选择了一个虐待他们的伴侣，就像童年时候他们被虐待一样。

这些指责和自我指责的猜测认为，保拉和杰伊偷偷地期望，并潜意识地计划了这些发生在他们身上的不开心的事情，正是"你一定想要这样"风格的思考方式的表达。

保拉和杰伊得出了这些结论，因为他们没有其他方式来理解为什么保拉不能简单地停止追逐，杰伊不能简单地停止回避。他们是如此需要这些重要的信息，他们需要意识到如下事实。

• 他们不能简单地停止追逐和回避，他们卡住了（事实 2）。

• 他们试图停下来，这导致了更大的问题（事实 3 和事实 4）。

• 这是可以理解的：追逐者在追逐，而远离者在回避（事实 5）。

事实 5：追逐者有理由追逐，远离者有理由回避。

因为保拉以要求的方式对回避做出回应；杰伊以回避的方式对被要求做出回应。

- 保拉确实被抛弃了，她有理由追逐。
- 杰伊确实被施加压力了，他有理由回避。

考虑到保拉对所处境况的处理，她追逐是有道理的。一个人，被对她或他来说最重要的能够说话的人排除在外，被她或他最指望陪伴的人所抛弃，那这个人还能做什么呢？

考虑到杰伊发现自己处于一种最不可能的境况下，他回避是有道理的。他处在一个不能维持的位置，努力给出一些东西（情感），那是只能依靠自发的行为才能给出去的东西（就是说，不是通过坚持不懈的努力），努力地产生针对一个人的情感，而那个人因为对他很生气却没有表达多少对他的情感。

事实 6：伴侣双方有重要的需要说清楚的观点，而他们在表达清楚这些观点方面有困难。

在伴侣双方的位置上，有一个重要的真相。关于这点的一个很好的例子，就是追逐者与远离者针对谈话的典型争论。

- 追逐者强调更多的谈话。保拉对杰伊在他们战斗中间离开房间而倍觉不满。她认为杰伊从来不会待在那里把事情谈清楚。
- 远离者认为追逐者对每件事谈得太多了。杰伊说："谈话只会让事情变得更加糟糕？多数问题会自行解决，只要你别谈论那么多。"

实际上，伴侣双方都部分地说对了。保拉是对的，问题是需要被谈论的；杰伊也是对的，他们现在没有办法做到这点，所有他们谈话的尝试最终演变成双方都不愿意看到的战斗。

这里，像其他很多方式一样，处于追逐者—远离者冲突中的伴侣们处在一个问题中，他们所认同的相反的两面。在更为平静的时刻（当他们不处在战斗中的时候），杰伊可能同意问题是需要被谈论的（即使谈话不是他自然的倾向），而保拉可能同意他们的谈话很少有效果。

事实 7：避免追逐与远离的唯一方式就是完全的不指责，这是不可能的。

对于追逐者与远离者来说，感觉不到被指责是不可能的。追逐者对压力和唠叨感到有持续的批评或自我批评的危险；远离者对回避和克制感到有持续的批评或自我批评的危险。

追逐与远离是由伴侣可能没有意识到的他们所做出的指责而造成的。追逐者之所以变成了追逐者，是因为他们比伴侣更倾向于通过求助他人或参与的方式来对紧张、破坏、失望或分离做出反应，这是保拉所做的。她通过让杰伊参与其中的方式来处理跟杰伊的分离感。

保拉：今晚你看上去很安静。

乍一看，这是一个合理的说法。第一，这是真的，杰伊比平常安静了很多；第二，这是伴侣们未经思考便对彼此做出的观察；第三，指出关系里正在发生的事情看起来对人们是有用的。

但是在这句话里有隐藏的指责。"你看上去很安静"暗示"你不应该安静"。杰伊感知到了被批评，于是通过批评保拉来捍卫自己。

杰伊：我只是累了，不管怎样，我认为我们没有必要每天晚上都谈话。

保拉和杰伊，在那一刻之前，他们可能还有共同的对亲密的渴望，现在则两极分化了。这就是指责能够做到的事，杰伊可能有的更加亲密的愿望，都已经被更加迫切的捍卫自己的需要给压抑下去了。保拉卡在捍卫谈话为什么重要，而杰伊卡在捍卫不必谈话为什么重要。

不需要做太多就能让追逐者—远离者模式开启，而且一旦启动，它会很快升级。因为保拉觉得她没有说清楚自己的观点，她强化了指责。

保拉：嗯，不只是今天晚上你没有跟我说话，而是这个星期的每个晚上，一连四个晚上。

然后，杰伊确实感觉被批评了。

杰伊：就算这样，又有什么大不了的？整个礼拜我都累了。除此之外，我有说话，或许是你正好没有听到我说。

现在，保拉确实觉得没有把自己的话说清楚，而且像人们在这种情况下会做的，她用了夸张的说法。

保拉：你把"递盐过来"和"邮件在哪里"都当作谈话？因为这就是我们谈话的范围。

为了避免这种令人泄气的交流，保拉本来必须像这样用非指责的方式开始的。

保拉：我不知道，杰伊——或许是因为现在我们的日程表太紧张了——但我们已经没有多少时间在一起了，我真的很想念在一起的时光。

保拉不太可能这么说，她认为问题在杰伊那里，而不是日程表。但是，如果她会这么说——如果她能够用不指责的方式谈论两人之间的距离——杰伊不会感到有捍卫自己的必要，他将能够承认自己对这个问题的贡献。

杰伊：是的，这个星期我确实一直担心学习的事，而且我一直这么忙，我甚至都没有机会跟你谈谈这些。

杰伊如果没有觉得被批评的话，甚至渴望谈话。如果他和保拉有这样的交流，他们将会意识到每个人都错过了亲密的感觉。而且，因为他们说出了自己心里的感觉，反而会重新建立亲密感。

但是，像我所说，保拉不会以这样的方式提出问题。她对杰伊很愤怒，而且愤怒将会展现出来。愤怒是追逐与远离不可避免的一部分。追逐者不可避免的对远离者没有走过来而表达愤怒，远离者典型地用自己的愤怒来回应。

伴侣们会处在一个更好的位置来解决他们的追逐者—远离者冲突，如果他们意识到如下事实。

　　•在两者之中，其中一个人总是比另外一个更可能通过参与来处理不确定性或紧张感。
　　•这种参与总是能够发展成一种指责，这导致了另外一个人的防御、摆脱和回避。

如果你把这点看作不可逃脱的，而不看作这是你、你的伴侣或关系出了基本的、唯一的问题的标志，解决参与和防御或回避的这种模式会更容易一些。

事实 8：追逐者处于危险中，失去了他们本来可能拥有的对分离的任何渴望；远离者可能失去他们本来可能拥有的对亲密的任何渴望。

在保拉和杰伊的故事里，有一个关键点，即他们的关系是如何剥夺了他们的一些愿望和能力的，而在关系的早期，他们是有这些愿望和能力的。

· 最初，杰伊至少是有一些渴望跟保拉谈话、共度时光、充满爱意和有性生活的。但杰伊越是因为不想做这些事的时候被批评，他就越觉得自己不想做这些事情。他变得"孤僻"和"害怕亲密"。

· 最初，保拉是喜欢自己做的一些事情的，但越多地觉得被杰伊拒绝，她发现自己就越不想独自做事情，她变得更加"依赖"和"苛刻"。

把这些愿望和能力的损失，看作关系里发生的种种问题所带来的结果，而不是伴侣人格问题所造成的结果，是非常重要的。

事实 9：远离者跟追逐者一样被剥夺了。

很容易看到，保拉被剥夺了，她错过了人们在关系中寻找的和她最初跟杰伊进入关系中想得到的温暖、爱、柔情、关心、倾诉和陪伴，有时候她觉得陷在了一段没有爱的婚姻里。

当杰伊晚上回到家时，他跟家里的狗打招呼都比跟保拉打招呼更有热情。任何人都会同情保拉甚至不如一只贵宾犬。

然而，保拉、杰伊和几乎所有人都没能看到的是，杰伊跟保拉一样被剥夺了。鉴于保拉被剥夺了拥有一个在晚上期待看到她的丈夫，杰伊被剥夺了作为一个丈夫在晚上看到一个期待自己的妻子。

· 期待见到你的妻子要比回到家里看到你不想见的有趣
得多。

· 而且待在一段你感觉到温暖、有爱、柔情、关心、陪伴
和有性兴趣的关系里，比待在一段你期待跟伙计喝啤酒的关系
里，会让人更加满意得多。

杰伊现在跟保拉一样处在没有爱的关系里，他对婚姻的希
望也一样破灭了，他只是不知道这一点。杰伊如此聚焦在保拉
说的她所失去的，聚焦在捍卫自己以对抗保拉的批评上，以至
于他不能注意到他正在错失的东西。

事实 10：伴侣们有时候以错误的方式产生摩擦却不能
避免。

即使保拉和杰伊确实意识到他们的反应是有道理的，他们
可能仍然为待在有这样明显问题的关系里而指责他们自己。他
们需要意识到所有的关系都有扎眼的问题，敏感的地带总是存
在于关系的某个地方，而且随着时间的推移，这些地带不可避
免地日益出现在显眼的位置。

伴侣们能够很好地处理这样或那样的问题变成了理所当
然。他们不能处理的那些——关系里的关键问题——迈入最显
著的位置。很快，只有这些关键问题才是伴侣察觉到的。

保拉和杰伊在很多方面是彼此的资源。当保拉感到被威

胁、心烦和泄气的时候，她通常能指望杰伊前来帮助她。当她有朋友、家庭和工作的问题时，她通常能指望杰伊的同情、关心和帮助；而且，杰伊也指望保拉给予相同的帮助。

然而，总有一些情境下，伴侣们不能成为彼此的资源。当一个人触发了另外一个人的按钮时，这样的事情便会发生。

当保拉觉得被抛弃的时候，她的按钮被触发了，她通过施加压力的方式来解决觉得被抛弃的问题。

当杰伊感到有压力的时候，他的按钮被触发了，他通过抛弃的方式来解决感到有压力的问题。

在每一段关系里，总有一些时候和地方，伴侣们不得不用错误的方式互相摩擦。如果伴侣们意识到，关系的某个地方总有这样的脆弱点存在，他们或许能够同情彼此，而不是得出这样的结论：他们自己或者关系出现了特殊的、致命的问题。

人们需要知道，追逐与远离造成的互不相容，比伴侣之间实际的互不相容更甚。陷在追逐者与远离者冲突中的伴侣们能很容易地感觉到他们有完全不同的渴望、兴趣和关注点，以至于，他们确信他们是来自不同的星球。这就是保拉和杰伊，他们在婚礼的前几个星期所感受的。

• 当婚礼将近的时候，杰伊觉得见保拉的渴望日益减少。他每次去看保拉的时候，都没有话说，而是花很多时间看电视，并且找到早走的理由。

• 保拉，相反，觉得见杰伊的渴望日益增加。

具有讽刺意味的是——如果保拉和杰伊知道这些，将会对他们大有帮助——他们在处理一个共享的问题。两个人都对结婚有恐惧，杰伊用回避和独自一个人度过大多数时光的方式来处理他的恐惧，保拉用追逐杰伊的方式来处理她的恐惧。她试图在他对她的爱、她对他的爱、他们大体的相配和他们决定结婚的明智度等方面，通过尝试有连续的联结、长时间的亲密谈话、很多鲜花、礼物和性来让自己安心。

问题是自我升级的，杰伊回避得越多，保拉就越多地需要让自己安心的联结。保拉越多地寻求联结，杰伊就越多地需要回避。

问题变得如此严重，以至于他们几乎要取消婚礼了，于是他们去看了一位心理治疗师。治疗师告诉他们，其实他们感受到了相同的东西（对于结婚的紧张不安），只是用完全不同的方式表达了出来。

保拉和杰伊意识到他们担忧的是同样的事情，这让他们对彼此的反感减少了，而且他们开始考虑，或许他们是来自相同的星球，只是可能来自不同的大陆。

追逐者很难理解他们的伴侣怎么可能有这样的行动与感受。他们不能明白为什么对他们的伴侣来说，多说一点话和多一点情感的关注、参与，会是那么困难。追逐者发现做这些事情很容易，他们不能明白对其他人来说做这些事情怎么会那么困难。

同样，远离者很难理解他们的伴侣怎么可能需要如此多的情感，以及为什么在他们的生活中不能容忍更多的独立，而且他们不能理解拥抱和谈话对他们的伴侣来说为什么会意味着那么多？因为这些事情对他们自己来说根本不算什么（或者只是他们这么认为）。

理解你的伴侣的行动和感受的第一步，就是领会到理解这些会是很难的。

感受你的伴侣的方式之一，就是回想你曾经处在你伴侣位置的那些时期（你的前一段关系或者你现有关系的早期）。

当第一次相遇的时候，杰伊，彻底对保拉着迷，想跟她共度所有的时光。保拉，对杰伊不怎么着迷，觉得被杰伊搞得有点窒息。在这段时间里，杰伊是追逐者，而保拉是远离者。通过回想他们的关系早期，保拉能够对杰伊现在的经历有所感觉，而杰伊能够对保拉的经历有所感觉。

在一些关系里——尽管不是在保拉和杰伊的关系里——追逐者会在别的方面变成远离者。那就是丽莎和比利的情况，尽管在关系的大多数领域内，丽莎是追逐者，而比利是远离者。当涉及性的问题，他们就转换了角色，比利经常为性接近丽莎，而她经常拒绝他。丽莎和比利可以利用他们在性关系上的经历，去理解对方在关系的其他方面的感受。

事实 11：追逐与远离可能部分地依情境因素而定，比如，简单而言，谁更忙一些。

两年时间过去了，杰伊已经从学校毕业了，而保拉刚刚生了一个儿子。突然之间，保拉成了更忙的那个人，她把所有的时间和精力都放在了小孩身上。杰伊尝试帮忙，但因为保拉在母乳喂养，她是主要的照顾者。杰伊觉得自己被忽略了，现在他是追逐者，而保拉是远离者。

几年之后，当他们的儿子在日托的时候，保拉随时可以跟杰伊共度更多的时光。然而，到目前为止，杰伊已经深深地投入工作中了，部分地是因为保拉已经很深地投入照顾孩子中。所以当保拉想要接近他的时候，他已经心有所属了。再一次，情况改变了。保拉又成为追逐者，而杰伊是远离者。

追逐与远离，在某些程度上是情境因素的结果，而不是伴侣人格问题造成的结果。

但知道这些真的能有帮助吗？

怀疑者：我没有看到你谈论的这些观点是如何具有帮助作用的，它们看上去是如此的理智。

怀尔：它们会有帮助的，因为这是古老的观点——保拉、杰伊和我们其余人通常运用的思考方式——导致了问题。解决方案是需要思考的，因为问题也是这样产生的。如果人们没有已存在的指责性思考方式和随时准备开火的话，甚至根本就不会有追逐者—远离者这个问题。

保拉和杰伊的问题，不是杰伊溜进卧室学习和保拉无所事事地等他，而是他们认为有这样的问题存在，是因为他们的关系出了问题。他们没有意识到几乎每个人至少有一个温和版本的相同问题。他们认为应该更加努力地去改变，而且他们没有意识到，正是他们尝试改变的努力造成了大部分问题。

想象一下，如果保拉和杰伊知道我刚刚说过的十一条事实，事情会怎样？他们不是把自己看作：

- 有缺陷的人，处在一段有缺陷的关系里，
- 不愿改变的人，而且；
- 甚至可能希望他们的关系失败的人。

现在他们将把自己看作：

- 试图改变。
- 这——具有讽刺意味的是——造成了大部分问题，而且；
- 看作挣扎于一对普通夫妇都会有的问题里，
- 处于这种情况下，对他们和伴侣来说，觉得不被指责（或不去指责）是不可能的，而且；
- 看作陷于这样的困境中，每个伴侣让事情变好的努力常常让事情变得更糟糕了。

在旧的思考方式下，他们没有办法有效地互相谈论这个问题，他们觉得没有什么好谈的。他们认为他们应该简单地停止这么自私的、不可理喻的自我破坏。

在新的思考方式下，他们可以有效地互相谈论解决这个问题的办法，尽管仍然不容易做到。

我们回到杰伊从学校回来的那一刻，并假设现在保拉和杰伊拥有这种新的思考方式。像之前一样，杰伊手里拿着一堆书回家。保拉的心一沉，因为她想跟他说话，但她知道在完成作业之前，杰伊不想做其他任何事情。马上，保拉处于一个艰难的境地，所有她想到的、能做的事情，就是过去把她卷入追逐与远离模式里的那些事情。她可以：

1. 不顾一切，无论如何都试图跟杰伊说话（但这会是在追逐）。

2. 等到他完成作业，试图跟他说话（但这是试图不追逐，属于追逐—远离模式的一部分）。

3. 决定不再依赖杰伊，强迫自己做自己的事情。例如，看一场电影（但这会是试图证明她的独立，也属于追逐—远离模式的一部分）。

当我说保拉已经掌握了追逐与远离的事实，我并不是指她将不能做这三件事情中的任何一件。实际上，她可能做所有这些，但是——这里有一个重要的点——她将用一种新的方式做这些事情：她会知道她正在做什么（或者至少过后能够弄清楚这一点），并且能够跟杰伊来谈论这点。

保拉(看完电影回家后)：嗯，我又这么做了！即使我知道你心里只有学习，但我却想跟你说话的时候，这一切就开始了。我不知道为什么我这么做……嗯，我猜我知道的，有很多事情我想告诉你，我猜我的兴奋占了上风。

保拉不再追逐了。相反，她在谈论她的追逐，而且那是迥然不同的。因为杰伊没有感觉到被追逐，他就感觉没有什么回避的必要。保拉不再逼迫杰伊改变他的行为，而是把他拉入她的经历里。她在用一种自我表露的方式谈论，这使得杰伊想要做相同的事。

杰伊：是的，我假装倾听你的话。我不知道为什么我一直这么做。你太聪明了，不会被这点骗到的。

说出这样的话语，杰伊不再回避了。相反，他在谈论他的回避。而且尽管他正在说的话，你认为可能会让保拉心烦，但其实保拉没有那么心烦。那是为什么杰伊最终跟她建立紧密关系的原因，即使是在讨论他是怎样远离的。

保拉：是的，为了证明我不需要你，我去看了电影。我打赌你没有被那点小把戏骗太久。

保拉和杰伊每个人都在承认这些事情，并回应同样这么做的对方。他们在进行合作式的交流，而不是他们通常的追逐者—远离者模式的交流。

杰伊：我希望是那部新科幻电影，我喜欢跟你一起看那部电影。

保拉：你愿意？

保拉很惊讶。杰伊近段以来并没有显示出跟她一起做事情的兴趣。杰伊也很惊讶，他本不习惯跟她一起做事情，但交流的亲切友好令他产生了感受上的转变。

如果保拉和杰伊能够这样谈论，他们将会创造一个平台，在这个平台上，彼此吐露他们之间的问题。在谈论疏远的做法里，他们将会创造一个亲密的时刻。知道关于追逐与远离的事实，能够帮助创造这样一个平台。

因此，对伴侣来说，解决追逐与远离的一个好办法就是，能够事后谈论它。当他们掌握了这一点之后，他们可能走到下一步，即在争吵前就尝试拥有这样的谈话。这里是关于保拉和杰伊怎样能做到这点的理想例子。

保拉：我真的想立刻跟你说话，但我在试图压抑这股冲动，因为我知道你需要学习。

不是跟杰伊说话（或尝试不说话），保拉在告诉他自己想说话的愿望。

杰伊：是的，我需要学习，尤其是今天晚上，我担心数学课。

不是像过去保拉和杰伊经常所做的去回避问题，他们在直接谈论。杰伊解释了他真的需要学习，而保拉听到了他内心真正的声音。

保拉：哦？发生了什么事？

杰伊：我彻底搞砸了期中考试，我担心通不过考试。

听到杰伊表达他的担心，这让保拉愿意更多地参与到他的生活中。因此她觉得更加满意于做自己的事情。事实上，她如此沉浸于在网上看电影评论，以至于当杰伊合上数学课本时，他得拉她不情愿地离开，他建议一起出去吃披萨。

这个简短的交流对杰伊来说也很重要。对他来说，能够告诉保拉自己对学习的担心，是很重要的。这让他感觉跟保拉更亲近了，也是他想要带保拉出去吃披萨的原因。

到了这种程度，伴侣们学会把追逐与远离接纳为一件司空见惯的事情，而不是可怕的和不能接受的事情，他们将会更好地思考、谈论和处理成为一对夫妇的职业风险。

第十七章

绕过与非绕过

伴侣们需要一种办法来应对一种常见的情形，在这种情形下，一个人陷于幻想中，而另一个人却被留在现实里。当波莉考虑举行一个聚会时，她会想到：

- 一个尝试异国情调新食谱的机会；
- 令人动心的交谈；
- 每个人都玩得很开心；
- 一个邀请数月未见面朋友的机会；
- 终于用上她上个圣诞节购买的新托盘的机会；
- 介绍她的邻居朋友给工作伙伴认识的机会——她确定他们一定会相处得很好；
- 把她最好的朋友，玛姬，介绍给工作中新来的迷人单身男人——她确定他们肯定会一拍即合；
- 每个人都会注意到她和麦克对客厅做了特别好的装修。

这样考虑一个聚会——作为美妙的事情——波莉确实想要举办一个聚会。她向麦克提出了这个想法。当麦克考虑一个聚会时，他会想到：

· 花费；

· 事后清理烂摊子；

· 没被邀请的人会觉得被忽略；

· 邻居朋友跟工作伙伴相处得不愉快；

· 人们注意到洗手间的墙纸贴得太差劲了；

· 当他想介绍的时候，忘记了人家的名字；

· 紧张不自然的交谈，没有人知道该说什么；

· 食物掉落在地毯上，留下无法清除的污渍；

· 因为无聊，人们离开得很早；

· 人们玩得特别开心，一直待到早上六点；

· 吃一个星期剩菜。

这样考虑一个聚会后，麦克不想举办聚会。

麦克：聚会是我们需要做的最后一件事情，我们刚刚才完成装修。

波莉：那正好是我们需要聚会的原因——庆祝和展示我们做了多么棒的装修。

麦克：是的，但干了所有那些活儿之后，我需要休息。

波莉：过后再休息。完成了所有这些活儿，应该趁装修都还是闪闪发亮的时候炫耀一下。

麦克：你忘记了所有需要付出的努力：购物、请柬。

波莉：什么努力？这都是很有趣的。

麦克：打扫呢，打扫也会很有趣吗？花费呢？你看了我们这个月的信用卡账单了吗？

波莉：呸！你总要做一个扫兴的人吗？

麦克：不是。我只是现实一些而已。那个说"提醒我永远不要再搞另一次聚会"的人不是你吗？好了，我现在提醒你了。

波莉：哦，我不是当真的。那次我只是觉得挫败。你记得吧，我们没有找到桌子的活动翻板，我们忘记了炭笔，我无法从烤炉上把火鸡拿出来，但我克服了困难，我们玩得很开心。

像这次交流所展示的，我们至少有两种方式来考虑聚会。

• 你能够让幻想发挥到极致，就像波莉一样，陷在未来会有的一个美妙梦想中。

• 或者你进入相反的思考，就像麦克一样，考虑到所有的问题。

有趣的是，麦克并不一定反对聚会，他甚至可能都已经进入聚会的情绪中了。然而，对于已经发生的事，他需要波莉来理解他有怎样的感受，就像在这次交流中所做的。

波莉：是的，我理解你的观点。聚会确实有一大堆事儿要做。我总是会忘记准备工作有多么多——请柬、打扫，你说过的每一件事。我知道想要那么做有点荒谬。只是聚会的想法真的让我神魂颠倒了。

听到这些——有了波莉对他所说事实的承认——麦克现在可能更想要进入这个幻想了。

麦克： 嗯，管他呢。多花两百美元也不会压垮我们的，或许炫耀一下也会很有趣。

相反的事也可能发生。看到麦克已经同意了——不但已经同意了聚会，而且他甚至认为这是一个好主意——现在波莉可能开始意识到她过于美化聚会了。他们不再争吵的事实（她不再觉得有防御自己的需要了）使得波莉有可能考虑麦克已经说过的话。

波莉： 你知道吗？现在我不太确定了。所有那些时间、金钱和努力，说真话，我总是会对聚会存有一点失望，有时候失望还不止一点。

对某个观点进行回应时，伴侣中的一方可能进入超级幻想中，另一方可能进入相反的想法。伴侣们怎样谈论这些，会能够加剧或减轻他们因此而造成的冲突。

三个超级幻想的实例

大多数人愿意成为像波莉一样的人，拥有积极态度的人比消极态度的人更有趣。而且，以进入超级幻想（变得有激情）的方式处理问题，比很多人会用的回避、战斗和变得沮丧等方式更有趣。

我们回到那天更早的时候，看看是什么原因导致了这场对话。波莉准备出去做一些除草的活儿，那时她和麦克有下面的交流。

波莉：你怎么不过来帮忙呢？

麦克：你以为我愿意出去变得脏兮兮满身大汗，就为了被人唠叨吗？因为那就是会发生的事，你不喜欢我修剪的方式。

波莉：哦，算了吧。我从来没有批评过你的修剪方式。

麦克：哦，真的吗？上个秋天关于那玫瑰花呢？

波莉：我只是给了你几点提示。

麦克：提示还是命令？不管怎样，什么时候你是一名专家了？我有自己的修剪方式。

波莉：用大剪刀砍我的玫瑰花根本就不是"修剪方式"。

麦克：你看到了吗？你不喜欢我修剪的方式。

波莉：嗯，我不喜欢你砍我的玫瑰花。

麦克：砍？你说我的做法是砍？你说你的玫瑰花是什么意思？养这些玫瑰花是我的主意，所以怎样照顾它们应该是我说了算。

波莉：嗯，如果是那样的话，我对它们充满同情，它们确实需要我的同情。

麦克：我对你充满了同情，因为你不能再让我去那里帮忙。

波莉：至少这些玫瑰花是安全的。

当波莉从院子里进来的时候，她和麦克有一个小时没说话，而且当他们最后开始说话的时候，他们存有犹豫和紧张感，因为他们不想引发另一场战斗。

在这种氛围下，波莉进入了超级幻想中，建议他们举行一个聚会。她忽略了他们之间的紧张气氛，假装他们相处得如此好，以至于他们甚至想要在一件大事上进行合作。

当麦克拒绝了这个想法的时候，尽管波莉是泄气的，但过了一小会儿，她又一次进入超级幻想中。她拿着一些旅游小册子走近麦克。她希望——尽管当时她没有用这种方式思考——通过想象他们可能一起度过一个美妙的假期来消除关系中的间隙，和麦克重修于好。

当波莉正在考虑跟麦克在一起玩得很开心，做一些令人兴奋的事情，真正地相处愉快，在古雅、异国情调的地方尽情享受时；麦克正在考虑时差，无聊的导游，互相惹对方不高兴，争论看什么风景，在不舒服不熟悉的床上睡觉。

感觉到麦克没有跟她分享度假的热情，波莉收起来她的小册子并放好。

几小时之后，波莉进入卧室，麦克在看书，她开始亲吻他。她希望——尽管此刻她没有用这种方式来思考——通过亲密来消除关系中的间隙，重修于好。她在想他是多么的帅气，他们如何能够让对方满足。

又一次，麦克进入相反的想法。"是什么让她觉得我在性方面有兴趣？"他对自己说："首先，她批评我；然后，她不跟我说话；接着，我们在举办聚会和旅游的事情上吵架。"

"为了对联结做出回应"，伯纳德·阿普费鲍姆写道，"有一类人，对他们来说，所有的担心、不满突然就忘记了；对另一类人来说，担心、不满恰恰突然被记起来了"。

阿普费尔鲍姆指的第一类人就是"绕过者"（bypasser），第二类人则是"非绕过者"（nonbypasser）。

·绕过者能够享受性，不管关系中正在发生什么。他们在某种程度上能够忽略这样的事实，比如，他们一整天都没有跟伴侣说过一句礼貌的话。

·非绕过者不能享受性，因为他们不能忽略关系中正在发生的事情。跟伴侣肢体上亲密的想法，恰恰让他们更多地觉察到情感上亲密的缺乏。

绕过与非绕过的观点不仅能够适用于性方面，也适用于其他任何方面。

绕过者—非绕过者的冲突

绕过与非绕过是两种互不相容的处理问题的方式。

·绕过者解决问题的方式是停止谈论问题（因为那只会让问题变得更糟糕），接着进入幻想。

·非绕过者不能进入幻想。为了解决问题，他或她必须得尝试谈论问题，哪怕谈论问题只会让事情变得更糟糕。

所以，当波莉——绕过者——以性爱的方式接近麦克来解决问题（她有这样的幻想：他们拥有好的性关系能够补偿当天的所有问题）时；麦克——非绕过者——以尝试谈话的方式来解决这个问题。

麦克：是什么让你觉得我会对性生活感兴趣？我们一整天都在吵架，而且我们不吵架的时候，就不说话。接着，当我们确实开始说话的时候，你开始用举办聚会和旅行对我施加压力，而我仍然被你所说的关于我修剪玫瑰的话而觉得受伤。

说完了所有这些话，麦克现在觉得好一些，有些想要性生活了。有机会表达感受和做出抱怨，会有强大的复苏情感和复苏爱的功效。

但是，当麦克现在觉得更想要性生活的时候，波莉现在觉得不太想要了。当麦克说出这些抱怨的时候，对波莉来说，想象麦克是多么的帅气和两人如何能够给到彼此性满足，是非常困难的。

波莉：为什么你非得说出来这些毁了我的心情？我甚至不再想要性了。

所以这就是绕过者—非绕过者之间的冲突：伴侣中的一方用来改善心情的做法，毁掉了另外一方的心情。非绕过者通过谈论问题来维持爱的感觉，绕过者通过不谈论问题来维持爱的感觉。在绕过者—非绕过者的冲突中，伴侣中一方保持在爱里的做法，干扰了另一方保持在爱里的做法。

像波莉一样的绕过者，不能理解为什么她们的非绕过伴侣就不能"放松一点""既来之则安之""把问题放在一边"和"停止谈论每件事情"。她们不能明白，为什么她们的伴侣做一丁点儿她们所要求的都那么费劲儿。比如，偶尔一句"我爱你"、一个拥抱、一张卡片，或者愿意有性生活，或者幻想浪漫的度假。她们被迫得出这样的结论：她们的伴侣一定是想要挫败她们。

像麦克一样的非绕过者，不能理解为什么他们的绕过伴侣想要性生活，或者幻想浪漫的度假。他们不明白，为什么他们的伴侣做一丁点儿他们所要求的事情都那么费劲儿。比如，谈论他们之间的问题。把心中的东西说出来，对他们来说是如此轻松，以至于他们不能理解为什么他们的伴侣就体验不到同样的轻松呢？

尽管波莉总体上是绕过者，麦克总体上是非绕过者，但在某些时候他们会反转角色。麦克喜爱钓鱼，而波莉讨厌钓鱼。如果在波莉向麦克建议的度假计划里，包括了飞钩钓鱼的话，麦克就会马上进入超级幻想中，他将会忘记一天里的不愉快，并且感激波莉愿意安排这样的旅行，他会开始幻想旅行将会是多么的美妙——只有他们两个人和所有的鲑鱼在河里。当然，波莉从来不会建议飞钩钓鱼，因为只是想想钓鱼，都会让她想打呵欠。

所以，如果你试图用绕过的方式来处理一个特定的问题，而你的伴侣试图用非绕过的方式来处理，你会怎么做？首先，你需要理解你和你的伴侣在采取差异巨大的策略来解决困难的问题。

• 绕过者，已经放弃了通过谈论问题来解决问题的可能性，转换到超级幻想的方式。

• 非绕过者，已经放弃了通过转换到超级幻想的方式来解决问题的可能性，试图谈论问题。

现在很容易看到，绕过与非绕过跟追逐与远离有怎样的相关了，追逐与远离是本书这一部分讨论过的另外一种主要的模式。

• 追逐与远离指的是参与意愿：追逐者参与，而远离者不参与。

• 绕过与非绕过指的是追逐者试图让伴侣参与什么。绕过者试图让伴侣参与到幻想中，而非绕过者试图让伴侣参与到谈话中。

因此，根据谁试图让谁参与到什么当中而定，绕过者或非绕过者都可能是追逐者。

把绕过与非绕过看作虽然是二选一，但是可被理解的处理困难问题的策略，可以让伴侣在采取这些模式时能够感受到少一些对自己和对彼此的指责。

波莉和麦克甚至能够讨论他们的不同策略，但因为这是在谈论，所以成了非绕过者（麦克）可能更想做的事。

麦克：我不喜欢你不愿意谈论我们的问题，但我必须承认你是对的，谈话会让事情变得更糟。事实上，在某种程度上，我希望我能够做到你所做的，忘掉我们的问题，只是想象对彼此感觉好的地方。

波莉：我不喜欢你不想要有性生活（或者计划聚会或想象度假），但这是真的，我们一整天都没有跟对方说一句礼貌的话。我陷入性幻想（或者关于聚会，或者关于度假的幻想）中的事实，并不意味着你也得这样。

很明显，如果波莉和麦克能够用这种非指责的方式来思考和谈论的话，波莉和麦克将会有更轻松的时光来处理这种情形。

第七部分

妥协与幻想

第十八章

发现隐蔽的妥协

　　每个人都希望关系是建立在爱的基础上的。当蜜月的感觉无法持续时，人们认为随时间推移会发展出一种更加深入而不那么强烈的爱，这种更加深入的爱会一直持续，直到死亡。而且粗糙的棱角变得圆润：我们伴侣身上曾经那么烦人的特质现在让我们觉得很可爱；我们发现自己想要取悦伴侣，愿意跟伴侣一起做事，并为伴侣做事；我们发现自己想要保持忠诚；我们如此相爱以至于我们甚至想都没有想过婚外情。

　　但是，回到现实世界，每个人都在担心关系所建立的基础是责任。处在一段关系中，我们相信，当你想要得到时，你必须先给予。当你感觉被忽略时，关系应该是让人安心的。当你想要屈从于诱惑时，关系要求是忠诚的。关系是工作，当你想要去看花展的时候，他/她准备去看一场棒球赛；当你想去看一场棒球赛的时候，他/她准备去看花展。简言之，他/她就是为讨另一个人开心而在做一些你不想做的事情。

　　很多人看上去顺从于责任观点，对爱的观点是持怀疑态度

的。我们告诉自己，避开浪漫的幻想和不切实际的期待，意识
到一段关系需要妥协、艰苦的努力、承诺和牺牲。"你认为一
段关系是唯美、罗曼蒂克和性。不是。它是尿片、拖地和'对
不起，我今晚头痛'。"

在下一章里，我讨论爱的观点。我会展示由浪漫的幻想所
造成的问题，但试图不去幻想，也会造成问题。

在本章里，我讨论责任观点。我会展示不能做出妥协所造
成的问题，但是能够做出妥协也会造成问题。我尤其要表明以
下几点。

1. 人们如此迅速、自动地做出妥协，以至于他们经常没
有意识到自己已经这么做了。

2. 悄悄渗入夫妻关系里的无聊感与丧失活力，其实是未
被认出的持续妥协与和解所带来的后果。

3. 看上去伴侣不愿意妥协，或许实际上这是对未认出的
他或她已经做出的妥协的一种反应。

4. 妥协是隐藏的赌博。人们赌他们能够做出妥协而不会
变得愤懑不满，有时候这个赌博有回报，而有时候却没有。

5. 在自动妥协的背后，有这样一个信念：人从根本上说
是自私的；他们必须得从随心所欲的幼稚快乐中"断奶"。

不妥协能够毁掉关系，但是妥协也能毁掉关系。

已经存在的隐蔽妥协

人们普遍认为，伴侣应该更加努力地做出妥协，但这种观

点的一个危险在于：问题总是由他们已经用隐蔽的方式做出的妥协而造成的。这里有一个例子。

乔伊斯和克莱尔是共同生活了五年的伴侣，他们都是三十来岁。乔伊斯看上去不可理喻和毫不妥协，因为他对克莱尔对爱的需求没有回应。当克莱尔进入厨房要一个拥抱时，乔伊斯转身不理；当克莱尔坚持要时，乔伊斯就不耐烦。

乔伊斯：你看不见我在搅拌汤吗？

克莱尔：这些天你总是在搅拌汤，或去遛狗，或者诸如此类的。

乔伊斯看上去对克莱尔的需求没有回应，其实这是他在努力满足这些需求的结果。克莱尔在厨房里的出现是一件讨厌的事情，因为乔伊斯已经在如此忙碌地试图满足克莱尔的需求了，或者至少他所认为的这是克莱尔的需求。克莱尔从来都不是一个好厨师，所以乔伊斯为她特别做的事情之一就是准备所有的食物，即使他还要去上学和做一份全职工作。对于乔伊斯来说，克莱尔来厨房要一个拥抱，就是另外一份对自己的时间的要求。

伴侣双方都觉得乔伊斯是冷酷的和自私的，当克莱尔想要一个拥抱而不得的时候。他们认为如果一段关系运转良好的话，人们应该拓展自己。

另外一个观点是人们可能看上去自私和毫不妥协，是因为他们已经用隐蔽的方式在妥协了。那天晚上之后，乔伊斯走近克莱尔说了如下的话。

　　乔伊斯：嗨，我对于早些时候推开你感觉并不好。

　　这句话让对话成为可能，而不是争吵，因为乔伊斯没有批评克莱尔的行为。相反，他在批评自己的行为，这使得克莱尔开始批评自己的行为。

　　克莱尔：是的，嗯，我选错了时间，你那个时候正在忙。

　　通过谈论他们各自对争吵的贡献，而不是对方的过错，乔伊斯和克莱尔开始讨论，而不是重新回到争吵中。

　　乔伊斯：我正在做你喜爱的咖喱虾。但是如果我那样推开你，这就是白做工啊。
　　克莱尔(犹豫地)：我们可否考虑有时我自己搞点晚餐？
　　乔伊斯：但是你在医院工作，你值得回到家里享受一顿美味。
　　克莱尔：嗯，可能我值得这些，但是我喜欢看见你放松地在起居室，而不是像我个人的免费大厨一样忙活。

　　克莱尔试图帮助乔伊斯停止妥协——少些关心他认为克莱尔有的需求。如果乔伊斯停止妥协，他或许能够给到克莱尔真正想要的。克莱尔更愿意从放松的伴侣这里得到一个拥抱而不是从一个紧张的伴侣那里得到一顿大餐。

一连串的妥协

人们是如此迅速、自动地做出妥协，以至于他们经常意识不到自己已经这么做了。玛莎和詹姆斯是一对三十多岁的已婚夫妇。玛莎在当地一所大学读书，并兼职做一名护士。詹姆斯是一个总承包商。

一天，在下班回家的路上，玛莎发现自己在做去意大利度假的白日梦。因为她知道詹姆斯担心钱的问题，会马上否决这个提议的。于是，她很快打消了这个主意，取而代之的是，考虑买意大利歌剧的门票。不行，她想，詹姆斯不喜欢歌剧，所以她又打消了这个主意，取而代之的是，想象他们在一家意大利餐厅吃晚餐。哦，但这是星期三，因为她知道詹姆斯不喜欢在一个星期的中间出去吃饭，最后她决定订一份披萨。

玛莎甚至还没有跟詹姆斯谈过，她已经做了三次妥协了。

当詹姆斯说他不想要吃披萨时，玛莎大发雷霆，接着就生闷气了。詹姆斯无法明白她到底怎么了，而且玛莎也不知道她到底怎么了。妥协这么快速、自动地做出了，以至于人们经常忘记他们做过这些妥协。詹姆斯（玛莎自己也是）现在把她看作一个自私的、不可理喻的和毫不妥协的人，如果她不能马上得到想要的，就会心烦。

詹姆斯不知道的和玛莎自己已经忘掉的是，她没有得到任何她想要的东西。她从梦想去意大利开始，但最终以点一个外卖披萨结束，而詹姆斯却连这一点都没有同意。

伴侣双方都把玛莎的大发雷霆归咎于她的苛求、毫不妥协的态度，其实，这是她已经对詹姆斯做出妥协的结果，而詹姆斯对此一无所知。他没有意识到披萨之外玛莎所有已经妥协过的东西。

即使是这样，詹姆斯对披萨说"不"也是一个意外。他通常会寻找一切机会来满足自己对披萨的渴望。玛莎用他最喜欢的食物代替叫他去意大利旅行，玛莎只是要求了她有足够理由相信詹姆斯会喜爱的东西。

詹姆斯对披萨说"不"，证明这是他自己未被表达的妥协的一个后果。因为他在担心钱的问题，他一直想建议玛莎退学，获得一份全职工作。然而他没有建议这些，因为他知道上大学对玛莎是多么的重要。他认为吝惜玛莎的教育投入是心胸狭窄的，他不想被看作挡妻子路的男人。因此，取而代之的是，他考虑做出更加适度的要求，让她减少花费。但是他也没有做到这一点，过去他要玛莎花费少一些，她错误地觉得自己被指责是挥霍无度的人并变得心烦。因此，取而代之的是，詹姆斯决定更加适度地减少在奢侈性消费方面的花费，像餐馆、电影和外卖披萨。然而，他没有和玛莎沟通过，因为他认为玛莎不喜欢听这些，她已经认为他太担心钱的问题了。

玛莎和詹姆斯需要一个可以让他们说出已经发生的事情的对话。这里是一个关于这个对话如何进行的理想画面。

玛莎：我甚至不喜欢披萨——你是家里的披萨爱好者——所以我不明白为什么我这么心烦。

因为玛莎没有在指责詹姆斯，他就不必防御自己。

詹姆斯：是的，说"不"简直就是杀了我。但是数一数小费和税费，你知道那会有多少钱吗？

到目前为止，钱的问题出现了，事情变得棘手了。詹姆斯可能会说这样的话，"你总是花太多钱"或"你不带来你的那一份额收入时，达到收支平衡就变得很艰难"，这会马上从对话转变为一场争吵。

但，相反，詹姆斯说了如下内容。

詹姆斯：我在担心钱，而且如果我们立刻砍掉所有的额外费用，我认为这对我的担心是有帮助的。唉，我根本不知道第一个砍掉的将是我最爱的披萨。

玛莎：嗯，或许当你听到今天我为咱们节省了多少钱，你会感觉好一些。我刚开始做了去意大利旅行两个星期的白日梦，但我知道那是绝对不可能的，所以我决定用看一晚歌剧勉强应付，但歌剧票是那么昂贵，最后，我转而想在意大利餐厅吃晚餐，但是接着，我想象吃完意大利菜肴后的支票，就停止沿着这个轨道幻想了。于是，最后变成了外卖披萨。你并没有意识到我的这个思考过程。

听到玛莎是如何做出妥协的，并进行了这么充分的考虑，詹姆斯想要做相同的事情了。

詹姆斯：嗯，管他的。我们订披萨——或者更好的，可能意大利餐厅有最后一刻取消预订的。我们可以从明天开始再省钱。

问题现在变得清楚了，玛莎和詹姆斯已经失去了表达自己真正想要什么以及发现对方真正想要什么的机会，他们被剥夺了善意的感觉，这种感觉会要让他们想为伴侣做些事情，并真正享受妥协。

妥协是隐蔽的赌博

人们经常认为妥协是很容易做到的，他们认为，所需要的就是一点成熟，以及愿意考虑除自己之外的其他人。不去打网球，取而代之的是跟孩子们待在家里以便他或她的伴侣能去游泳，这不会杀死一个人；偶尔去看另外一个人喜欢看的某个类型的电影，这也不会让一个人受伤。人们总是做出迁就，他们认为，妥协不难，这没有什么大不了的。

平常我们不会这样想，但妥协是赌博。在妥协的时候，人们强迫自己去做他们原本不想做的事情。如果迁就和牺牲变得比预期的更加困难和令人不愉快，并且比预期的有更少的回报，这个人可能会反抗，变得愤怒或者沉默寡言。这个赌博就是人们将能从妥协中得到益处（让伴侣开心和巩固关系），而不用变得愤懑不满或回避。

詹姆斯带玛莎去了那家意大利餐厅，几个月之后，作为生日礼物，詹姆斯又给了玛莎 La Bohème 的门票，他认为这是他欠她的，即使他对这种音乐不怎么喜欢——还有西装、领结、停车。但是玛莎为他做了那么多妥协，她特别不喜欢棒球，但她依然想着他。例如，她最近该提议当 Red Sox 来镇上时他们去看比赛。

但是，在幕布升起之前，詹姆斯意识到他犯了一个错误。他怀疑："我怎么能让自己看进去呢？甚至还没有开始，我都已经想回家了。我必须得离开这里，但是我不知道怎么离开。或许将有一个地震，舞台将会崩塌。糟糕的想法，糟糕的想法。我只是希望他们开始的同时就结束了。"

詹姆斯坚持看到最后，回家的路上，当玛莎批评他开车太快时，他发飙了。

詹姆斯：我刚刚度过了三小时无聊至极的时光，只是为了给你一份我们负担不起的享受，而所有你能说的就是"你开车太快了"。我当然开得快了，我想回到家里摘下领结，并试图从我的头脑里弄走这些歇斯底里的咏叹调。

玛莎马上对于他们去看歌剧而感到内疚，甚至她也觉得这出歌剧很无聊。而且詹姆斯的坏脾气让她觉得心烦，她愤怒地说出了自己的回应。

玛莎：嗯，不要再多考虑这件事了。我们以后永远不会再去了。

一个月之后，在棒球比赛上，玛莎意识到她已经犯了一个错误，她长长地叹了一口气，心想："我不能相信这只是第二局。感觉已经待在这里好几年了。天气开始阴沉了。或许会下雨，这样我们就能回家了。我饿了，卖热狗的家伙去哪里了？

如果比赛进入加时赛，我就走狗屎运了。现在我真的口渴了。"

玛莎坚持到了最后。回家的路上，詹姆斯对她说："你看上去很安静，有什么不对头吗？"

"没有，我只是有一点累了。"她回答道。

当他们感觉到有些不对头，但不是很确切地知道哪里出问题，或者不知道怎样去谈论问题的时候，上述情况就是伴侣间典型的交流。

詹姆斯和玛莎预计过风险，但并没有解决问题。詹姆斯没有意识到他讨厌歌剧的程度，而玛莎没有意识到她讨厌棒球比赛的程度。但是他们的赌博本来能够有效果的，其他相同性质的赌博在过去有很多次是有效果的。

之前的那个冬天，作为对詹姆斯的特别回馈，玛莎同意跟他一起滑雪。她抱有那么低期望的事实——她一点儿都不期待自己会享受这次旅行的任何部分——让她非常放松，并且反而有些享受旅行。詹姆斯特别开心玛莎能跟他一起旅行，而且，她看上去是那么的兴高采烈，这让他想要为她做些特别的事情。他建议他们去跳舞——她一直最爱做的事但却不得不放弃（就像玛莎不爱滑雪一样，詹姆斯不爱跳舞）。他发现她的热情具有传染性，因为自己的建议，玛莎被感动了，而这也让他感动了。她比过去几年里都更加柔情，而且之后的那天晚上，他们有了历史上最好的性生活。

是什么让人们强迫自己做他们确实不喜欢做的事情，却仍旧想要它带来好的结果呢？多数是依牺牲多大而定的。跳舞原来比詹姆斯期待的更令人愉快得多，歌剧则更少地令人愉快。滑雪原来比玛莎期待的更好玩，棒球赛则是糟糕太多了。

机会扮演了一个重要的角色。詹姆斯曾经拥有任何享受歌剧的机会——确实还是有一些的——彻底地被这样一个事实毁掉了，就是他最好的朋友正好在他们出发之前打来电话，说要给他那天晚上的拳击票。所以去看歌剧，意味着他不得不放弃拳击。此外，交通很堵，很难找到停车的地方，而且剧院超级热。更有甚者，玛莎几乎没有对他的牺牲像他期待的那么感激。这个赌博——甚至詹姆斯都不知道他在赌——似乎世间万物都为了让他赌输而串通起来。

当他们的赌博失败和当他们意识到已经承诺过的东西是他们真的不能忍受的，人们对此的反应是不同的。

1. 有些人不再信守自己的承诺。詹姆斯，比如，原本可能对玛莎宣称，在歌剧开始之前他就已经讨厌了，当演出结束时，他可以在隔壁的酒吧跟她碰面。玛莎不可能对此感到开心，而且詹姆斯可能因为让她失望而感觉糟糕。但从詹姆斯的角度考虑，他就不会觉得自己被困住了。

2. 有些人，就像詹姆斯所做的，强迫自己参加整个活动，并且在事后表达他们的愤懑不满。这通常让伴侣双方都后悔他们曾经想出的这个主意。

3. 有些人，就像玛莎所做的，强迫自己参加整个活动而不表达任何不满，通常的结果是形成一种不易觉察的回避，这从某种程度上甚至会更加干扰他们的关系。

人们如果知道做出妥协的努力是一场赌博，就会更有能力从这些不起作用的妥协中恢复过来。这里是詹姆斯和玛莎在歌剧院可能有的理想版本对话，詹姆斯会转向玛莎。

詹姆斯：我知道你不喜欢听这些，但我来这里犯了一个大错误。如果萨姆没有打电话说要给我拳击票的话，如果交通不是这么糟糕的话，如果我们不必停车在百万英里之外那么远，还得走一段夜路的话，本来还会好一些的。但对此我感觉特别糟糕。这是我在你的生日这天努力做的真正棒的事情，但我已经把它搞砸了。最初这是我的主意而我现在开始指责你，想到这点我感觉更糟了。

如果玛莎愤怒地进行回应，他们可能当场就会战斗。然而战斗结束后，有趣的、没有料想到的事情可能会发生，这取决于玛莎和詹姆斯是否觉得他们的观点已经被理解了。

• 说出他多么讨厌歌剧、描述每件事情错得多么离谱，以及他的感受有被承认的机会，可能会让詹姆斯停止讨厌歌剧。他可能现在愿意待在那里看歌剧了。

• 表达出对詹姆斯带她来看歌剧接着又抛弃她的不满情绪，可能会让玛莎至少部分地觉得他在街上等她也是可以的。

自　私

妥协的问题很重要，因为它与自私相关联。自私是那些字眼中的一个——依赖和控制是那些字眼中的另外两个——这些字眼就让有益的思考终止了。当我们用这样的字眼来描述他人时，意味着我们已经从思考转换到评判。我们已经停止尝试理解他们的行为，并陷入对他们行为的指责。当我们说别人是自私的时候，责备的意味是很明显的。我们把他们看作被惯坏的、自我中心的、自恋的、只对个人快乐感兴趣的、不愿意妥协的、不能想象别人有怎样的感受、从他们自我沉溺的行为中得到太多而不愿意放弃的人。如果我们能够看看他们的困境，而不是退后一步来评判他们，我们将会看到，他们被描述为被剥夺的人会更为准确一些。他们被剥夺了大多数个人快乐的资源和终极形式的自私：拥有一个让他们觉得如此亲近以至于他们特别在乎他或她的感受的人。

自私的问题是一个需要一场全面深入地辩论的复杂问题。

· 人们根本上是自私的和必须学会妥协的，代表这个命题的，我们有露西，朱迪楼上的邻居，像你可能记得的，她使用"性格缺陷"的解释。她是代表人们根本上是自私的这个命题的自然人，因为自私是一个主要的性格缺陷，这在她的词汇里是非常突出的。

· 看上去自私的人，实际上是被剥夺了自私这个权利的，代表这个命题的是乔，汤姆车里的乘客之一，像你可能记得的，他使用"未被认出的感受"的解释。他坚信我们通常看作幼稚、原始和自私的行为，是可以追溯到某个可理解的成人感受的。

露西：让我们面对这点吧。如果人们想要搞定一段还算像样的关系，他们必须得学会在方方面面压抑他们自私的愿望，拓展自己并做出妥协。

　　乔：但就是所有那些压抑、拓展和妥协造成了大多数问题。乔伊斯努力拓展自己，并为克莱尔做特别的事（每天晚上给她做晚餐），结果适得其反，因为这让他无法用更重要的方式接近克莱尔。克莱尔没有觉得被爱，而是觉得被拒绝。而詹姆斯压抑他对歌剧的抱怨，导致了回家路上的大发雷霆。

　　露西：嗯，我们来谈一谈詹姆斯。除了压抑愤怒和大发雷霆之外，他本来可以做很多事情的。如果他不喜欢歌剧，他本可以聚焦在他确实喜欢的东西上——比如服装或布景，或者他本可以在心里花时间重温一下这周的计划表，或者他能够只是享受这样的事实：他在取悦玛莎和弥补这么多年来她为他所做的所有事情。

　　乔：嗯，是的，那些都是可以尝试的好做法，而且，就像所发生的，詹姆斯尝试了所有这些。不幸的是，与爱好歌剧者相比，他更不是一个喜欢服装的人，而且当他尝试利用这些时间重温这周的计划表时，音乐的声音让他无法集中注意力；当他试图聚焦于为玛莎做事的快乐时，他又回到了自己感觉被困住的不开心里。

　　露西：嗯，很明显他没有足够努力地去尝试。这个世界上充满了这样的人：他们如此地忙于满足自己的需要，以至于他们找不到时间让他们的关系运转地更好。

　　乔：你忘记了自私根本不是所标榜的那么有趣的东西。露西，我意识到，这跟你的信念不同：你认为人们因为自私而得到如此多的快乐，以至于人们实际上必须祛除这种有害的做法。但是，如果你想一想，自私（推开人们，抓取你想要的）是二流的满足。这是留后路的做法，它是人们感觉到被欺骗、被虐待、被挫败、失望、饥寒交迫、绝望、孤独和无聊时所做的事，是人们对于最终以欺凌结束的关系觉得不再有价值或暂时失去价值感时所做的事。这就成为一段关系相处得不好的结果。

露西：但是，我们都诚实点。如果我们不担心自己是否自私的话，会发觉我们都是自私的。至少孩子很坦白这一点，他们很明显想要得到东西，而不是给东西。他们说："给我，给我，给我。"这就是孩子们所说的，而且这就是他们的意思。

乔：但孩子们确实想要给予，实际上有时候很难阻止他们不这样做。他们总是会带给你一些东西，试图帮助你，试图为你做事情。孩子们跟其他人一样，他们喜欢得到东西，也喜欢给出东西。

露西：嗯，你是对的。但是"得到"是天生的，而"给予"呢？嗯，那只是因为他们的父母欺骗或贿赂他们，让他们这么做。但让我们看看把所有这些都放在一边的成年人；我们看看坐在电视机前的丈夫，期待他的妻子给他拿报纸、饮料和所有其他的东西。之后他只是看他的节目，从来不会看她的节目。他唯一没有被满足的需求就是，在她寻求一点情感和谈话时，遥控器上没有一个按钮能够让她闭嘴。你会把这些叫作"给予"和"得到"，或者只是自私？

乔：如果这是自私的话，他确实做得相当糟糕。把伴侣变成了佣人，就像买了一辆法拉利然后用它来运送垃圾一样。有很多更好的事情可以跟伴侣一起做。一个伴侣可以是为之感到兴奋的人，与之共享白日梦的人，像享受被他照顾一样享受照顾他并与之谈论事情的人，享受给到他东西和从他那里得到东西并感觉与之在一起的人。这个男人没有得到任何东西，换句话说，他可能看上去自我沉溺，但在现实中他是被剥夺的。

结　论

因为盘剥伴侣，我们通常被视为"自私"的人，当想到这一点，会让关系中可获得的令人满意的主要资源得不到开发。

跟多数人意识到的相比，有很多更好的自私的办法，而且这些更好的方式涉及合作。

这样的合作看上去会是什么样呢？当然，我从头至尾都在谈论这点。当伴侣们采用非指责形式的思考时，它是某种变得有可能达成的互动，这会允许伴侣们：

- 基于对方所说的话进行构建（而不是必须得防御）。
- 形成一个共享的非指责的有利点来看待他们的关系。
- 把他们的问题用作线索。

第十九章

把幻想用作线索

人们有幻想的愿望，而且一直都有。比如，他们希望他们的伴侣会自动自发地做出如下行为。

· 做出特别体贴或关心的行为（用特别的甜点给他们惊喜，周六早上跟孩子一块儿起床，不用说就会自觉去打扫卫生），这些行为真的会让他们感到被爱、满意，而不是理所当然。

· 更加热情地进行性生活。

· 分享对他们而言特别重要的兴趣（网球、野营、园艺，甚至歌剧）而不是说没有或不情愿地参加。

· 承担那些当时看上去特别繁重的任务（收拾孩子的玩具，或尝试第三次去维修店修理东西）。

· 在结束糟糕的一天时，用某些爱与安慰来问候他们，这会让所有一切看上去都是值得的。

· 分享好心情而不是让好心情变糟。

· 让他们走出坏心情而不是让心情变得更加糟糕。

・或者，因为每个人的幻想是不同的，分享他们的坏心情而不是试图让他们走出坏心情。

怀疑者：有这些幻想的人就是在自找麻烦。

怀尔：如果是这样的话，我们都在自找麻烦，因为我们都有这样的希望。

恢复被忽视的幻想

每个人都知道幻想的期待所带来的危险。

・期待蜜月的感觉在整个婚姻期间都持续的人，可能最终会有很多次婚姻(而且有很多次蜜月)。

・等待完美伴侣出现的人可能最终根本就找不到伴侣。

・期待不用说出来伴侣就知道他们想要的和他们的感受是怎样的人，可能最终会以不断地失望而收场。

・相信他们和伴侣应该想要一起共度所有时间的人，可能最终想要一起共度的时间很少。

・相信真爱的伴侣是不会发生口角的人，可能最终两个人没有什么话可交流。

然而，没有人意识到试图不要有幻想的危险。实际上，这是夫妻关系里很大的隐藏危险。

洛丽塔是八年级的老师，她丈夫，弗莱德，管理一家面包店。他们已经结婚十二年，有三个孩子。今年是洛丽塔的四十岁生日，她坚持说不想举办生日聚会，所以弗莱德就安排了一次只有他们两个人的生日庆祝。他带她去温泉做桑拿和按摩，这对她来说一直都是特殊的待遇；然后给她一个惊喜：在她最喜欢的餐厅吃晚餐；当回到家时，他打开了一瓶昂贵的香槟；给她一份特别的礼物：一件性感的睡衣。而且，为了避免她觉得他比她更喜欢这件睡衣，他还给了一件她喜欢的法兰绒睡衣。

对洛丽塔来说，很快就不太对头。桑拿和按摩不像她印象中那么好；餐厅的灯光看上去有些暗淡而不够浪漫；当他们回到家的时候，虽然有香槟、性感睡衣和法兰绒睡衣，洛丽塔却只觉得伤心。

洛丽塔的问题是，她不知道怎样处理自己的幻想愿望。去温泉的路上，她意识到自己终究还是想要一个生日聚会的，而且她希望弗莱德忽略了她的建议而偷偷地为她安排了一个生日聚会。

她想象她的朋友们从全国各地过来，甚至有人会专门为此写歌，聚会将持续到凌晨三点，每个人都玩得很开心以至于不愿意回家。而且，她会是所有人的中心，感觉跟每个人都那么亲近，自己对弗莱德是那么的感激。

这是她想要过四十岁生日的方式，也是她对温泉不满意和在餐厅不耐烦的原因，更是她为什么回到家觉得失望的原因——没有一大群朋友涌出来喊"惊喜"。她觉得失望和愤怒，愤怒是因为她感到弗莱德不想给她举办一个聚会。她感到，当她告诉他自己不想要生日聚会时，他偷偷地感到如释重负。

怀疑者：洛丽塔没有得到我多少同情。在她四十岁生日上这样大惊小怪，太任性了。而且，在四十岁的年纪，因为弗莱德没有读懂她的内心而生气，太幼稚了。这纯粹是不切实际的期望。

怀尔：但每个人都有不切实际的期望，而且每个人一直都有。想要有一个惊喜聚会只是一个特别普通的期望。

怀疑者：可能是这样。洛丽塔不只是期待弗莱德知道她想要聚会，她更期待即便在她已经告诉弗莱德自己不想要聚会的情况下，弗莱德依然会为她准备聚会，像这样的人注定会失望，而且她们活该有这样的结果。

怀尔：是的，这也是洛丽塔所认为的，而这就是问题。对这个幻想的自我批评和尴尬阻止了她向弗莱德吐露自己的幻想。而且这太糟糕了，因为如果她能够在晚餐后告诉弗莱德她有怎样的感受，会让她很大程度上得到缓解。

洛丽塔：我知道这是完全不公平的，但是我有这样不可思议的希望——你可能为了惊喜，已经安排了一场生日聚会，即使我告诉过你，我不想要聚会。

一场惊喜聚会将会非常美好，但缺少了一场聚会——洛丽塔幻想愿望的失望——不是她的主要问题。失望是每一天，甚至是每小时都会发生的事。人们习惯了失望，并学会了对此淡然处之。洛丽塔的主要问题是，拥有这样的幻想而带来的羞耻感以及因她不能与弗莱德谈论没有联结的感受而感觉到的跟弗莱德之间的疏离感。向他吐露这些，会是一种解决这种尴尬和疏离感的很好的方式。

洛丽塔需要一种新的看待幻想愿望的方式，她需要能够对自己说如下的话。

1. 惊喜聚会的愿望是一个普通的愿望，不是一个自私的愿望。每个人都有这样的愿望，不管他们喜欢还是不喜欢这点。这是整个人类的状况。

2. 改变主意是可以的。我一个月前告诉弗莱德不想要生日聚会的事实，并不意味着过后某个时候想要一场聚会就是不合法的。

3. 确实，如果我把我的幻想愿望告诉弗莱德，他可能会因为没有实现它而觉得被批评。我会竭尽全力说清楚，我不是在批评他。

如果人们能够把幻想看作伴随生活出现的不可避免的东西，他们会更少地因幻想而感到尴尬。他们曾经会说："到底是我哪里出问题了，居然会有这些幻想。"现在，他们将会说："太令人惊叹了！我从来没有预料过这个幻想会出现呢。"

在意想不到的地方发现幻想

怀疑者：我不确信幻想是如此不可避免，或许洛丽塔有幻想，但很多人没有。比如，我打赌像弗莱德这样的人就没有幻想。

怀尔：哦，他确实有，只是他的幻想更难以发现而已。在洛丽塔希望有一个惊喜生日聚会的同时，弗莱德有着他自己的幻想。

最初，弗莱德在尽职尽责地计划庆祝洛丽塔的生日的事儿，因为丈夫理应为他妻子的生日做些特别的事，而且，如果他没有做到的话，洛丽塔会觉得受伤和愤怒。洛丽塔不想要生日聚会，他觉得如释重负，因为那将会花费大量的时间和精力。

但之后，他开始进入更深的精神享受，他发现自己想要跟洛丽塔更亲密，想让她的生日真正有纪念意义。他打电话给度假村为洛丽塔预约了按摩，上次在那里她特别开心。他在餐厅停下来，订了一个特别的菜——勃艮第鸭——这需要提前四天预订。而且他搜遍了整个小镇，只为找到一件真正让她开心的礼物。他以为他已经找到了：睡袍。

弗莱德想象：做了特别的按摩和吃过特制的勃艮第鸭回到家，接着边喝着特别的香槟边打开特别的礼物，洛丽塔将会是多么的开心！她的眼睛里都会流出来泪水，她会紧紧地用双臂拥抱着他。

但是，洛丽塔没有像他期待的那样反应。按摩仅仅是还可以，或许有点粗暴；晚餐期间她有点不耐烦，因为服务有点太慢了；之于睡袍——嗯，多亏他很幸运地考虑到法兰绒睡衣。

当洛丽塔的幻想变成失望时，她的心烦表现得很明显，尽管她跟弗莱德说出来这些有困难。当弗莱德的幻想愿望变成失望时，他只是稍微耸耸肩。弗莱德看上去没有那么沮丧，他看上去还是那个之前的老弗莱德。他的幻想愿望从发展、倒塌、消失，直到没有一丝踪迹。没有人会知道它们曾经存在过。尽

管对洛丽塔的一丝细微、几乎觉察不到的悲伤悄悄潜入他的感
觉，而他自己几乎也没有任何关于这些幻想的记忆。

弗莱德怎样能够从这种状况中被拯救出来呢？如果他对自
己的幻想愿望感觉更舒服一些的话，他或许能够跟洛丽塔说
出来。

洛丽塔：你不得不承认这点，你不想有举办聚会的烦扰与
麻烦。

弗莱德：是的，当然。当你说不要生日聚会时，我觉得如
释重负，但我仍然努力让一切都很特别。这就是我计划了所有
事情的原因，比如，你注意到香槟上的标签了吗？

弗莱德愿意承认他最初不想要举办聚会，让洛丽塔进入一
种和解的心情，在这种情况下，她能够注意到他曾经尝试为她
做的事情。

洛丽塔：我现在感觉有些糟糕，我只是这么急于希望你能
读懂我的心，为我举办派对，以至于我没有真正感激你为我做
了这么多。

洛丽塔愿意承认弗莱德试图为他所做的事，让弗莱德进入
一种和解的心理框架中，在这种情况下，他能够注意到她想让
他做的事。

弗莱德：我本应该知道你确实想要生日聚会的，或者，至

少我能够再次跟你核实，以确认你还没有改变主意。

弗莱德愿意提出他本应该知道她的幻想，使得洛丽塔想要安慰他。

洛丽塔： 是的，但到那个时候已经太晚了。所有我们的朋友都已经做好自己的计划了。而且，不管怎样，你怎么能确定我不会只是说："嗨，我没有告诉你不要聚会吗？"

洛丽塔和弗莱德处在一个积极的循环中，在这个循环中，每个人说出和解的话语去回应同样这么做的对方。

对于很多夫妇来说，能够这样谈话比有还是没有一个生日聚会更重要。

半表达的幻想愿望

当人们为了幻想愿望而尴尬和自责时，人们就抑制它们。或者，像下面的例子，他们突然脱口而出这些幻想愿望，接着就卡在为之辩护上。亚瑟和夏洛特是一对三十来岁的夫妇。亚瑟正在努力开始一个咨询业务；夏洛特为了照顾三个年幼的孩子而辞掉了高中音乐老师的工作，她通过给别人上钢琴课来增加家庭收入。当开车去杂货店时，亚瑟和夏洛特经过一对骑自行车的夫妇。

亚瑟（突然脱口而出他的幻想愿望）： 我们为什么不买自行车呢？

夏洛特：你认为我们真的会用得上吗？

亚瑟：你为什么马上就贬低我的每一个想法？

夏洛特：因为它们总是那么不现实。

亚瑟：买自行车不是不现实，可以节省汽油钱。

夏洛特：是的，在天气不下雨或不太冷的时候，或者在我们没有杂货店和孩子的那些极少的时间里。

亚瑟：好，好。你如此的逻辑清晰。你把每件事都弄得好无趣。

怀疑者：我没办法对这对夫妇感兴趣。亚瑟明显是不负责任的，而且他不成熟，他必须要获得他幻想中一切。

怀尔：但亚瑟并不是真的期待得到自行车。他和夏洛特这么快就进入争吵，以至于他们没有任何机会意识到他其实是同意夏洛特的看法的。他知道得到自行车没有任何意义。如果他把整个故事告诉她，它会是这样的。

亚瑟：我知道我们没有买自行车的钱，而且我们可能根本用不上。但是看到骑自行车的夫妇，让我渴望我们能像他们那样。为了努力让生意能好好做下去，我觉得有很大负担，而且我那么担心钱以至于我希望我们能只是一起骑自行车并忘掉所有这些该多好啊。

对此夏洛特可能回答。

夏洛特：是的，我也一样。而且我还知道有个骑自行车的好地方。说实话，我们今天为什么不去那里租自行车呢？在接孩子之前我们还有两小时。

夏洛特提出了这个建议，就会加入亚瑟的幻想并把它变成现实。

亚瑟最初的说法（"我们为什么不买自行车呢？"）的问题是，他没有讲清楚他知道这个打算是不现实的。夏洛特就卡在她不得不说清楚买自行车是不现实的。接着，亚瑟就卡在不得不捍卫他的幻想上。他充满活力的想法，对他们的关系是有潜在贡献的，却变成了一个问题。

夏洛特和亚瑟本可以在任何一点上解决这个问题，如果其中一人意识到亚瑟的"我们买辆自行车吧"是一个愿望，而不是他真的期待他们做的事。这里就是亚瑟会做的。

亚瑟：等一下。我为什么要捍卫这个疯狂的想法？当然我们没有钱买自行车，也没有时间骑自行车。我只是想到如果我们能够骑自行车那该多么美妙啊。

下面是夏洛蒂会说的话，如果她意识到亚瑟的"我们买辆自行车吧"只是一个愿望的话。

夏洛特：等一下。或许你只是随便想一想买自行车的想法，我太快就跳脚了。

熟练地追踪幻想愿望

夫妻生活就是由一系列的半体验、半陈述、半实现、易丢失和快速忘记的幻想组成的。我建议发展出追踪幻想和谈论幻想的技能。

让我们回到凯伦和约瑟夫，于艰难的一天结束时在门口彼此问候的这对夫妇（第 13 章和第 14 章）。

· 在下班回家的路上，约瑟夫有这样的幻想愿望：凯伦会神奇地知道他过了艰难的一天，她会拿着一杯辛辣的血玛丽在门口迎接他，并把报纸也一并递上，她把孩子教育得非常好，在他看报纸的时候还会把晚饭准备好。过后她会给他做背部按摩，并带着关心的爱意倾听他讲述一天的烦恼，之后……

· 凯伦有她自己的幻想。她想象约瑟夫会神奇地知道她的一天是纯粹的家庭苦难。他会带回家一个很棒的 DVD，当她解释所有的一切都出问题的时候，他会听得很入神，并且会坚持让她坐下来放松，而他来照顾孩子，并准备晚餐。之后，他会建议周末就他们两个出去，并且安排好照顾孩子的保姆。

但是，约瑟夫刚走进家门，伴侣双方的幻想希望就被碾碎了。每个人都发现幻想的拯救者恰恰是那个需要被拯救的人。

怀疑者：为什么这没有让我感到惊讶？期待你的伴侣忘掉自己的问题并马上开始照顾你，这是相当不现实的。

怀尔：确实是，但那并不花太多精力——只是一句善意的话语，一个表达他们的挫败的机会——来照亮凯伦和约瑟夫对世界的看法。只是实现他们希望的一小部分，人们通常是可以应付过去的。

怀疑者：我仍然认为，对人们来说，期待别人来照顾他们是错误的。成熟难道不就是意味着能够自己照顾自己吗？

怀尔：凯伦和约瑟夫都同意你的观点。而且那正是他们不能谈论他们的幻想的原因。不是告诉凯伦他的幻想，约瑟夫只是让自己出现在门口，带着模糊的、半意识的希望：凯伦会自发地实现他的幻想。而且，凯伦也没有表达她的愿望，她简单罗列了那天没有处理好的事情，希望约瑟夫会知道她需要安慰。接着，当看到他们的幻想愿望不会被实现的时候，他们马上就忘掉了。

怀疑者：这也无妨，你不觉得吗？我无法想象他们还能做些什么。他们肯定不能谈论幻想，你怎么能告诉你的伴侣这些废话而不觉得荒谬？

怀尔：嗯，那承认你所说的荒谬，然后呢？

约瑟夫：我知道即使想到这些都是不可理喻的，但我希望你能以某种方式知道我度过了糟糕的一天，并且你可以让这些不好的东西消失。你知道吗？用一大堆好的东西来问候我——一杯酒，一些安宁与平静，所有的一切。

如果约瑟夫用这样的方式来表述——就是说，作为一个他早就知道的荒谬愿望，而不是他真正期待凯伦去做到的事情和因为她没有做到而指责她的事情——凯伦将会更少地觉得被攻击，并可能用同情的语气来回应。

凯伦：我非常愿为你做这些，但是我过的这一天，开始是爆胎了，接着狗狗吃掉了一整块儿黄油——你不知道这发生得有多快——我自己也需要一些安慰。

怀疑者：那么，你的观点是什么？凯伦和约瑟夫在做相当不错的演讲，但什么都没有真正地改变。

怀尔：嗯，看上去好像什么都没有改变。没有任何人的幻想得以实现，而且看上去他们也不准备实现这些幻想。每个人都太需要安慰了以至于无法提供给对方所需要的安慰。但是，约瑟夫和凯伦在做一些伴侣们很少做的事情，他们在谈论，好像：

- 有离谱的不能实现的幻想是可以的。
- 谈论你的幻想不用因没有实现而指责你的伴侣，这是可能的。
- 倾听你伴侣的幻想不用觉得非得实现它们是你的责任。

我在提出这种看待幻想的替代方式？就像现在，一方面，它们被看作你不该拥有的；而另一方面，被看作身为你的伴侣必须要实现的东西。几乎没人拥有只是单纯地让自己的幻想能够被人倾听和理解的奢望。

凯伦和约瑟夫不会实现他们的 DVD 和背部按摩的幻想。然而，他们会得到的，是来自彼此之间在"觉得拥有那些愿望是可以的"这一方面的帮助。在这样的帮助下，他们将不必回避。相反，他们或许能够同情同时拥有糟糕的一天而不能被帮到的对方。经过一天像这样的疏离经历之后，彼此同情的一刻能够帮他们走很长一段路。

所以，这就是有技巧地追踪和谈论幻想愿望是怎样有可能的，有三样东西是必需的。

1. 这样的观点：当有些事在你和伴侣之间不怎么对劲的时候，未被认出的幻想可能隐藏在太尴尬而不能说出来的阴影里(密切关注这类隐藏幻想的人们会在发现幻想方面处于有利地位)。

2. 这样的信念：有这些幻想愿望是可以的。

3. 这样的能力：用一种不会让你的伴侣防御的方式来谈论你的幻想，即说清楚你把它们只是看作幻想，而且你没有真正期待你的伴侣帮你实现这些幻想。

把幻想用作线索

一旦你能够注意到你的幻想，你就为下一步——把它们用作线索——做好了准备。让我们回到凯蒂的幻想上，我在第十一章讨论过。

凯蒂热切地回想起关系早期的时光，她和伯特过去聚会、跳舞和彻夜聊天。

做婚姻早期令她感到兴奋的白日梦，揭示了凯蒂现在对缺少兴奋的担忧。

就像珍珠是沙粒在牡蛎里存在过的线索一样，幻想是在人们心中存在的愿望与失望的线索。而且这些幻想的性质，揭示了他们的愿望与失望的性质。

但是，人们几乎没有想过把他们的幻想用作线索。相反，他们马上行动。这就是凯蒂所做的，她找到伯特并提出一个建议。

凯蒂：今晚我们去湖里划船吧。

她的愿望是重新体验过去浪漫的感觉。她没有告诉伯特，她一直想念关系早期他们拥有的亲密，而且她希望他们过去共享过的浪漫活动或许能够重新带来亲密感。她只是简单地说："我们去划船吧。"

凯蒂有一个积极的幻想，她希望月光之下的夜晚将会复活他们的浪漫。伯特有一个消极的幻想，他认为相同的活动将会昭示他们已经变得多么不浪漫了。所以他说。

伯特：对我来说好像还行，但以后再说吧。

伯特希望凯蒂会忘记这件事，但她没有忘，也没有再提这件事。她只是感到更加悲伤。

实际上，马上行动也不一定有什么问题。我也一直这么做，并从中得到很多。而且凯蒂和伯特可能也从中得到过很多。如果伯特已经同意去划船，他们两个或许能够重新体验一些过去的浪漫。

马上行动只有在人们仅限于此的时候会成为一个问题。我建议马上行动和谈论背后的幻想这两种做法。

两个星期之后，凯蒂确实尝试去谈论这些幻想。不幸的是，就像他们一直克制感受时会发生的情况，当这些感受真的出现时，他们会用指责的方式来谈论，这就引发了一个消极循环。

凯蒂：为什么我们不再彻夜聊天，或者参加派对，或者跳舞，或者甚至用我们过去经常用的方式做爱？（她在暗示他是那个不想要做这些事情的人。)

伯特的回应就像人们通常在感到被指责时所做的一样。他捍卫自己。他用理由而不是感受来回应。

伯特：你知道我现在得早起去上班，那时候我们时间充裕，可以一直睡到中午。

战斗已经拉开了。凯蒂回答他们两个都有早课的，所以他们并不能睡到中午。伯特说他们一个星期只有一天早上有课，而且他们确实能睡到中午。讨论卡在二十五年前他们的课程表上了。凯蒂根本就没能说清楚她想念他们过去彼此拥有的浪漫感觉。伯特的没有倾听让她觉得抑郁，而且她偷偷地担心自己太苛刻了。

凯蒂的错误是把她的幻想表述成抱怨而不是愿望。实际上，把幻想表述成抱怨也没有什么问题。至少，我们希望不存在幻想，因为那就是我们所有人所做的事情。当感到尴尬、不确定或者挫败的时候，抗拒陷入指责是很困难的。而且人们经常以这种方式去感受他们的幻想。

当所有能做的事就是把幻想表述成抱怨时，这就成为一个问题。我建议说出抱怨，可能这会导致争吵，然后，过些时候再回来并把幻想用作线索。这是凯蒂所做的事，她随后走向伯特。

凯蒂：我不知道我怎么了。只是因为我想要去湖里划船并不意味着你必须得去，而且在我们这个年纪谁还会想整夜都有性生活呢？

伯特：实际上，那一部分确实对我有些吸引力。

凯蒂：哦，为什么那一点都不让我惊讶呢？嗯，我并没有确切地说我们在船上会做什么。

伯特(笑着)：哦，或许我太快地否定划船了。

这个片刻，凯蒂和伯特重新获得了过去的浪漫感觉。这就是他们过去谈话的方式。

凯蒂(继续)：我甚至不知道是什么让我想到湖的……嗯，实际上，或许我知道了。我一直在想念过去的火花——你知道，当我们过去那样做这些事情时它是怎样的。

伯特：那些时光非常美好。

凯蒂：我感觉跟你亲近了很多……我也不清楚，我刚才觉得跟你非常亲近。

凯蒂刚才觉得亲近，是因为她刚刚在吐露她内心的东西，即最近亲近感的缺失，那就是凯蒂幻想的东西。她一直在做过去特别亲密时期的白日梦，因为她想念之前感觉到的亲密。而且她又重新得到亲密——至少在此刻——通过吐露她内心的东西。

亲密是谈话的结果，它是听到你的伴侣内心的东西和告诉你的伴侣你内心的东西，甚至——不，特别地——即使你内心的感受是你没有感觉到亲密。

我们从未利用过的线索

对伴侣来说，理想的情况是把他们的幻想用作线索。但做到这点很难，什么时候你曾听到有人说下面的话？

• 我一直在想我们过去怎样整夜地聊天，而且那一定意味着我感受到跟你距离在变远，这也是通常我有这个幻想时所感受到的。

• 我整天一直在想我们去山上的湖里游泳的时光——所以这一定意味着：发生在我们之间的种种已经不再足够特别了，这也是通常我有这个幻想时所感受到的。

• 最近我一直想象单独住在森林的小木屋里。那只能意味着，我同意跟你在一起做更多我并不真正喜欢的事情（购物、滑雪、烹饪课）。

• 我一直在想我的前男友，所以一定意味着我觉得自己没得到你的珍视。

• 我一直渴望你会在门口用特别温暖、充满爱意、性感和迷人的方式来问候我（或者告诉我你是多么关心我，或者走过来给我一个拥抱，或者突然间觉得被我唤起想要疯狂而激情的性生活），所以这一定意味着我感到被忽略了。

人们不谈论他们的幻想。虽然不谈论是一种遗憾，但这也是可以理解的。

如果一个女人告诉她丈夫，她一直期待被一个迷人的、可以帮她解围的男人在门口问候，而不是那个她经常看到的抑郁的、脾气暴躁的和沉默寡言的人，丈夫很可能会觉得心烦。而如果丈夫说他一直期待被一个温暖的、充满爱意的、善解人意的女人问候，而不是那个他经常看到的抱怨、疲惫和坏脾气的人，妻子很可能会觉得心烦。

但是，即使他们去说这些话，也并不是毫无希望的。留给这些伴侣们的——而且是一个非常可观的补偿——就是去同情彼此。丈夫和妻子或许同意这一点：非常遗憾没有人能够给出对方想要的爱和关心，原因之一是，因为在此刻两个人都需要被爱和被关心。

对于人类的这种状况——就是我们许多最重要的需求和愿望仍未得到满足的事实——伴侣们可以互相安慰。

幸运的是，对于人类的处境来说，具有讽刺意味的是，分享未被实现的幻想这个行为可能朝向实现它们迈了一大步。一个男人在失业办公室待了半天——他排着长长的队，感到被那些拿着薪水，帮他找洗碗的工作的工作人员所忽视，因他不接受洗碗的工作而被批评，他的反应是想象自己在家里被肯定的程度，至少跟他早前感到被贬低的程度是等同的。于是，他带着一种相当夸张的幻想回到家里，想知道他的妻子会怎样表达这种肯定。然而，只要是来自他妻子的友善的话语，再找个机会让他谈谈今天的挫败感，都会改变他认为世界是冷酷无情的和漠不关心的看法，而代之以一种比较温和的看法。他或许不再需要他的幻想期待被实现，因为在某种程度上，它已经被实现了。

理解这些有可能会发生是不难的。人们经常借助想象来在幻想世界里获得极大的满足感，以应对现实世界里的挫败感。

这可能仅仅是实现满足感的一小部分——一句来自你最亲近的人的友善话语——就能使得幻想的满足不再有必要了。

总而言之，幻想是：

• 生活不可避免的伴随物（每个人都拥有的）。

• 对于当下的挫败与剥夺的补偿（就幻想本身而言，它们提供了这些挫败和剥夺存在的线索）。

• 夸张的补偿（它们没有必要字面的来理解。一个饥饿的男人进入疯狂的幻想，不是关于三明治和一杯咖啡的幻想，而是关于食物的狂欢——古罗马的狂欢宴会的幻想。但是，一个真正的三明治就解决问题了，哦，对了，一杯咖啡也可以）。

怀疑者：我要告诉你我的幻想。

怀尔：好啊，是什么？

怀疑者：就是我会赢一次我们一直进行的争论。

怀尔：那确实是一个幻想，因为这是我的书。如果你想要赢一场争论，你得写你自己的书。

第八部分

结论：拥有一段关系的新途径

第二十章

不是你做了什么，而是你知道什么

我一直不喜欢我正在写的这种书——许诺的书，比如"通向更好关系的十种方法。"反映为时甚久的个人困难的关系问题，怎么可能被诸如"讲究技巧""学会妥协""倾听你的伴侣""避免不切实际的期待""绝不要带着愤怒上床睡觉"等此类的建议所解决呢？

我现在相信确实有"通往更好关系的十种方法。"或者，我更愿意这样来表达，有十样（或者说，实际上是四十二样）需要知道的东西，那能够帮助你解决你的问题。然而，我认为伴侣们需要知道的东西跟通常给出的建议是不同的。

· 在这些给出建议的书里我们被告知去妥协，但是我们已经妥协了，而这正是问题的一部分。

· 我们被告知，拥有积极的态度是重要的（就是说，去期待最好的），这很重要。但是，拥有消极的态度也是重要的（就是说，去期待最糟糕的）。

· 我们被告知，不应该把建立在幻想基础上的期待太当回事。实际上，我们需要更加严肃认真地对待它们。

· 我们被告知，问题源于指责我们的伴侣。但是，问题也源于试图不去指责我们的伴侣。

· 我们被告知，依赖是一种幼稚的、我们长大后不再需要的品质。但是，依赖是一种我们需要学习发展的成人技能。

· 我们被告知，亲密来自一起做事情。但是，亲密来自一起谈论我们做的任何事情和我们想的任何事情。

我对某些自助书籍里这些观点的反对，并不是因为它们提供了快速解决的方案，而是因为它们提供的快速解决方案可能带来了问题。伴侣们经常因为没有一个积极的态度、没有更独立、没有更愿意妥协等，已经在责备自己或责备彼此了——而且这样的自责是大部分的问题。太多时候自助书籍是教人们怎样更好地憎恨他们自己。

所以，我建立了自己的一个伴侣需要知道的有用清单。这里是我从书中其他地方搜集来的伴侣需要知道的观点，如果他们想要拥有一段令人满意的关系的话。

怀疑者：哦，不要。我感觉另外一个清单又出现了！

隐藏的合理性

1. 表面看上去不恰当、无理、幼稚或病态的行为，有其隐藏的合理性，而且这个合理性是针对当前的现状，而不只是针对过去的。关于过去的行为可能也是关于现在的。一个伴侣来自童年的特别的敏感性或许让他或她能够探测到确实出现在当前关系中的细微的困难。一个妻子基于童年的对被忽视的特殊敏感性（她觉得被母亲拒绝），能够让她探测到现在她确实被丈夫以一种微妙的方式所忽略。

权宜之计的解决方案

2. 当人们不能有效地思考或谈论他们的问题时，他们就会诉诸权宜之计的解决方案，这经常带来更严重的问题。然而，有时候权宜之计的解决方案会起作用，而且是我们解决问题的主要方式。一个男人带 DVD 回家希望跟妻子一起观看，会把他们拉得更近一些，这是可能的。但这也可能有相反的效果：坐在那里默默地一起看 DVD，或许恰恰让他更加意识到他们真的已经疏远了。

文化口号

3. 我们大量的思考其实是自我说服——尝试劝说自己进入或走出某种感受。我们使用文化上认可的抱怨或者口号，以此作为一种对难以辩护的感受和愿望进行辩护的方式。

问　题

4. 一个关系问题实际上是两个问题：问题本身和你怎样谈论（或不谈论）问题。你怎么谈论或不谈论问题，经常是问题的主要部分。

5. 某些关系问题是无法解决的，至少在此刻是无法解决的。相应地，解决问题的最好方式就是建立一种持续谈论问题的方法，并发展出从问题中恢复过来的技能。

6. 我们被告知，拥有一个积极态度是重要的，即"如果你期待问题"；我们被告知"你将会发现问题"，但是，拥有一个消极态度也是重要的。"如果你期待问题，"我提出："你将会有更好的准备去解决问题。"

7. 当选择一个长期伴侣时，意识到你将不可避免地选择一系列不能解决的问题，你将会在未来十年、二十年，或者是五十年时间里都在应对这些问题，从来没有人用这样的方式开始一段关系（这被看作太不浪漫了），但这是有价值的。人们不喜欢他们伴侣身上的东西，或许这正是他们喜欢对方的特质里的另外一面。实际上，一段关系，在某种程度上就是尝试解决当初你的伴侣身上吸引你的特质的负面效应。

8. 问题可以被当作隐藏感受的线索来利用，即它们可以被转变为优势。一个男人批评妻子是一个强迫性女管家，当感觉到妻子在忽略他时。他认为他不该对她没有在门口问候他而觉得心烦，但他确实觉得抱怨她吹毛求疵是合情合理的。理想情况下，这位丈夫能够把对妻子处理家务的忧虑用作他只是觉得被她忽略这个事实的线索。

9. 问题是我们不能拥有对话所带来的后果。如果这位丈夫能够谈论被忽略的感受，如果他的妻子富有同情心地回应他，他可能会发现他不再想批评她做家务了，至少不会批评那么多。当人们不能表达出来他们真正需要说出来的东西时，他们就会变得心烦，并开始做具有挑衅性的事情，或者疯狂的事情。

亲　密

10. 亲密来自告诉伴侣你的内心重要的东西和听到你的伴侣内心重要的东西。它是谈论你的感受，即使你的感受是缺失了亲密。表达感受和抱怨的机会具有强有力的恢复爱和恢复亲密的效果。

依　赖

11. "依赖"是一个被毁掉的概念。一旦用了这个词，被贴上了这个标签的人自动被当作有严重缺陷的人。那太糟糕了，因为依赖是一种需要被发展的技能，而不是需要被克服的缺陷。依赖是特别重要的一个任务，并不仅仅是留给孩子的。

关系的疗愈力量

12. 关系的主要目的之一就是疗愈。不管你过去被告知过什么，你能够期待你的关系解决你的问题，弥补你的人格局限和帮助你学会爱自己。

对话陷阱

13. 当我们的伴侣只是想要我们理解他们有怎样的感受时，我们中的所有人几乎都会重复地给出建议，或提供解决方案。处理这个问题的办法就是认出不受欢迎的建议或固定的常见错误，当它出现的时候，能够熟练地识别出来，并以一种不指责的方式来谈论这些。

14. 当你对伴侣所说的内容感到无聊时，很容易得出结论：你的伴侣就是"无聊的"，或者你就是"自我中心的"，或者你们两个就是"不合适的"。这些噩梦般的观点阻止你意识到你的伴侣让人觉得无聊很有可能是他或她努力不让人觉得无聊的结果，或者因为他或她正在漏掉最重要的部分——感受。而且你可能觉得无聊是因为你没有能力谈论无聊的感觉。

把沟通失误用作线索

15. 我们被告知做"我陈述"而不是"你陈述"。但"你陈述"是隐藏的"我陈述"的线索。"你陈述"表明，有些东西需要谈一谈；"我陈述"则提供了谈的方法。

16. 我们被告知不要说"总是"或"从不"。但是，当人们觉得他们没有把自己的想法说清楚时，他们就会说"总是"和"从不"。这是一种强调的方式和对挫败感的表达。

17. 我们被告知倾听你的伴侣而不要打断他们，但是，就像经常发生的，当我们觉得不被伴侣倾听的时候，我们就很难去倾听伴侣说的话。我们就面临一个艰难的选择：打断，这会压制了另外那个人，或者不打断，这会压制我们自己。

18. 我们被告知不要猜测伴侣的感受，而只是谈论自己的感受。但是读心——读我们伴侣的心——可能揭露了我们自己内心的东西，就其本身而言，可能是我们自己感受的一个有用的线索。"为什么你对我这么愤怒"的表述，可能意味着"我担心你在愤怒。我接连这么多个晚上都在工作，我担心你对此觉得心烦，是不是？"读心经常是我们自己感受的一种表达——特别是关于担心和害怕的感受——用一种肯定的形式来说出伴侣的感受。

19. 我们被告知，当我们谈论困难的问题时，我们应该坚持谈一个话题，并避免从过去挖旧怨。但是，如果这么做在战斗中把我们置于不利地位，我们就不会坚持这个话题，而且我们会从过去的旧怨中尽力找到一个清晰的例子，并试图展示它现在正在以某种微妙的方式同样发生着。

20. 我们被告知，不要骂人或不要转而争论不相关的问题。但是，我们骂人是因为我们觉得如此挫败、受伤、被刺痛、受欺骗或不被倾听，以至于我们愿意诉诸几乎任何东西，甚至是那些会让伴侣更不可能倾听我们的话语。我们争论不相关的问题是因为我们对伴侣如此心烦，以至于我们不想同意他说的任何东西。

21. 我们被告知不要倾倒累积已久的抱怨。但是，如果我们不倾倒的话，它们可能就永远不会被说出来了。而且，这些抱怨被带到表面并能够被谈论，是非常重要的。

战　斗

22. 伴侣们可能表达愤怒，这会导致战斗；或者压抑愤怒，这会导致无聊、失去爱，以及战斗。人们为了不战斗而回避，同时，他们为了对回避做出反应而战斗。

23. 你正在说的话可能比你意识到的更有指责性。指责让你的伴侣变成了一个无法倾听的人。倾听你的伴侣可以把他或她变成一个可能倾听的人。

24. 就像经常发生的，当伴侣中没有人能够说清楚他或她需要说出来的话时，战斗就变成了无法解决的问题。在伴侣 B 开始倾听伴侣 A 不得不说的话之前，伴侣 A 没有什么兴趣听伴侣 B 不得不说的话。但这是不会发生的，因为，在伴侣 A 开始倾听伴侣 B 不得不说的话之前，伴侣 B 没有什么兴趣听伴侣 A 不得不说的话。

25. 当你实际上在争论时，你认为你在进行讨论的信念给了谈话一个坏名声。当人们实际上在战斗时，认为自己只是在谈话，会让人们都更确信谈话只会让事情变得更糟。

26. 拥有一场战斗的同时也拥有一个对话，这是困难的（尽管我们一直在努力这么做），而且，先有战斗是有必要的。尽管战斗是解决任何问题的错误氛围，但经常就是在一场战斗中我们才会把这些问题说出来。因此，战斗既是对话的通道，也是对话的障碍。战斗之后是讨论战斗中所揭露问题的时机。

27. 对隐忍抱怨的最初陈述是被夸大的和不准确的。在你能够发现你的伴侣真的有多么生气和他或她实际上在因为什么生气之前，这种灰尘需要被拂去。

28. 你的伴侣更有可能倾听你，如果你汇报你的愤怒（就是说，说你是愤怒的），而不是倾倒你的愤怒（说愤怒的话语）。而且你的伴侣甚至更有可能倾听你，如果你汇报愤怒背后的受伤或失望。

29. 让你的伴侣倾听你的一种方法就是找到一些方式，用这样的方式你同意他或她刚刚说过的话，并且从这里开始说出你的看法。谈论你的伴侣对战斗的贡献可能会重燃战火。

追逐与远离

30. 在每对夫妇中，伴侣中的一方通常想要做一些特别的事情（谈话、共度时光、有性行为）至少略多于另外一方。很快，第一个人（"追逐者"）被双方都看作总是想要做那件事情的人，而第二个人（"远离者"）被看作从不想做那件事情的人。

31. 追逐者与远离者双方都是部分正确的。追逐者是对的。例如，能够谈论他们的问题是重要的，然而，远离者是对的，在此刻，他们没有办法这么做，因为这不仅仅是导致一场战斗。

32. 通常给处于追逐者—远离者互动模式中的伴侣的建议是，追逐者应该停止追逐，而远离者应该停止回避。但是，追逐者不能停止追逐，而远离者不能停止回避。此外，追逐者已经在花他或她的大部分时间试图不去追逐（而且那是问题的一部分），而远离者已经在做出不去回避的徒劳尝试了。

33. 每个人都知道追逐者是被剥夺了的，这正是他们追逐的原因：试图得到他们缺失的东西。但是没有人意识到远离者也是一样被剥夺的。比如，当追逐者可能被剥夺了拥有一个期待跟他或她共度时光的伴侣时，远离者也被剥夺了拥有一个他或她愿意与之共度时光的伴侣。此外，在追逐者—远离者的关系中，伴侣双方丢失了部分的自己：远离者丢掉了可能愿意跟伴侣共同参与、谈话和对伴侣深情的这部分；追逐者丢失了可能原本激励他们自己做事情的这部分。

34. 处理追逐与远离的最好的办法——就此而言，也是针对所有其他棘手的夫妻模式——就是认识到它们的不可避免性，并发展出一个共同的视角来看待这些问题。

绕过与非绕过

35. 在一个绕过者—非绕过者的冲突中，绕过者陷于幻想中而非绕过者则被留在现实里。绕过者与非绕过者拥有互不相容的解决问题的方式。绕过者的方式是停止谈论问题（因为那只会让事情变得更糟糕）并跳到一个理想版本的现实里。非绕过者的方式是尝试谈论问题（即使谈论可能让事情变得更糟糕），因为他或她不能跳到幻想里。对于非绕过者，认为爱是可以抱怨的；对于绕过者，认为爱是不能抱怨的。

妥 协

36. 人们如此快速和自动地做出妥协，以至于他们经常意识不到自己已经这么做了。人们变得不肯妥协可能是因为他们已经做出了隐蔽的妥协。悄悄渗入夫妻关系里的无聊感与丧失活力，其实是未被认出的持续妥协与和解所带来的结果。

37. 妥协是计算过的风险，人们甚至没有意识到他们在冒这样的风险。风险在于，他们可以不受惩罚地做一些他们确实不希望做的事情，而不会变得如此愤懑不满，以至于要么发起一场战斗，要么回避。

幻　想

38. 幻想是生活中不可避免的伴随物，每个人都有幻想。它们是对生活中挫败和匮乏的补偿。就其本身而言，它们提供了那些挫败和匮乏的性质或存在的线索。

39. 一方面，幻想被看作你不应该有的东西；另一方面，被看作为你的伴侣应该去实现的东西。人们几乎没有这样的奢望，能够只是拥有他们的幻想——并从中学到东西——而不用对它们做任何事情。

40. 当伴侣中一方的冥思幻想被另一方曲解地听为他或她实际上要为这些幻想去做些事情时，问题就出现了。当走在社区里时，一个男人对他的妻子说，"看，那栋房子在卖，你觉得我们对它报个价怎样？"妻子没有意识到他只是在幻想，而是说："你疯了吗？我们买不起的，我们的余生都会背负沉重的债务。"这个丈夫，被她的语气所激怒，固执地辩论着他们能够买得起。他们进入一场战斗，其中，妻子卡在指出现实，而丈夫卡在捍卫他的幻想，这个时候，其实他们都同意：两个人都喜欢这栋房子，而且两个人都知道他们买不起。

观点是危险的

这里有一个人们需要拥有的进一步的观点。这个观点会挑战所有其他的观点，即观点本身是危险的。当它们变成了应该时，就变得很危险。比如，这个重要的观点"愤怒是自然的"，能够很快变成"人们应该表达愤怒"这样的规则。然而，之前人们因为表达愤怒而互相批评（和批评自己）；现在这个批评就是因为不能表达愤怒。"你不应该一直抱着你的愤怒不放，"他们说，"你应该把它发泄出来。"

这种把观点变成规则的倾向，似乎是人类思维的特点。康斯坦斯·阿普费尔鲍姆讨论了"把洞见变成道德规则的反射性转换，这是人类意识的一种习惯"。借此，她指出，最初对我们具有解放效应的观点，能够变成禁锢我们的东西。

- 当"好"女人从维多利亚时代"性对于女人来说只是令人不愉快的责任"这种观念中被解放出来后，她们觉得享受性是义不容辞的责任。
- 当女人从妇女运动之前"她们唯一的位置就是以妻子和母亲的身份待在家里"这种观念中获得自由后，她们觉得拥有职业是义不容辞的责任。
- 当男人被允许摆脱硬汉形象后，他们觉得有感情是义不容辞的责任。

关上一条规则的门，可能只不过导致了另一条规则的门被打开。"人类潜能"或"成长"活动是建立在一种重要的洞见之上的——某种广泛被接受、长期存在的社会美德（礼貌、得体和负责任）——这有严重的缺点，特别是这些美德导致了肤浅的关系和不必要的情感障碍。但是，开始作为一个解放性观点的东西——人们向彼此敞开心扉——变成了一个新的压力：他们现在觉得必须表达深层的感受和拥有意味深长的对话。

所以这里是第 41 条观点。

41. 有可能解放人们的观点（包括所有这个清单上的观点）能够变成进一步压抑人们的规则。

但观点真的能有帮助吗？

怀疑者：你在说观点是强大的和危险的。但如果你问我的话，它们是无力的、无效的和无关紧要的。人们不厌其烦地反复谈论的观点，我没有看出来其中有任何好的东西。

怀尔：是的，很多谈话是无关紧要的——或者，更糟糕的是，适得其反。在这本书里我的目标之一就是分清楚哪种谈话和思考是有帮助的，哪种是没有帮助的。看看我的清单。你不得不承认上面的观点是有用的。

怀疑者：我什么也不会承认，即使有些是有用的。期待它们中任何一条将会带来不同——或一名读者甚至能够记住它们，有多少现实性呢？有太多条了，而且其中的大部分跟我们一直被教导的东西是相悖的。

怀尔：我很难过地承认，你是对的。我虽然写了这本书，但我记住它们也有困难。但我知道一对夫妇，他们只是读了这本书，就能够比我解释得更好。西比尔和格斯，都是四十岁出头，已经生活在一起有十年了。西比尔是一家私人医院的营养师，而格斯是一家大公司的建筑师。我的书恰巧被放在他们的面前，就那样被打开着放在厨房的桌子旁边。

格斯正在告诉西比尔，他和本，公司里的同事，在新购物中心里建一个新的地下保龄球馆。他正深深沉浸于"钢筋拱""天花板搁栅"和"抗拉强度"的部分，这时他看到了西比尔沉闷的呵欠。

当西比尔看上去无聊时，格斯准备做他通常会做的事：脱口而出"哦，如果你对此不感兴趣，就当我没说"，并马上离开房间。但是，在这样做之前，他的眼光落在了这本书上，并读到：

第 14 条观点：你的伴侣让人觉得无聊，可能是他或她努力不让人觉得无聊的结果，或者因为他或她正在漏掉最重要的部分——感受。

格斯：哦，所以你想听的是我的感受？我来告诉你我的感受：我已经变成了笑柄。他们根本不应该让本靠近这个项目的。我提出来的设计，他们却把项目给了本，让本去监督，他让承包商为所欲为。当我想到后面所有的事情都会出问题时，我简直就疯了。

西比尔不再觉得无聊了。相反，她觉得心烦。

西比尔：明天第一件事就是找到你老板，告诉他此事。更好的是，马上给他打电话，电话在这里。

格斯想要西比尔感兴趣，但不是这个！她感知到自己的语气不怎么好，但她不知道为什么。而且格斯也不知道，他觉得他应该感激她的感兴趣，而不是对此不满。

所以他们抓过来这本书疯狂地寻找一些东西，可能帮助他们弄清楚正在发生什么，而且他们找到了。

第 13 条观点：当我们的伴侣只是想要我们理解他们有怎样的感受时，我们中的所有人几乎都会重复地给出建议，或提供解决方案。

西比尔：多令人尴尬啊！你可能只是想要我倾听，而我在这里告诉你该做什么。

格斯：是的，我已经觉得不堪重负了。

西比尔：我相信这点！只是听到这些就让我不堪重负了。本是老板的侄子，是不是？

格斯：那可能就是他得到这份工作的原因。

西比尔：我不能容忍他们这样硬生生地逼退你。那是我想要你马上打电话的原因——因为我觉得如此无助。

西比尔给人强硬的印象，是因为她不能告诉格斯，站在他这边她觉得多么痛苦挫败，这是她意识到的这本书里的另一个观点。她读到：

第 9 条观点：当人们不能表达出来他们真正需要说出来的东西时，他们就会变得心烦，并开始做具有挑衅性的事情。

西比尔：你知道吗？这很有趣。如果我能够说出所有这些，或许我就不必告诉你给老板打电话了。

格斯：是的，你已经不必了，因为我正在考虑自己做这件事。你帮我意识到了我对此感到多么的无助。

西比尔和格斯能够有这样的对话，是因为他们读了这本书，并让这本书放在桌子上并打开着。没有这本书，格斯就会上车并开得飞快，以试图让自己冷静下来，而西比尔将会坐在厨房里对抗着自她十年前戒烟以来都未曾有的最强烈的吸烟冲动。

但是，即使这本书是如此容易地得到，期待西比尔和格斯会拥有这样的对话，有多现实呢？很难想象任何人在这个时候可以思考得那么快速、清晰，并且所想之事恰恰是他们需要的观点。

幸运的是，西比尔和格斯不必拥有整个对话，即便只是一小段对话，都将带来很大不同。

而且，他们不必当时就拥有这样的对话。假定格斯没有看到这本书，取而代之的是，他冲出房子，上了他的车。尽管心里不安，他可能突然意识到西比尔觉得无聊是因为他没有跟她说自己有怎样的感受。接着，他可能回到家里并尝试跟她谈这些。

而且，他们不必一下子就有这样的谈话。格斯可能两天后意识到他对西比尔没有理解他有怎样的感受而不满，而西比尔可能在三天后意识到她给人强硬的印象是因为她觉得无助。他们能够在信息慢慢出现的时间过程中一点一点地拥有一个对话。

实际上，他们根本不必拥有这样的对话。格斯只是知道他让人觉得无聊是因为他漏掉了他的感受，或者西比尔的强硬行为是她觉得无助的结果，这些都可以在弄清楚事情的路上往前迈一大步。格斯将不再把自己看作"就是无聊的人"。而且他将不再把西比尔看作"就是自私的人"或"就是强硬的人"。

我们总是习惯于关注问题和劣势并采取行动，其实只要偶尔地有一点点优势，长此以往都将会带来很大的不同。

在这本书里，我的目标是，为其他的重要观点做些事情，就像乔治·巴什在《亲密的敌人》及其他书里为愤怒的观点所做过的事情一样。人们看完他的书中关于夫妻战斗的内容后，确信他们和伴侣之间感受到对彼此的愤怒是不可避免的，而不是，像他们所害怕的，将其视为一段糟糕关系的标志。对于一些人而言，这个新的洞见保持永久地可接近性。我的希望是让这本书里所提出的关于关系的观点只是作为对伴侣来说是熟悉的、可用的和确实可获得的观点。

在西比尔和格斯的例子里，对他们来说理想情况会是在未来的情形中应用这些新知识。但是这有多现实呢？几个星期之后，他们可能对这本书的内容只有模模糊糊的记忆了。

即使他们确实记得住，他们仍然可能再次滑回老路，"真实"的信念是：

- 格斯就是无聊的。
- 西比尔太自我中心了以至于不能关心格斯和他的工作。
- 格斯拒绝接受西比尔给出的关于如何处理工作中问题的好建议。
- 西比尔就是太强硬了。

换句话说，西比尔和格斯将会再次陷入他们的指责性推理中，这种推理妨碍了有用的思考和谈话。

第 41 条观点的问题就是，很容易忘记。这带给了我们第42 条，也是最后一条观点：

42. 你可能忘掉其他四十一条观点。这些观点是如此难以记住，因为它们跟我们一直以来被教导的东西是相悖的。

但仅仅意识到这个危险——就是说，知道我们有可能会忘掉这些观点——可能会让我们为忘记的发生而做些准备，当它发生的时候，让我们少点感到心烦不安。

记住我们将不会记住，是所有观点里最重要的观点。那是因为在夫妻关系里，终极目标是伴侣创造出一个共同的平台，在这个平台之上来看待他们不可避免地陷入指责或自我指责的思考方式，在这种思考方式之下，他们忘记了他们知道的一切有用的东西。

怀疑者：这是我平生所听过的最弱、最少野心、最虎头蛇尾的"终极目标"！如果这是你提供的最好的东西，我不妨坚持压抑我的抱怨、避免战斗、使用自我节制、保持积极的态度、做出妥协、避免不切实际的期待和试图好好相处。

怀尔：但是想象在读这本书的过程中，如果你压抑了你的抱怨、避免了战斗和使用了自我节制。这几乎不会有那么多乐趣。你并没有从中得到那么多东西，而且你可能读到一半就停下来了。

怀疑者：或许吧。

怀尔：而且没有你的评论，这本书对我来说也没有那么多乐趣，我也不会从中得到那么多，可能我写到一半就停下来了。

怀疑者：嗯，我被感动了。

怀尔：因此，在夫妻关系里，你的想法、感受、抱怨、愿望、幻想、失望、愤恨——每一样东西——你能把越多的这些东西包含进你的关系里，你就越能从中走出来，而且你将会更少地想要在半路结束这段关系。

译后记一

姚小青

2016 年春天，我正在美国学习婚姻家庭治疗，教授推荐了一个工作坊，举办的酒店离我家步行十分钟，就这样我遇到了丹尼尔·怀尔博士。读这个专业需要学习七八种疗法，也是毕业后执照考试的内容，夫妻治疗专业要求学习的是苏珊·约翰逊(Sue Johnson)和莱斯·格林伯格(Les Greenberg)创立的情绪焦点疗法(Emotionally Focused Therapy，EFT)，以及戈特曼夫妻疗法(Gottman Method Couples Therapy，GMCT)。学这么多疗法有很大的压力，这时教授又强烈推荐我们去参加这个工作坊去学习一种新的夫妻疗法。尽管丹尼尔·怀尔博士创立的合作式夫妻疗法(Collaborative Couple Therapy，简称CCT)，目前教学内容里没有，可是未来要列进来，这也是苏珊·约翰逊和戈特曼很赞赏的疗法。

参加工作坊的第一天，我就感叹，命运真是太厚爱我了！我正需要什么，就赐予我什么！如果不是离家这么近，我是不会去参加的。这一点更让我感觉到自己的幸运。晚上我迫不及待地读了《后蜜月》这本书，第二天参加工作坊见到丹尼尔·怀尔博士后，就和他谈好了版权事宜，让我翻译成中文在中国出版。由于当时学习工作非常忙，我找到喜欢这本书的奎花，我们决定共同翻译。

我先介绍一点儿当时的背景，我在美国读婚姻家庭治疗硕士之前，已经在国内做了多年心理咨询，2004 年获得香港中文大学心理咨询与治疗的硕士学位，参加了各种工作坊，陆续就有来访者找我做咨询了。咨询实践中的疑问和探索又推动我到美国学习婚姻家庭治疗。参加丹尼尔·怀尔博士工作坊的时候，我正处于心理咨询学习的艰难时期，不仅困顿，更感受到高压力。

我在国内学习时选择了精神动力和荣格分析路径，很重要的原因是因为我喜欢"道"，对"术"很抵触。我先前接受个人分析和团体咨询，对潜意识深层自我的连接和转化有了足够的体验和认识，同时带着问题从那些理论和案例著作中找答案，并在自己的体悟基础上理解那些心理规律和知识。咨询时我不会有意识地让自己按照某个流派的技术和流程操作，比如精神分析的询问、面质、解释、呈现等技术，咨询后听自己录音时才会发现自己在何处用了什么技术，还会无意识地模仿自己分析师的各种话语表达方式和技巧。婚姻家庭治疗包含了十几个流派，比如最主要的系统治疗、策略治疗、萨提亚等，这些基本上都是以"术"为主，有明确框架和具体操作的疗法，我在学习时非常痛苦，如同小孩子先学了一点英语和英文字母，忽然又开始学汉语拼音时产生的茫然和痛苦一样。学习中要掌握的还有具体操作，学生在课堂上的模拟咨询中要练习说固定的语句，头脑里要有对应的疗法工作的结构和策略。我之前习惯了以建立来访连接为主要目标，将自己的感受和反应作为主导，而现在这种模式的咨询让我非常紧张，考试也包括掌握这些具体技巧，导致我对学习和咨询很抵触，几次冒出过放弃学业的念头。而参加丹尼尔·怀尔博士的工作坊完全是因为离家近，没报什么期望，但在第一天结束后我对"术"的抵触居然没有了。

在工作坊的第一天，丹尼尔·怀尔博士运用他的 CCT 技术现场给两对夫妻做咨询。我看了后非常震惊。我发现这个技术的结构或者模式，也就是可具体操作的"术"，比如"声音重现"（Double）。我看到咨询师用这个技术与来访建立起连接，来访从敌对关系到合作（沟通）关系的转变，更主要的是来访内心深处开始互相连接。这样重复的模式竟然可以短时间内让来访发生明显的改变，这深深地触动了我。长程咨询让我感觉来访的转变太慢，人格或自我的重构很难，也需要很长时间，不是所有的来访都有条件来做长程咨询。来访者对咨询的依赖和退行，对改变的抗拒，包括自己对有些反移情不能及时觉察，都促使我想到美国学习体验中、短程咨询。丹尼尔·怀尔博士的这次现场咨询让我感受到这个术的魅力，也想起来美国学习的初衷，当时就下决心要专注投入学习各种家庭治疗的术，去研究术背后的道并具备灵活运用术的能力。后来我能顺利毕业是从这个转变开始的。获得婚姻家庭治疗硕士学位需要完成 500 小时的临床咨询，其中 200 小时必须是两人以上的团体咨询，我做为英语非母语的外国人，面对的来访者又是多种族、多文化的美国人，我之前没有太多的团体咨询的经验，教授们对我能否完成 200 小时的团体咨询都很担心。最终我顺利完成临床咨询，很大部分归功于我对 CCT 技术做了研究和学习，并应用在团体咨询中。

丹尼尔·怀尔博士讲述 CCT 的理论时提到，精神病理学理论认为是一个人的失去声音（不能表达自我，也不能让自我存在）导致了症状。CCT 疗法建立在自我分析（ego analysis）基础上，借鉴了心理剧里的声音重现的形式，并在咨询中专注于此，直到来访者失去的声音重现，从而帮助来访者恢复和内在自我的连接。内在的声音重现彼此发生在亲人面前，他们也就能互相看到对方。当人们在亲密关系里不能发声，也就是说无意识里不能感受自我的存在时，要么是战斗模式，比如愤怒、责备、埋怨；要么是回避模式，比如不沟通、不表达的"冷战"状态。这会导致各种各样的问题行为。咨询师认为当来访者不能处于合作状态而进入战斗或者回避模式时，可以把这些反应作为反移情的线索。当来访者连接到自我，感受到可以表达自己的声音时，来访者就会对干预/改变表示出欢迎而不是阻抗。

这些都让我十分兴奋，多年的咨询让我深刻感受到，咨询就是在帮来访者和潜意识深处的自己进行连接。这是我第一次听到一个咨询理论如此明确的表达这一观点。我觉得自己和丹尼尔·怀尔博士有特殊的缘分，我所寻求的短程疗法，来访者不产生阻抗的疗法，CCT 都做到了！我曾经和朋友讲过咨询师的反移情太容易发生了，而咨询师跳出反移情需要先意识到自己的反移情，这如同抓着自己的头发离开地面一样困难。可CCT 里有具体的操作技术帮助咨询师觉察到自己的反移情。这个疗法建立在自我分析的基础上，我之前的培训学习核心都是围绕着认识和分析我自己，这本身就是我工作的基础。

后来在实践 CCT 疗法时，我发觉 CCT 的着眼点在于帮助来访者之间的敌对关系发生转变，哪怕是产生一点点的微扰，只要这个转变在进行着，当事人就能体会到敌对关系在变化。这和以人格或者自我建构为核心的长程咨询是不同的。后者是通过来访和咨询师建立起关系来慢慢达到人格重构；而CCT疗法运用在多人的咨询中，他们并不需要和咨询师建立关系，但他们之间的关系以及互动模式发生了改变，从而每个人的自我也就自发地成长着。这种疗法的好处就是不需要耗费太多时间，咨询师也不容易反移情，因为移情不再是咨询的工具，而且来访者体会到的新的依恋关系使得他们积极主动地寻求改变，他们依靠自身的能量在转变，可以说CCT疗法激发了来访自身的能量。

众所周知密尔顿·艾瑞克森虽然并不像弗洛依德那样对潜意识的运作规律建立起系统的理论，但艾瑞克森对潜意识的规律和理论的理解可以说是最透彻的，因此在他的临床咨询中，来访者的潜意识会不知不觉地产生改变。他不会和来访提力比多、口欲期、肛门期，也不会讲俄狄浦斯、对改变的阻抗，等等，可是来访者却在短短的几次咨询后行为和生活就发生了变化。CCT疗法在某个层面上和艾瑞克森疗法是相同的，即来访者不知不觉中行为和生活有了改变，在他们的潜意识层面，比如冲突和攻击的防御模式都有了改变。丹尼尔·怀尔博士的书和故事书一样，通俗有趣又让人深思，这个疗法没有任何深奥的概念和抽象的理论，很多段落还会让读者对自己或身边人产生新的认识。

从要把这个疗法和这本书介绍给国内的同行以及普通读者，到现在四年多了。今年三月丹尼尔·怀尔博士因病离世，他最终没有看到自己著作的中文版，想到此我会心痛，不过丹尼尔·怀尔博士创立CCT疗法和写书时想带给世界的，他都做到了，想必他是安然离开的。我和丹尼尔·怀尔博士特殊的缘分，他在我生活中的意义，我一直没有对他讲过，也没有表达过感激，现在很庆幸和奎花一起引介了这本书，也很感谢北师大出版社各位老师的工作，让我可以用这样的形式来表达对丹尼尔·怀尔博士的哀悼和感激！

译后记二

朱奎花

因为翻译《后蜜月：从冲突、指责到亲密关系重建》这本书，我想再多点了解作者丹尼尔·怀尔博士，打开他的个人网站，第一眼看见的消息居然是：

"丹尼尔·怀尔，我至爱的丈夫和深受爱戴的治疗师，逝于 2020 年 3 月 18 日。"

丹尼尔·怀尔已于今年 3 月 18 日病逝了，享年 81 岁。我觉得震惊，震惊之余，悲伤的眼泪不由自主地流出来。

丹尼尔·怀尔博士是合作式夫妻疗法的奠基者和拓展者，在美国及国际上都享有盛名。他于 1966 年获得加利福尼亚大学伯克利分校的博士学位，之后作为教师、作家和治疗师取得了杰出成就。丹尼尔·怀尔对美国夫妻治疗领域的影响大部分源自以下三本著作：《后蜜月：从冲突、指责到亲密关系重建》（2008 修订版）、《战斗之后：运用分歧构建更稳固的夫妻关系》(1993)、《夫妻治疗：一种非传统的方法》(1981)。在他逝世前，已经完成了《解决当下的时刻：合作式夫妻疗法指南》的最新草稿，这是他留下来的最为重要的著作遗产。他的妻子兼同事多萝西·考夫曼将会完善这本著作的最终版本。

在现实生活中，我从未见过丹尼尔·怀尔博士本人，我怎么有机会读到并翻译他的书呢？2016年初，在美国攻读婚姻家庭治疗专业的朋友姚小青，参加了作者举办的工作坊，想要把作者最新版的著作介绍给国内读者，当时就发了书的封面给我，希望我们可以一起来翻译。看到封面之后，我就马上买书来读，一读就舍不得放下书来。那时也正是我自己夫妻关系冲突不断、处境艰难的时候，而小青的引荐和邀请就是一座桥梁，让我遇见了丹尼尔·怀尔博士和他的作品。

那是我第一次知道，在这个世界上有一个人不会把吵架和冲突当作必须避免的灾难，不会把一个容易进入战斗状态的人贴上某种病理化标签；而是告诉我们战斗、争吵的表面是什么，背后又是什么，争吵会带来什么，不争吵又会带来什么。战斗会毁掉关系，不战斗进入回避状态也会毁掉关系。在激烈的战斗之后，怎样开启一段对话，帮助人们从战后的破坏性中恢复过来；在退避三舍之余，如何再度建立情感连接而不至于重燃战火。

我愿意与小青合作翻译《后蜜月：从冲突、指责到亲密关系重建》这本书，一方面是因为丹尼尔·怀尔博士在书里讲到的很多东西，有些是我非常熟悉的，无意识中就会运用，比如内在对话。在很多冲突和矛盾的时刻，我内心都会有那些对话，当在书中看到处在矛盾、冲突中的夫妻，同时展现出两个人的对话时，我会惊讶：跟我不同的另一半的内在对话居然是那样的！因为看见了那些在自己关系中不曾听到的另一方的对话，似乎能够更多地了解自己的另一半，即使现实中自己的另一半依然什么也没有说。

另一方面，我所不熟悉的那些内容，也深深地让我着迷。原来每段关系都会有问题，选择一个长期的伴侣，就是同时选择跟这个人有关的一系列特定问题，并且需要在之后的二十年、三十年，甚至五十年的时间里竭力去解决。但不是所有的问题立刻或者短期内就能解决的，甚至有些问题你越想去解决，它就越加地成为问题，问题解决本身也变成了问题。

战斗与回避，追逐与逃离，绕过与非绕过，妥协与不妥协，幻想与现实，这样完全相反的两个面向，有时候却会出现在同一个人身上，展现出来的那一个面向，恰恰可能是因为他已经过多地承受了另一个面向。

让我感触颇深的是：丹尼尔·怀尔博士在书中展示了怎样将出现在关系中不可避免的问题变成亲密的机会。我们不仅仅要去解决问题，而是去看看问题是怎么造成的，大多数问题是由于我们不能表达出来的感受和我们无法拥有的对话所造成的。

- 我们变得愤怒是因为我们不能倾诉受伤的感觉。
- 我们变得有防御性是因为我们不能吐露遭受威胁的感觉。
- 我们变得毫不妥协是因为我们已经做出了很多隐藏的让步。

在现实生活中，针对问题，我们会快速给出建议和解决方案，可是我们并没有去了解，对方或许只是想要我们去倾听她的感受，而不是想要我们给出建议和解决方案。在关系中，我们做出了很多行动，可是并没有表达我们的感受和渴望；在沟通上，我们彼此之间的对话，很多时候不是对话，而是战斗，但却浑然不知。所以我们会说：对话很危险，最好不要谈话聊天，特别是有困难的话题。

2016 年，我花了大半年的时间，在工作之余翻译了这本书的初稿。当初还有一个愿望是期待我先生能够读到这本书，现有的关于夫妻关系的书，我没有见到专门讲冲突的，更没有见到运用冲突增进亲密关系的。

之后，每当婚姻关系遇到困难的时候，我就会去翻这本书。其实我进入战斗状态的次数并没有立刻减少，在关系中追逐、非绕过、不妥协的模式也还是继续存在着。只是我不再对自己有那么多的指责，我愿意去看看在这些模式启动的时候，在我自己身上到底发生了什么。

从开始翻译这本书到现在，4 年多过去了。如今，在婚姻关系中我不再害怕去战斗，如果有必要的话；我也没那么容易被人刺伤躲起来不理人、不说话。如果不需要战斗、不需要躲起来生闷气也能表达自己的感受，也能够拥有一个对话，这才是最值得期待的。

丹尼尔·怀尔博士的这本书，陪伴着我度过了关系中最艰苦的时光，并将继续陪伴我开启新的关系篇章。丹尼尔·怀尔博士对处在关系中的伴侣有着深深的理解和包容，当你做不到某些标准性的要求，甚至把关系搞砸的时候，他告诉你，或许正是那些标准和规则带来了问题，从搞砸的地方开始，你依然能够从中找到关系重建的机会；当你能够往前走一步，知道怎么做可以不陷入战斗—退缩模式时，他也将给你指引方向。

这本书最打动我、让我觉得不可思议的地方，就是丹尼尔·怀尔博士在书的最后所提到的第 41 条观点："有可能解放人们的观点（包括所有这个清单上的观点）能够变成进一步压抑人们的规则。"

原来所有的观点，所有的概念，所有的理论，最初可能是带给人们解放作用的，但如果它变成了某种规则，它的作用可能就是压抑人的，甚至可能就变成了我们挥舞在手里的大棒。

书里的最后一条观点（即第 42 条观点）。是我看过的所有书里，第一次见到的：

"42. 你可能忘掉其他四十一条观点。这些观点是如此难以记住，因为它们跟我们一直以来被教导的东西是相悖的。

但仅仅意识到这个危险——就是说，知道我们有可能会忘掉这些观点——可能会让我们为忘记的发生而做些准备，当它发生的时候，让我们少点感到心烦不安。

记住我们将不会记住，是所有观点里最重要的观点。那是因为在夫妻关系里，终极目标是伴侣创造出一个共同的平台，在这个平台之上来看待他们不可避免地陷入指责或自我指责的思考方式，在这种思考方式之下，他们忘记了他们知道的一切有用的东西。"

翻译这本书，帮到我读懂更多。因为这本书，我觉得被深深地理解和鼓励了。所以在我内心深处，丹尼尔·怀尔博士是我生命中特别重要的一个人，他曾经陪伴着我，历经关系中的挣扎和慌乱。

他就像一个父亲，慈祥、睿智而又坚定的父亲；

他就像一个母亲，温暖而又不让人黏着不放的母亲；

他就像一名导师，给你厘清了关系中的种种，但是却不给你限制和规则；甚至知道你会忘掉书中所讲的东西；

他就像一位挚友，倾听着你内在的声音，也给你空间让你说出想法、感受、抱怨、愿望、幻想、失望、愤恨等关系中可能有的每一样东西，并陪着你从中走出来。

丹尼尔·怀尔没有期待人们完全记住他的观点，但是对我而言，我没有完全忘记书里的观点。而且我也不会忘记丹尼尔·怀尔，尽管他在今年 3 月 18 日已经离开了我们，但是他依然影响着我，这本书就是那个载体。也希望读着这本书的你，以你自己的方式去遇见丹尼尔·怀尔，不管你目前处在怎样的关系里，这本书都会带给你新的洞见、新的理解和新的开始。

图书在版编目(CIP)数据

后蜜月：从冲突、指责到亲密关系重建/(美)丹尼尔·怀尔
著；朱奎花译 . — 北京：北京师范大学出版社，2021.1
（社会心理服务书系）
ISBN 978-7-303-26151-2

Ⅰ.①后… Ⅱ.①丹… ②朱… Ⅲ.①婚姻－家庭关系－研
究 Ⅳ.①C913.13

中国版本图书馆 CIP 数据核字(2020)第 145614 号

北京市版权局著作权合同登记 图字：01-2019-0755

营 销 中 心 电 话 010-58807651
北 师 大 出 版 社 高 等 教 育 分 社 微 信 公 众 号 新 外 大 街 拾 玖 号

HOUMIYUE:CONG CHONGTU、ZHIZE DAO QINMI GUANXI CHONGJIAN
出版发行：北京师范大学出版社 www.bnup.com
 北京市西城区新街口外大街 12-3 号
 邮政编码：100088
印 刷：北京京师印务有限公司
经 销：全国新华书店
开 本：890 mm×1240 mm 1/32
印 张：11.5
字 数：243 千字
版 次：2021 年 1 月第 1 版
印 次：2021 年 1 月第 1 次印刷
定 价：68.00 元

策划编辑：周益群 责任编辑：林山水
美术编辑：李向昕 装帧设计：李向昕
责任校对：陈 民 责任印制：马 洁

本书中文翻译版授权由北京师范大学出版社（集团）有限公司独家出版并在全球销售。未经出版者书面许可，不得以任何方式复制或发行本书的任何部分。

北京市版权局著作权合同登记　图字：01-2019-0755